本书出版受中国科学院科技战略咨询研究院重大咨询项目
"支撑创新驱动转型关键领域技术预见与发展战略研究"资助

Technology Foresight Towards 2030 in China:
Information

中国信息领域2030技术预见

中国科学院创新发展研究中心 ◎ 著
中国信息领域技术预见研究组

科学出版社
北京

内容简介

本书面向 2030 年，对信息领域中人工智能与智能社会、信息材料与器件、网络与通信、计算系统与软件、虚拟现实与交互、信息安全、控制与无人系统、微纳电子技术 8 个子领域进行技术预见分析。邀请国内外专家对 8 个子领域共计 80 项技术课题的发展趋势和前景进行研判和分析，对遴选出的 11 项关键技术课题进行了详细的述评。本书对我国信息领域技术预见研究、关键技术选择、重大科技决策和产业政策制定具有重要的现实意义和理论价值。

本书适合科技决策部门工作人员、科技政策研究人员和广大科学技术工作者阅读。本书内容有助于了解信息领域科技发展的现状和热点，科学判断和前瞻把握信息领域科技发展的前沿与趋势，有效支撑相关决策、规划和研究。

图书在版编目（CIP）数据

中国信息领域 2030 技术预见/中国科学院创新发展研究中心，中国信息领域技术预见研究组著. —北京：科学出版社，2020.7
（技术预见 2035：中国科技创新的未来）
ISBN 978-7-03-065479-3

Ⅰ.①中… Ⅱ.①中… ②中… Ⅲ.①信息技术-技术预测-研究-中国 Ⅳ.①G202

中国版本图书馆 CIP 数据核字（2020）第 099310 号

丛书策划：侯俊琳　牛　玲
责任编辑：张　莉 / 责任校对：韩　杨
责任印制：李　彤 / 封面设计：有道文化

科学出版社 出版
北京东黄城根北街 16 号
邮政编码：100717
http://www.sciencep.com

北京虎彩文化传播有限公司 印刷
科学出版社发行　各地新华书店经销

*

2020 年 7 月第　一　版　开本：720×1000　B5
2022 年 6 月第四次印刷　印张：16 3/4
字数：270 000
定价：98.00 元
（如有印装质量问题，我社负责调换）

技术预见 2035：中国科技创新的未来

丛书编委会

主　任：穆荣平

副主任（按照姓氏拼音排序）：

陈　勇　　高　福　　刘文清　　孙　松　　谭铁牛
吴　季　　于志刚

成　员（按照姓氏拼音排序）：

曹宏斌　　陈　鹰　　陈凯华　　陈晓清　　陈运法
崔保山　　樊永刚　　冯登国　　冯自平　　葛全胜
顾逸东　　郭　雷　　韩怡卓　　胡立刚　　蒋华良
李　明　　李凤华　　刘　明　　陆　林　　陆建华
骆永明　　马隆龙　　梅　宏　　潘建伟　　裴端卿
乔　杰　　曲　婉　　申　麟　　施小明　　王　赤
王　凡　　王　杉　　王　婷　　王　曦　　王树东
王孝炯　　吴海涛　　吴家睿　　吴建平　　武桂珍
相里斌　　肖立业　　谢品华　　徐　涛　　徐瑚珊
徐建国　　许洪华　　许树强　　杨　敏　　杨月欣
姚建曦　　余　江　　俞志明　　张久春　　张双南
张训华　　赵黛青　　赵沁平

中国信息领域 2030 技术预见

研 究 组

组　　　长：余　江
副 组 长：张　越
成　　　员：孟庆时　陈　凤　温雅婷　靳　景　刘佳丽
　　　　　　刘　瑞　管开轩　张耀坤　宋昱晓　李　博

专 家 组

组　　　长：谭铁牛
副 组 长：刘　明　陆建华
专家组成员（按照姓氏拼音排序）：
　　　　　　冯登国　郭　雷　梅　宏　王　曦　吴建平
　　　　　　赵沁平

子领域专家名单

（按照姓氏拼音排序）

人工智能与智能社会子领域

刘成林　芮　勇　史忠植　孙哲南　谭铁牛　王海峰
钟义信　宗成庆

信息材料与器件子领域

狄增峰　甘甫烷　贾金峰　刘　驰　刘晓平　任文才
孙东明　陶　虎　俞文杰　王　曦

网络与通信子领域

崔　勇　季新生　李　丹　李贺武　吴春明　吴建平
余少华　张　平

计算系统与软件子领域

郝　丹　马晓星　梅　宏　陶先平　汪　亮

虚拟现实与交互子领域

鲍虎军　陈宝权　戴国忠　胡事民　史元春　田　丰
汪国平　王涌天　虞晶怡　赵沁平　周　彬　周　昆

信息安全子领域

陈晓华　冯登国　韩正甫　荆继武　李　晖　李建华
李京春　苏璞睿　徐　静

控制与无人系统子领域

陈　杰　段海滨　郭　雷　李　硕　乔　红　孙宏滨
张纪峰　宗　群

微纳电子技术子领域

曹立强　韩根全　李昕欣　刘洪刚　刘　明　刘　琦
王欣然　谢常青　殷华湘　张志勇

加强技术预见研究　提升科技创新发展能力
（总序）

新一轮科技革命和产业变革加速了全球科技竞争格局重构，世界主要国家和地区纷纷调整科技发展战略和政策，面向未来重大战略需求，布局实施重大科技计划，力图把握国际科技竞争主动权。我国政府提出了 2035 年跻身创新型国家前列和 2050 年建成世界科技强国的宏伟目标[①]，对于细化国家科技创新发展目标、精准识别科技创新战略重点领域和优先发展技术清单提出了新的更高的要求，迫切需要大力开展科学前瞻和技术预见活动，支撑科技创新发展宏观决策和政策制定，把握新技术革命和产业变革引发的新机遇，全面提升国家科技创新发展能力和水平。

技术预见活动是一个知识开发的过程，借助多种方法对科学、技术、经济、社会和环境的远期未来进行系统分析并形成发展愿景。技术预见活动是一个对远期未来技术需求认知进行动态调整和修正的过程。技术预见是一个利益相关者共同选择未来的沟通、协商与交流过程。自 20 世纪 90 年代以来，技术预见活动已经成为世界潮流。世界主要国家和地区纷纷开展技术预见实践，力图通过系统研究科学、技术、经济和社会发展的远期趋势，识别并选择有可能带来最大经济效益、社会效益的战略领域或通用新技术。21 世纪初，世界主要国家和地区先后将技术预见活动纳入科技发展规划和政策制定过程中，为加强国家宏观科技管理、提高科技战略规划能力、实现创新资源高效配置提供支撑。同一时期，我国也组织开展了一系列技术预测和关键技术选择等着眼于未来技术选择的调查研究工作，并将技术预测作为研究编制《"十三五"国家科技创新规划》中优先技术选择的重要依据，标志着技术预见已经成为我国政策制定过程的重要环节。

---

① 习近平. 2017. 决胜全面建成小康社会 夺取新时代中国特色社会主义伟大胜利——在中国共产党第十九次全国代表大会上的报告. http://www.xinhuanet.com/2017-10/27/c_1121867529.htm［2017-10-27］.

从 2000 年开始"技术预见与政策选择方法研究"到 2003 年开展"中国未来 20 年技术预见研究"[①]，我们亲身经历了技术预见从一个概念、一种方法到一个识别未来技术的系统工程的演化过程，出版了《中国未来 20 年技术预见》《中国未来 20 年技术预见（续）》《技术预见报告 2005》《技术预见报告 2008》等研究报告。值得指出的是，2003 年提出的 2020 年中国社会发展愿景的六个画面——"全球化、信息化、工业化、城市化、消费型和循环型"在很大程度上已经变成了现实，遴选的重要技术课题中的多数已经实现。

新时代"中国未来 20 年技术预见研究"是 2015 年中国科学院科技战略咨询研究院启动的重大咨询项目"支撑创新驱动转型关键领域技术预见与发展战略研究"[②]的重要内容，延续了 2003 年"中国未来 20 年技术预见研究"的工作思路和主要方法论，聚焦先进能源、空间、信息、生命健康、生态环境、海洋等重点领域，在分析世界创新发展格局演进趋势的基础上，从创新全球化、制造智能化、服务数字化、城乡一体化、消费健康化和环境绿色化六个方面勾勒了 2035 年中国创新发展愿景，引导技术选择。为保障技术选择过程的专业化，技术预见研究组专门邀请了国内著名专家担任领域专家组组长，组建了领域专家组和研究组。

技术预见活动是一项系统工程，需要综合系统地考虑影响技术预见结果的各种因素。一是方法论复杂，既包括开发人们创造力的方法，也包括开发利用人们专业知识能力的方法，前者提出可能的未来，后者判断可行的未来；二是利益相关者复杂多元，未来是社会各界共同的未来，社会各界有效参与对技术预见结果有重要影响；三是技术预见是科技、经济、社会、环境发展等领域的知识开发过程，对研究者的知识综合能力具有挑战性。因此，技术领域专家组与技术预见研究组精诚合作和有效参与德尔菲调查的 4200 多位专家的奉献成为本丛书质量的重要保障。限于研究组目前的认知水平和研究能力，本丛书一定存在许多值得进一步研究的问题，欢迎学界同仁批评指正。

穆荣平

2019 年 5 月

[①] 2003 年中国科学院组织"中国未来 20 年技术预见研究"，穆荣平研究员任首席科学家兼研究组组长。项目涉及信息、通信与电子技术，能源技术，材料科学与技术，生物技术与药物技术，先进制造技术，资源与环境技术，化学与化工技术，空间科学技术 8 个技术领域 63 个子领域，遴选出了 734 项技术课题。

[②] 穆荣平研究员担任"支撑创新驱动转型关键领域技术预见与发展战略研究"项目和"中国未来 20 年技术预见研究"项目负责人。

前 言

"中国信息领域2030技术预见研究"是2015年中国科学院科技战略咨询研究院布局的重大咨询项目"支撑创新驱动转型关键领域技术预见与发展战略研究"中新时代"中国未来20年技术预见研究"的重要内容,总体上延续了2003年中国科学院组织开展的"中国未来20年技术预见研究"工作思路和主要方法论。本次信息领域技术预见研究由中国科学院创新发展研究中心组织实施,穆荣平研究员担任项目总负责人,邀请国内著名专家谭铁牛院士担任信息领域技术预见专家组组长,组建了信息领域技术预见专家组(以下简称领域专家组)和信息领域技术预见研究组。信息领域作为本次"中国未来20年技术预见研究"六大领域系列研究中启动较早的领域,技术预见时间节点选定为2030年。

领域专家组将信息领域划分为8个子领域,包括:人工智能与智能社会、信息材料与器件、网络与通信、计算系统与软件、虚拟现实与交互、信息安全、控制与无人系统、微纳电子技术。领域专家组成员担任子领域专家组负责人,负责组建子领域专家组。领域专家组和子领域专家组负责提出面向2030中国信息领域需要发展的重要技术课题备选清单。在两轮大规模德尔菲调查基础上,领域专家组最终遴选出面向2030中国信息领域需要优先发展的11项重要关键技术课题清单。

本报告主要包括五部分内容,各部分内容和主要执笔人如下:引言(穆荣平、杨捷、陈凯华);第一章(余江、张越、孟庆时);第二章第一节(孟庆时),第二节(陈凤、管开轩、宋煜晓、李博),第三节(李博),第四节(陈凤),第五节(宋煜晓),第六节(宋煜晓),第七节(陈凤),第八节(管开轩);第三章第一节(谭铁牛、孙哲南),第二节(王曦),第三节(吴建平),

第四节（梅宏），第五节（赵沁平），第六节（冯登国），第七节（郭雷），第八节（刘明）；第四章第一节（王海峰），第二节（刘成林、肖京），第三节（郑南宁、徐林海、孙宏滨、陈仕韬、魏平、辛景民），第四节（荆继武），第五节（徐静），第六节（张平、崔琪楣、许晓东、张雪菲、张治），第七节（俞扬），第八节（刘明），第九节（汪亮、马晓星、陶先平），第十节（刘驰、孙东明、任文才），第十一节（戴国忠、赵沁平）。

"中国信息领域2030技术预见研究"是一项系统工程，不但需要大量的组织协调工作，更需要多方面专业知识支撑，没有高水平专家的有效参与，就很难保证技术预见结果的质量。在此，我们衷心感谢领域专家组和各子领域专家组专家为本报告做出的重要贡献，衷心感谢来自大学、企业、科研院所、政府部门1000余名参与德尔菲调查的专家学者。

中国信息领域技术预见研究组
2020年1月

技术预见历史回顾与展望
（引言）

穆荣平　杨　捷　陈凯华
（中国科学院科技战略咨询研究院）

人类对未来社会的推测和预言活动早已有之。科技政策与管理研究领域在探索和完善各种技术预测方法的同时，逐步形成了以德尔菲调查、情景分析和技术路线图等为核心的技术预见方法，同时在技术预见实践过程中不断探索出与文献计量、专利分析、环境扫描、头脑风暴等方法相结合的技术预见综合方法。技术预见研究已把未来学、战略规划和政策分析有机结合起来，为把握技术发展趋势和选择科学技术优先发展领域或方向提供了重要支撑。随着科技政策和管理环境的不断复杂，面向未来的技术分析从最初简单、确定性环境下的技术预测，逐渐转向复杂、不确定性环境下的技术预见。近几年，技术预见的方法和应用趋于系统性的综合集成，其网络化、智能化和可视化的特征逐渐显现。

科技在经济社会发展规划和发展战略中的作用越来越重要，因此对科技发展方向和重点领域的选择与战略布局已成为世界主要国家和地区规划的重要内容。科技发展方向的不确定性日益增加，科技发展突破需要利益相关者之间达成共识及公众的参与，这就为技术预见的兴起与发展提供了必要条件。作为创造和促进公众参与的重要方法，技术预见不仅在当今世界主要国家和地区制定科技政策过程中发挥着越来越重要的作用，未来也将在全球创新治理与超智能社会建设中发挥重要作用。

一、技术预见历史回顾

技术预见由德尔菲调查为核心的技术预测活动演变而来。20世纪40年代技术预测兴起，第二次世界大战期间，技术预测在美国海军和空军科技计划制定方面得到了广泛的应用，促进了技术预测方法的发展。尽管如此，技术预测仍然多表现为已有技术发展轨迹的外推，影响科学技术发展的外界因素较少得到关注。20世纪70~80年代，技术预测在美国商业领域备受争议，主要是因为20世纪60年代末以后，科技、经济、社会发展越来越复杂多变，传统的技术预测已不能适应瞬息万变的发展节奏，基于定量方法的技术预测的整体关注度呈下滑趋势[1]。80年代，基于德尔菲法的技术预见逐渐受到政府和学术界的关注。

1983年，J. Irvine 和 B. R. Martin 研究了英国政府部门、研究资助机构、科技公司和技术咨询机构展望科学未来、识别长期研究优先领域的方法[2]。在1984年出版的《科学中的预见：挑选赢家》(*Foresight in Science：Picking the Winners*) 提出了"预见"(foresight)概念。目前比较主流的观点认为，技术预见是对科学、技术、经济和社会的远期未来进行有步骤的探索过程，其目的是选定可能产生最大经济效益和社会效益的战略研究领域与通用新技术[3]。按照牛津词典的解释，"foresight"是发现未来需求并为这些需求做准备的能力。在"技术预见2035：中国科技创新的未来"这套丛书中，我们将"技术预见"定义为：发现未来技术需求并识别可能产生最大经济效益和社会效益的战略技术领域与通用新技术的能力。技术预见成功与否在很大程度上取决于预见能力。在具体实践中，许多研究没有对技术预见和技术预测进行严格的区分，很多文献中提及的关键技术选择、技术预测和技术路线图等都可以视为广义的技术预见活动。

在20世纪90年代，技术预见迅速成为世界潮流，尤其是在20世纪90年代后期，"technology foresight"在文献中使用的频率远超"technology forecasting"和

---

[1] Coates J F. Boom time in forecasting [J]. Technological Forecasting and Social Change，1999，62（1-2）：37-40.

[2] Martin B R. Foresight in science and technology [J]. Technology Analysis and Strategic Management，1995，7（2），139-168.

[3] Martin B R. Matching Social Needs and Technological Capabilities：Research Foresight and the Implications for Social Science.（Paper Presented at the OECD Workshop Social Sciences and Innovation）[Z]. Tokyo：United Nationals University，2000.

"technological forecasting"①。这一时期,不仅德国、英国、法国、荷兰、意大利、加拿大、奥地利、西班牙等发达国家广泛开展技术预见活动,新兴工业化国家和发展中国家,如韩国、以色列、印度、泰国、匈牙利等也陆续开展技术预见,技术预见成为主要国家相关政策制定的主要工具。

技术预见成为世界潮流有着深刻的国际背景。首先,经济全球化加剧了国际竞争,技术能力和创新能力已成为一个企业乃至一个国家竞争力的决定性因素,从而奠定了战略高技术研究与开发的基础性和战略性地位。技术预见恰好提供了一个系统的技术选择工具,可用于确定优先支持项目,将有限的公共科研资金投入关键技术领域中。其次,技术预见提供了一个强化国家和地区创新体系的手段。国家和地区创新体系的效率不仅取决于某个创新单元的绩效,更取决于各创新单元之间的耦合水平。基于德尔菲调查的技术预见过程本身既是加强各单元之间联系与沟通的过程,也是共同探讨长远发展战略问题的过程。它可以使人们对技术的未来发展趋势达成共识,并据此调整各自的战略乃至达成合作意向。再次,技术预见活动是一项复杂的系统工程,不是一般中小企业所能承担的,政府组织的国家技术预见活动有利于中小企业把握未来技术的发展机会,制定正确的投资战略。最后,现代科学技术是一把双刃剑,在为人类创造财富的同时也带来了一系列问题,政府组织的国家技术预见活动有利于引导社会各界认识技术发展可能带来的社会、环境问题,从而起到一定的预警作用②。

技术预见在一定程度上可以认为是在技术预测基础上发展起来的。狭义的技术预测主要指探索性预测,广义的技术预测包括探索性预测和规范性预测两类③。探索性预测主要解决的问题包括:①未来可能出现什么样的新机器、新技术、新工艺;②怎样对它们进行度量,或者说它们可能达到什么样的性能水平;③什么时候可能达到这样的性能水平;④它们出现的可能性如何、可靠性怎样。我们可以据此概括出探索性预测所包含的四个因素:定性因素、定量因素、定时因素、概率因素。规范性预测方法主要建立在系统分析的基础上,将预测系统分解为各个单元,并且对各个单元的相互联系进行研究。规范性预测

---

① Miles I. The development of technology foresight: A review [J]. Technological Forecasting and Social Change, 2010, 77: 1448-1456.
② Martin B R, Johnston R. Technology foresight for wiring up the national innovation system: Experiences in Britain, Australia and New Zealand [J]. Technological Forecasting and Social Change, 1999, 60 (1): 37-54.
③ 王瑞祥,穆荣平. 从技术预测到技术预见:理论与方法 [J]. 世界科学, 2003, (4): 49-51.

常用的方法有：矩阵分析法、目标树法、统筹法、系统分析法、技术关联分析预测法、产业关联分析预测法等，规范性预测方法在系统工程、运筹学等学科中均有所涉及。

值得指出的是，技术预测往往是考虑相对短期的未来，力图准确地预言、推测未来的技术发展方向。技术预见则旨在通过识别未来可能的发展趋势及带来这些发展变化的因素，为政府和企业决策提供支撑。穆荣平认为，技术预见有两个基本假定：一是未来存在多种可能性，二是未来是可以选择的。就对未来的态度而言，预见比预测更积极。它所涉及的不仅仅是"推测"，更多的则是对我们（从无限多的可能之中）所选择的未来进行"塑造"乃至"创造"[①]。需要进一步指出的是，技术预见的兴起并不意味着技术预测会退出历史舞台，技术预测的方法（如趋势预测）仍然可以作为技术预见的辅助手段。

技术预见是一个知识收集、整理和加工的过程，是一种不断修正对未来发展趋势认识的动态调整机制。定期开展基于大型德尔菲调查的技术预见活动，有利于把握未来中长期技术发展趋势和识别重要技术发展方向，不断修正对远期技术发展趋势的判断。因此，技术预见活动的影响不仅体现在预见结果对现实的指导意义，还体现在预见活动过程本身所产生的溢出效应[②]。通常认为技术预见收益主要体现在五个方面：一是沟通（communication），技术预见活动促进了企业之间、产业部门之间及企业、政府和学术界之间的沟通和交流；二是集中于长期目标（concentration on the longer term），技术预见活动有助于促使政产学研各方共同将注意力集中在长期性、战略性问题上，着眼于国家和企业的可持续发展；三是协商一致（consensus），技术预见活动有助于技术预见参与各方就未来社会发展图景达成一致认识；四是协作（co-ordination），技术预见活动有助于各参与者相互了解，协调企业与企业、企业与科研部门为共同发展图景而努力；五是承诺（commitment），技术预见活动有助于大家在协商一致的基础上，不断调整各自的发展战略，将创意转化为行动。

技术预见已经成为科技政策研究与制定的重要支撑。技术预见通过系统地研究科学、技术、经济和社会的未来发展趋势及其主要驱动力，识别和选择有可能带来最大经济效益和社会效益的战略研究领域或通用新技术，为国家宏观

[①]《技术预见报告》编委会.技术预见报告 2005［M］.北京：科学出版社，2005.
[②] 穆荣平，王瑞祥.技术预见的发展及其在中国的应用［J］.中国科学院院刊，2004，(4)：259-263.

科技管理、科技战略规划提供决策依据。Da Costa 等①认为，技术预见在政策制定过程中有 6 项功能：一是为政策设计提供信息（informing policy）；二是促进政策实施（facilitating policy implementation）；三是参与政策过程（embedding participation in policy-making）；四是支持政策定义（supporting policy definition）；五是重构政策体系（reconfiguring the policy system）；六是传递政策信号（symbolic function）。日本、韩国等国家的技术预见实践证明，技术预见已经融入公共政策过程并发挥着重要作用。

二、中国技术预见实践

1. 中国政府有关部门组织技术预见

我国技术预见实践始于 20 世纪 90 年代初国家计划委员会（简称国家计委）和国家科学技术委员会（简称国家科委）组织开展的关键技术选择活动。关键技术选择既是对美国发布《国家关键技术清单》的一种响应，更是在由计划经济体制向市场经济体制转型时期政府宏观科技管理模式的一种改革性探索，关键技术选择与国家科技攻关组织和国家科技规划制定结合比较紧密。国家计委于 1993 年 3 月组织开展关键技术选择，并于 1993 年 8 月发布了"九十年代我国经济发展的关键技术"②，从农业、能源与环境、交通运输、原材料与资源、信息与通信、制造技术、生物技术七大领域遴选了 35 项关键技术。1997 年 4 月，国家计委在分析"九十年代我国经济发展的关键技术"实施效果和未来 15 年经济社会发展目标与世界科技发展趋势基础上，发布了《未来十年中国经济发展关键技术》③，从农业、能源、交通运输、制造、电子信息、生物工程、材料、石化与化工、轻工与纺织、城镇建设十大领域遴选了 29 个主题 134 项关键技术。1992 年，国家科委组织开展"国家关键技术选择"研究，并于 1995 年 5 月将主要成果编辑出版④，遴选出信息、生物、制造和材料四大领域 24 项关键技术和 124 个重点技术项目。在关键技术选择实践中，有关国家关键技术选择的方法

---

① Da Costa O，Warnke P，Cagnin C，et al. The impact of foresight on policy-making: Insights from the FORLEARN mutual learning process [J]. Technology Analysis & Strategic Management，2008，20：369-387.
② 国家计划委员会科技司. 国家计划委员会科技报告选编[M]. 北京：中国计划出版社，1994.
③ 国家计划委员会科技司. 国家计划委员会科技报告选编[M]. 北京：中国计划出版社，1998.
④ 周永春，李思一. 国家关键技术选择——新一轮技术优势争夺战[M]. 北京：科学技术文献出版社，1995.

得到了试验和发展，为此后的国家技术预见和区域技术预见实践提供了借鉴。限于篇幅，本文没有综述区域技术预见实践。

国家科委组织开展的"国家重点领域技术预测"研究（1997~1999年）被认为是第三次国家技术预测，也是我国技术预见活动的方法系统化、国际化的开端。本次技术预测选择农业、信息和先进制造三大领域，采用德尔菲调查方法，组织了1200名专家对技术发展进行咨询调查。通过两轮调查、分析评价及反复论证，最终选择出128项国家关键技术。这次技术预见活动积累了技术预见理论方法与实践经验，培养了一批专门从事技术预测研究的人才队伍和专家网络。

2003~2006年，科技部组织开展了第四次国家技术预测，涉及信息、生物、新材料、先进制造、资源环境、能源、农业、人口与健康、公共安全九大领域。本次技术预测借鉴日本、德国、英国和韩国等国家开展技术预见的经验，主要开展了三方面的工作：一是分析经济社会发展趋势、中长期国家总体战略目标和基本国情，确定技术需求；二是组织科技、经济和社会领域专家开展大规模德尔菲调查；三是在德尔菲调查基础上，综合运用文献调查、专家会议、国际比较等方法，组织专家研讨、论证，根据国情选择未来10年我国经济和社会发展急需的重大关键技术群，提出可能的重大科技专项，该次技术预测遴选出794项关键技术，出版了《中国技术前瞻报告：信息、生物和新材料2003》[1]和《中国技术前瞻报告：国家技术路线图研究2006—2007》等一系列研究成果[2]。

2013年，科技部组织开展第五次国家技术预测，按照"技术摸底、技术预见、关键技术选择"三个阶段推进，采用文献计量与德尔菲调查等定性和定量相结合的方法，完成了包括信息、生物、新材料、制造、地球观测与导航、能源、资源环境、人口健康、农业、海洋、交通、公共安全、城镇化13个领域的调查，选出100项核心技术和280项领域（行业）关键技术。从科技整体状况、领域发展状况和重大科技典型案例等方面，分析了中国与世界先进水平的差距，客观评价了中国技术发展水平，为国家"十三五"科技创新规划制定提供

---

[1] 技术预测与国家关键技术选择研究组. 中国技术前瞻报告：信息、生物和新材料2003 [M]. 北京：科学技术文献出版社，2004.

[2] 国家技术前瞻研究组. 中国技术前瞻报告：国家技术路线图研究2006—2007 [M]. 北京：科学技术文献出版社，2008.

了支撑。2019年,科技部启动第六次国家技术预测,旨在支撑新一轮国家中长期科学技术发展规划纲要研究编制。此次技术预测的重点工作包括技术竞争评价、重大科技需求分析、科技前沿趋势分析、领域技术调查、关键技术选择5个方面,涉及信息、新材料、制造、空天、能源、交通、现代服务业、农业农村、食品、生物、资源、环境、人口健康、海洋、公共安全、城镇化与城市发展、前沿交叉17个领域。

2. 中国学术咨询机构组织实施预见

2003~2005年,中国科学院组织开展"中国未来20年技术预见研究"[①],涉及信息、通信与电子技术,先进制造技术,生物技术与药物技术,能源技术,化学与化工技术,资源与环境技术,空间科学与技术,材料科学与技术在内的8个技术领域,63个技术子领域。研究主要包括4方面内容:一是构建了系统化技术预见方法论,包括"未来20年社会发展情景构建与科技需求分析流程"、"德尔菲调查技术路径"和"优先技术课题和技术子领域选择方法"等;二是首次[②]将"愿景构建"纳入技术预见过程,从全球化社会、信息化社会、城市化社会、工业化社会、循环型社会和消费型社会6个方面构建了2020年中国全面小康社会发展愿景,研究提出了全面建设小康社会的科技需求,为技术选择提供依据;三是聘请70余名著名专家组成8个技术预见领域专家组,聘请400余名专家组成63个技术预见子领域专家组,结合主要国家和地区技术预见结果和技术发展趋势分析结果,提出技术课题备选清单;四是设计德尔菲调查问卷并邀请2000余名专家参与德尔菲调查,对技术课题的重要性、预计实现时间、实现可能性、当前我国研究开发水平、国际领先国家或地区、发展制约因素等进行独立判断,确定了中国面向2020年最重要的737项技术课题,遴选出200个重要技术课题,20个重要发展技术子领域,83个优先发展技术课题,公开出版了《中国未来20年技术预见》[③]、《中国未来20年技术预见(续)》[④]、

---

① 穆荣平任"中国未来20年技术预见"研究组组长兼首席科学家,曾主持2000年国家软科学研究计划资助的"技术预见与政策选择方法论研究"和北京市资助的"若干领域技术预见与政策选择研究"。
② 穆荣平,王瑞祥. 全面建设小康社会的科技需求//中国未来20年技术预见研究组. 中国未来20年技术预见[M]. 北京:科学出版社, 2006.
③ 中国未来20年技术预见研究组. 中国未来20年技术预见[M]. 北京:科学出版社, 2006.
④ 中国未来20年技术预见研究组. 中国未来20年技术预见(续)[M]. 北京:科学出版社, 2008.

《技术预见报告2005》[①]和《技术预见报告2008》[②]。

2015年，中国科学院科技战略咨询研究院启动"支撑创新驱动转型关键领域技术预见与发展战略研究"重大咨询项目，展开了新时代"中国未来20年技术预见研究"，由穆荣平研究员担任组长。此次技术预见中，使用了文献计量法、专家研讨、情景分析法和德尔菲调查法。首先，项目组系统梳理了主要国家和国际组织近年来发布的面向中远期的科技和创新战略规划、研究报告等，总结分析中国经济、社会和国家安全等领域的中长期发展规划中对未来发展目标的设定，综合采用情景分析、专家研讨等方法，分析未来经济、社会和国家安全重大需求，从创新全球化、制造智能化、服务数字化、城乡一体化、消费健康化和环境绿色化6个方面系统描绘2035年中国创新发展愿景，提出未来经济、社会发展面临的若干重大问题，明确相应的科技需求。其次，项目组开展主要学科领域文献计量分析，并把结果用于支撑技术课题的遴选、专家选择及德尔菲调查等技术预见的关键环节。再次，项目组组织开展两轮大规模德尔菲调查，聚焦先进能源、空间、信息、生命健康、生态环境、海洋等事关国家长远发展的重点领域，精炼出2035年关键领域重大技术课题及其发展趋势。这次技术预见活动的预见周期较长，面向中远期科技发展目标，领域专家选择涵盖多方的利益相关者；由于不与科技规划、计划等直接利益挂钩，在重点领域和技术课题选择等方面受专家自身利益的影响相对较小。

2015年，中国工程院与国家自然科学基金委员会共同组织开展"中国工程科技2035发展战略研究"项目，应用文献计量、专利分析、德尔菲调查和技术路线图等方法（图1），提出了面向2035年中国工程科技的发展目标、重点发展领域、需要突破的关键技术、需要建设的重大工程及需要优先开展的基础研究方向，为国家工程科技及相关领域基础研究的系统谋划和前瞻部署提供了有力支撑[③]。在这个项目中，技术预见问卷针对5个方面进行了调查：技术本身的重要性、技术应用的重要性、预期实现时间、技术基础与竞争力、技术发展的制约因素。其中，技术本身的重要性包括技术核心性、通用性、带动性和非

[①] 《技术预见报告》编委会. 技术预见报告2005 [M]. 北京：科学出版社，2005.
[②] 《技术预见报告》编委会. 技术预见报告2008 [M]. 北京：科学出版社，2008.
[③] "中国工程科技2035发展战略研究"项目组. 中国工程科技2035发展战略：技术预见报告 [M]. 北京：科学出版社，2019.

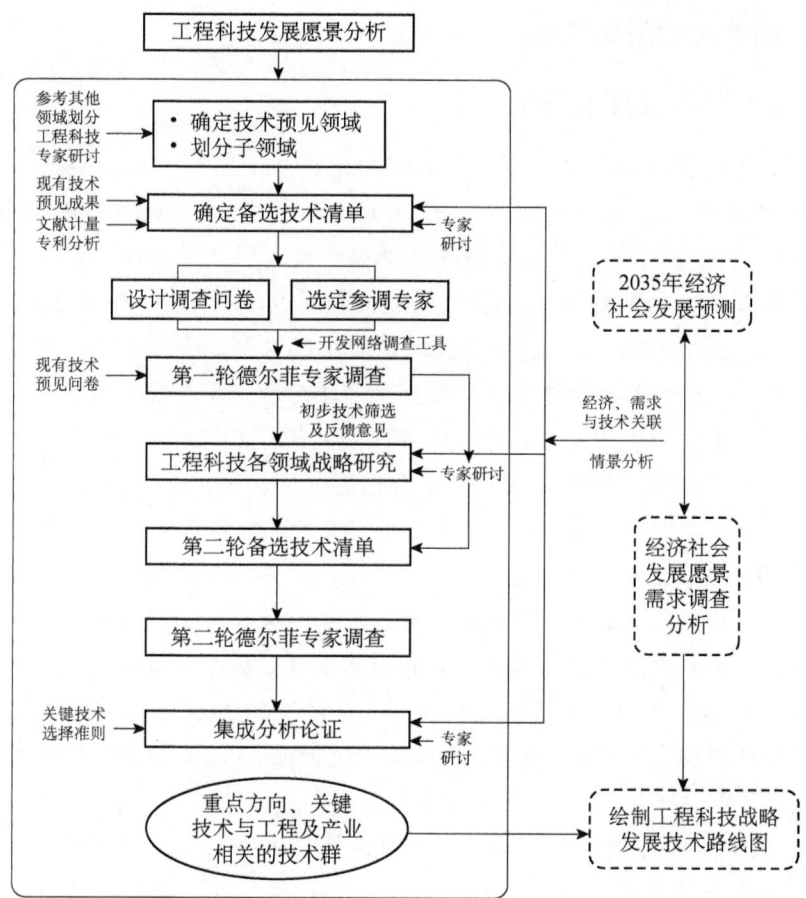

图 1　基于战略研究方法体系的中国工程科技 2035 技术预见流程图
资料来源:《中国工程科技 2035 发展战略. 技术预见报告》,作者整理

连续性四个方面;技术应用的重要性包括技术对经济发展、社会发展、国防安全三方面的作用;在预期实现时间方面,为突出工程科技可用性的判断和纵横向比较分析,设置了世界技术实现时间、中国技术实现时间及中国社会实现时间三个问题。为进一步征集专家对未来技术发展的判断,调查中设置了开放性问题,包括备选技术清单之外的重要技术方向、2035 年可能出现的重大产品,以及需要提前部署的基础研究方向等。项目还针对此次技术预见的调查需求开发了在线问卷调查系统,加强了问卷调查的直观性、灵活性,有效提高了调查效率和轮次间反馈的有效性。同时,网上调查系统开设了技术预见调查管理模块,各领域组技术预见专员可以实时查询、监测专家调查进展情况,及时采取推进措施。

三、国外技术预见实践

1. 日本和韩国技术预见

日本是开展国家层面技术预见最系统和最成功的国家之一，经历了从技术预测到技术预见的转变。1971年，日本科学技术厅（Science and Technology Agency）①组织实施了第一次基于德尔菲调查的技术预测，并确定每五年实施一次基于德尔菲调查的技术预测，2000年改为技术预见活动②，截至2019年底共完成了11次技术预见。日本前6次技术预见均以德尔菲调查为主，第7次技术预见在德尔菲调查的基础上增加了经济社会需求分析，第8次技术预见又新增了情景分析和用于分析新兴技术的文献计量方法，第9次技术预见综合采用重大挑战分析、德尔菲调查、情景分析和专家会议等方法，第10次技术预见综合采用未来社会分析、在线德尔菲调查、情景分析、交叉分析等多种方法，第11次技术预见引入了水平扫描和人工智能方法。值得指出的是，日本从制定第三期科技基本计划开始将技术预见纳入政策制定过程，预见结果作为编制科技基本计划的重要研究基础。第8次技术预见为第三期科技基本计划优先科技领域选择提供了依据，为日本《创新25战略》（Innovation 25）提供了有力支撑。第9次技术预见为日本第四期科技基本计划和日本文部科学省的"Japan Vision 2020"（日本2020愿景）均提供了重要支撑。第10次技术预见主要支撑了日本第五期科技基本计划。

第11次技术预见侧重于构建社会愿景，综合水平扫描、愿景构建、专家研讨等构建了未来理想社会情景。在此目标下进行德尔菲调查，并且使用人工智能技术（以机器学习和自然语言处理为中心的智能和相关技术），对德尔菲关键技术进行聚类，提出了面向未来的交叉融合领域和重点发展领域及技术③。日本第11次技术预见由日本文部科学省科学技术政策研究所负责实施，分为四部分。一是从现有资料中收集、整理、提取未来趋势的有关信息，然后组织专家研讨未来世界的可能情形及国内各地区的可能变化，以把握未来发展趋势。二是邀请各领域、各专业研究人员参与展望未来的研讨会，通过小组讨论和整体讨论的方式，提取了50幅社会未来图景及4种社会价值。三是组织成立技术预见专家组，筛选并提取了健康、医疗和生命科学，农业水产、食品和生物技

---

① 自1992年第5次技术预见起，日本科学技术政策研究所（National Institute of Science and Technology Policy，NISTEP）开始负责组织实施日本的技术预见。
② 2000年日本将技术预测德尔菲调查改为技术预见的德尔菲调查。
③ National Institute of Science and Technology Policy. Close-up science and technology areas for the future [R]. Tokyo，2019.

术、环境、资源和能源，ICT分析和服务，材料、设备和工艺，城市、建筑、土木和交通，宇宙、海洋、地球和科学基础七大领域，59个子领域的702项关键技术开展两轮德尔菲调查。四是以"社会5.0"（Social 5.0）为基础，探讨了社会未来发展的基本情形，总结了支撑日本社会未来发展的科学技术并且提出了相关科技政策①（图2）。

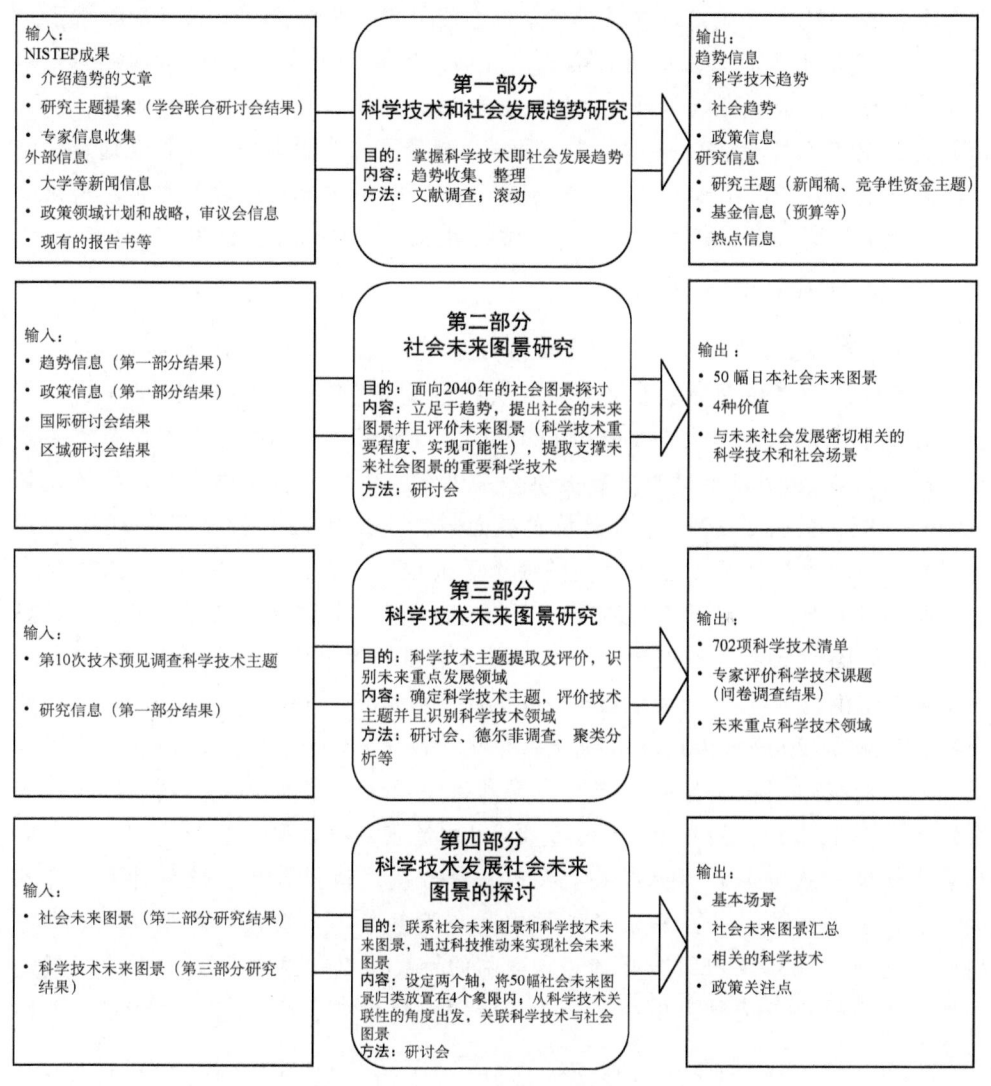

图2　日本第11次技术预见实施流程
资料来源：日本第11次技术预见报告，作者翻译整理

---

① National Institute of Science and Technology Policy. Science and Technology Foresight 2019 [R]. Tokyo，2019.

韩国于1993年启动第一次技术预见（面向2015年），1998～1999年启动第二次技术预见（面向2025年），2003年启动第三次技术预见（面向2030年），2010年启动第四次技术预见（面向2035年），2015年启动第五次技术预见（面向2040年）。前两次技术预见运用了德尔菲调查法和头脑风暴，第三次和第四次技术预见采用情景分析、横向扫描、德尔菲调查等方法，第五次技术预见采用水平扫描、德尔菲调查、网络调查、大数据网络分析和临界点分析等方法。第五次技术预见（图3）综合采用多种方法分析社会关注的热点问题，形成"热点问题群"，采用知识图谱分析方法研究技术领域之间的关联性，把握各研究领域发展趋势，遴选出面向2040年的社会基础设施、生态环保、机器人、生命与医疗、信息通信和制造融合6个领域267项未来技术。韩国第三次、第四次和第五次技术预见成果分别应用于第二期、第三期和第四期《科学技术基本计划》制定工作[1]。

2. 德国和英国技术预见

1992年，德国联邦研究与技术部资助弗劳恩霍夫协会系统与创新研究所和日本科学技术政策研究所联合开展第一次技术预见（Delphi'93），1994年进一步合作开展了小型德尔菲调查（mini Delphi），涉及第一次德尔菲调查中最重要或新兴技术领域。1998年弗劳恩霍夫协会系统与创新研究所完成第二次技术预见（Delphi'98），提出了19个未来科技发展大趋势，针对12个技术领域1070项技术课题进行了大规模德尔菲调查，并遴选了最重要的九大创新领域[2]。2001年，德国联邦教育与研究部发起"Futur计划"，采用德尔菲调查、情景分析、专家座谈等方法，通过社会各界广泛对话来识别未来技术需求和优先领域[3]。2007年，德国联邦教育与研究部启动着眼于2030年技术预见"Foresight Process"，分两个阶段实施[4]。2007～2009年实施技术预见阶段Ⅰ（CycleⅠ），通过专家访谈方式调研传统技术领域，结合未来社会需求，得出了未来研究关键领域。2012～2014年实施技术预见阶段Ⅱ（CycleⅡ），由德国工程师联合会技术中心和弗劳恩霍夫协会系统与创新研究所共同实施，综合使用情景分析、文献计量、专家会议、访谈等方法，并且聘请了国际顾问小组参与。本次技术预见包括三个方面：一是研究2030年社会发展趋势和面临的挑战，识别出未来60个社会发展趋势和七大挑战；二是研究生物、服务、能源、健康和营养、信息和通信、流动

---

[1] Korea Institute of Science and Technology Evaluation and Planning. The 5th Science and Technology Foresight (2016-2040) [R]. Republic of Korea: Korea Institute of S & T Evaluation and Planning, 2017.
[2] Cuhls K. Foresight in Germany. The Handbook of Technology Foresight: Concepts and Practice [M]. Cheltenham: Edward Elgar Publishing, 2008: 131-153.
[3] Federal Ministry of Education and Research. Future: future lead visions complete document [R]. Berlin, 2002.
[4] Zweck A, Holtmannspötter D, Braun M, et al. Stories from the future 2030 Volume 3 of results from the search phase of BMBF Foresight Cycle II (Vol. Future Technologies Vol. 104) [R]. Germany, Department for Innovation Management and Consultancy, 2017.

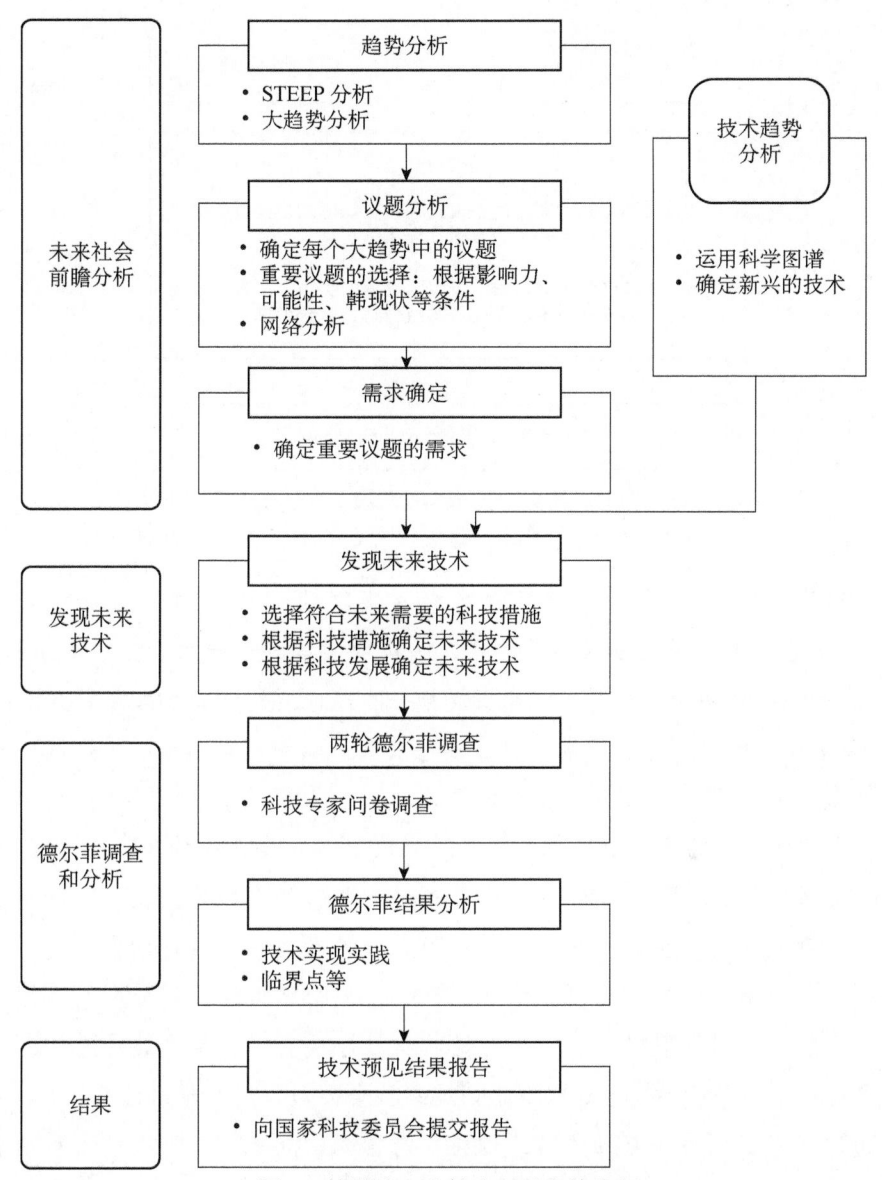

图 3　韩国第五次技术预见实施流程

资料来源：Choi M J. Foresight activities in Korea[C]. The 7th International Conference of the Government Foresight Organization. Network, 2016. 作者翻译整理

性、纳米技术、光子、生产、安全、材料科学技术 11 个技术领域未来发展趋势；三是综合分析社会挑战和技术趋势，识别出 2030 年九大创新领域。技术预见工作流程如图 4 所示，技术预见活动结果有效支撑了德国高技术战略制定。

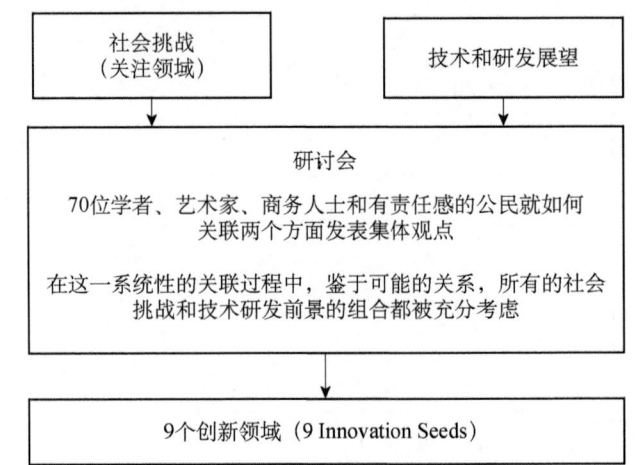

图 4　德国联邦教育与研究部技术预见阶段 Ⅱ（Cycle Ⅱ）研究框架
资料来源：德国联邦教育与研究部 2017 年技术预见报告，作者翻译整理

1993 年，英国政府科学技术白皮书《实现我们的潜力》（*Realizing Our Potential*）宣布启动英国技术预见计划。1994 年英国科学技术办公室（Office of Science and Technology，OST）组织实施第一次技术预见，采用德尔菲法对 16 个领域 1207 项技术课题开展调查，关注技术负面影响和预见结果的扩散和应用。1999 年英国启动第二次技术预见，相较前一次技术预见活动，其方法和组织形式有很大改变，并将重点转移到 "实现技术与经济社会全面整合"。一是将原来的 16 个技术研究领域整合为 10 个技术领域，并新增人口老龄化、预防犯罪和 2020 年的制造业 3 个主题小组，以及教育、技能及培训和可持续发展 2 个支撑主题；二是强调采用专家会议、情景分析、座谈会等方法，充分利用计算机网络和知识库，通过互联网交流平台广泛收集社会公众对技术发展的看法，是技术预见过程从一个基于技术专家判断拓展到社会公众广泛参与的过程。

2002 年，英国开展第三次技术预见。与前两次相比，第三次技术预见活动又有较大变化，采取专题滚动项目的形式，重点在为公共政策制定提供支撑，采用情景分析、德尔菲调查、专家座谈等方法。英国科学技术办公室在前三次技术预见活动中担当重要角色，后更名为英国政府科学办公室（Government Office for Science，GOS），主要负责支持和推动公共领域的科学研究。2010 年，英国政府科学办公室发布了第三次技术预见第一轮技术预见报告，提出了面向 2030 年的材料和纳米技术、能源和低碳技术、生物和制药技术及数字和网络技术四大领域的53项关键技术①。2012年底发布第二轮技术预见报告，更新了上一轮53项关键技术，遴选出3个新兴主题以及生物能源和"负排放"、备用间歇性电源、实时电网模拟和高压直流电网、服务机器人、智能服装、传感器技术6项相关技术②。2017年，英国发布第三轮技术预见报告，采用情景分析、德尔菲调查、专家座谈等方法展望未来产业融合的数字世界，探讨了传感器、数据、自动化和使用者之间的互动，提出了未来健康、食品、生活、交通、能源领域的场景，报告指出，已有技术和新兴技术之间的交互是未来发展的重要方向③。

3. 俄罗斯和印度技术预见

1998年，俄罗斯组织开展第一次基于德尔菲调查的技术预见，1000多名专家参与调查，评估科学技术长期发展前景，确定优先支持技术领域④。2004年，俄罗斯教育与科学部组织新一轮关键技术选择，遴选出信息通信系统，纳米产业和材料，生活系统，资源合理使用，电力工程和节能，运输、航空和空间系统，安全和应对反恐，未来军备和军事特种设备8个优先领域关键技术⑤，技术预见结果支撑了"2007—2012年俄罗斯科学技术综合优先发展方向研究开发"⑥的制定。

2007年，俄罗斯教育与科学部再次启动国家层面的技术预见。第一轮技术预见面向2025年，针对俄罗斯宏观经济、科学技术和工业发展进行研究，2000多名专家参与德尔菲调查，遴选出10个领域800多项技术课题。2008~2009年，俄罗斯启动面向2030年的第二轮技术预见，对上一次技术预见遴选的关键技术清单进行德尔菲调查，识别了250个关键技术集群，遴选出信息通信技术、

---

① Government Office for Science. Technology and Innovation Futures: UK Growth Opportunities for the 2020s [R]. The United Kingdom, Foresight Horizon Scanning Centre, 2010.
② Government Office for Science. Technology and Innovation Futures: UK Growth Opportunities for the 2020s—2012 Refresh [R]. The United Kingdom, Foresight Horizon Scanning Centre, 2012.
③ Government Office for Science. Technology and Innovation Futures 2017 [R]. The United Kingdom: Foresight Horizon Scanning Centre, 2017.
④ Alexander V, Sokolov, Alexander A, et al. Long-term Science and Technology Policy—Russia Priorities for 2030 [R]. Moscow, Series: Science, Technology and Innovation, 2013.
⑤ Sokolov A. Russia Critical Technologies 2015 [R]//European Foresight Monitoring Network Brief: 313-318.
⑥ Shashnov S, Poznyak A. S&T priorities for modernization of Russian economy [J]. Foresight-Russia, 2011, 5 (2), 48-56.

纳米产业与材料、生活系统、自然资源合理利用、运输和航空航天、能源6个领域25个重要技术子领域。2011~2013年,俄罗斯启动面向2030年的第三轮技术预见,研究了全球有关组织机构的200余份技术预见相关材料①,采用专利文献计量、情景分析、技术路线图、全球挑战分析、水平扫描、弱信号等多种方法,识别了俄罗斯未来发展中面临的关键性问题、巨大挑战和"窗口发展机遇",遴选出信息和通信技术、生物技术、医药和健康、新材料和纳米技术、自然资源合理利用、运输和空间系统、能效与节能7个领域53项优先发展的技术②。

"俄罗斯2030:科学和技术预见"③结果被俄罗斯电信和大众通信部、卫生部、交通部、财政部、经济发展部、工业和贸易部、自然资源和环境部、能源部、俄罗斯联邦航天局和俄罗斯科学院认同并采纳,支撑了俄罗斯"2030年社会经济长期发展预测"、"2020年科技发展"和"2035年俄罗斯能源战略"等多项规划的制定④。"俄罗斯2030:科学和技术预见"指导了俄罗斯社会、经济、科学和技术发展战略,对俄罗斯发展产生了深远影响⑤。

1993年,印度技术信息、预测和评估委员会(Technology Information, Forecasting and Assessment Council, TIFAC)组织实施了印度第一次技术预见(Technology Vision 2020)⑥,选择了食品和农业、农产品加工、生命科学与生物技术、医疗保健、电子通信、电信、陆路运输、水路航道、民用航空、工程工业、材料与加工、化学加工工业、电力、战略产业、先进传感器和服务16个领域100多项子领域技术,技术预见结果服务于印度政府有关部门远景规划,并在农业和渔业、农业食品加工、道路建设和运输设备、纺织品、医疗保健和教

---

① 包括经济合作与发展组织(OECD)、欧盟(EU)、联合国(UN)、联合国工业发展组织(UNIDO)、世界银行(WB)等国际组织,英国、德国、日本、美国、中国等国家,壳牌、英国石油公司、西门子、微软等企业,兰德公司、曼彻斯特大学、韩国科技评估与规划研究院等顶尖预见机构的技术预见报告及分析材料,并且检索分析了美国、欧洲、世界知识产权组织等主要国家、地区和机构的专利数据库,WOS、SCOPUS等国际期刊数据库等,共计200余份相关信息材料。
② Gokhberg L. Russia 2030: Science and Technology Foresight [R]. Ministry of Education and Science of the Russian Federation, National Research University Higher School of Economics, 2016.
③ "俄罗斯2030:科学技术预见"包括2007年的面向2025年的技术预见。
④ Gokhberg L. Russia 2030: Science and Technology Foresight [R]. Ministry of Education and Science of the Russian Federation, National Research University Higher School of Economics, 2016.
⑤ President R F. Message from the President of the Russian Federation to Federal Assembly [EB/OL]. Retrieved from http://kremlin.ru/news/17118.
⑥ 印度将此类技术前瞻性预见活动称为"Technology Vision",但其本质仍然为技术预见,本文不做详细区分,统一称为"技术预见"。

育等领域与企业和研发机构合作培育了一批优势产业。

2012年，印度技术信息、预测和评估委员会启动了新一轮技术预见（Technology Vision 2035）。本次技术预见进行大规模的专家调查，5000余名专家参与直接调查，20 000余名专家参与到间接调查中，选择出12个技术子领域[①]的196项关键支撑技术。本次技术预见主要分为五部分：一是识别印度社会需求；二是遴选出技术子领域和关键技术（四个阶段）[②]；三是分析技术子领域实现的必要条件，强调发展基础性技术（材料、制造和信息通信技术），建设支撑性基础设施以及加大基础研究；四是分析印度技术能力和制约因素，从技术领先、技术独立、技术创新、技术应用、技术依赖、技术限制6个方面分析了印度技术发展能力，认为现阶段应该采用有针对性的方法来推进印度国家技术能力建设；五是分析了印度研究机构、大学、政府部门等主体在技术转型过程中应采取的行动和举措。Technology Vision 2035技术预见绘制了教育、医学和保健、食物和农业、水、能源、环境、生活环境、交通运输、基础设施、制造业、材料、信息通信技术12个领域技术路线图[③]。

4. 美国国家关键技术选择

1990年，美国总统办公厅科技政策办公室成立国家关键技术委员会，从1991年开始向总统和国会提交双年度的《国家关键技术报告》。1992年，美国国会命令创建关键技术研究所，由国家科学基金会主持，兰德公司管理，参与制定《国家关键技术报告》。1998年，该研究所更名为科技政策研究所，主要任务更改为协助美国政府改进公共政策。1991～1998年，美国共发布过四个《国家关键技术报告》，对美国科技政策的制定和科技界产生了巨大影响。《国家关键技术报告》列出了美国关键技术发展清单，为各级政府科技投入提供了指南，加强了联邦政府在科技投入方面的宏观调控作用；《国家关键技术报告》为美国企业研发投资指明了方向，加强了企业之间、企业与政府、企业与研发机构之间的合作；《国家关键技术报告》重视技术评估，对于全社会了解未来技术发展

---

① 12个技术子领域指清洁的空气和饮用水；粮食和营养安全；全民保健和公共卫生；全天候能源；体面的居住环境；优质教育、生计和机会；安全和迅速的移动；公共安全和国家安全；文化的多样性；透明高效的政府治理；灾害和气候应对能力以及自然资源和生态保护。

② 四个阶段分为：可以广泛应用、产业化、研究、仍然处于想象阶段。

③ Technology Information，Forecasting and Assessment Council. Technology Vision 2035 [R]. New Deli，2015.

趋势，了解美国技术发展现状有重要作用。美国关键技术研究所也曾发布《国际关键技术清单》，该清单汇集美国、日本、英国、法国、德国和经济合作与发展组织6个国家和组织的8份技术预测报告，在对近年来各国技术预测方法、准则、具体技术项目进行比较分析的基础上发布，提出了面向未来10年的在信息和通信，环境，能源，生命健康，制造，材料，运输，金融、海啸、建筑、空间等在内的8个技术领域，38个技术类别，130个技术子列，375个能够实现的重点技术。美国产业界为了应对国际化竞争和争取政府的研发支持等，也开展了许多"类预见"活动，预见活动的时间范围主要是未来5~10年，所运用的方法主要包括情景分析、德尔菲调查、技术情报、技术路线图等，专家在"类预见"活动中发挥了重要的作用。

四、未来技术预见展望

从1970年日本开展基于德尔菲调查方法的技术预测，到20世纪90年代初美国发布《国家关键技术报告》，越来越多的国家和企业关注技术发展趋势及其带来的战略机遇，使得技术预见取代技术预测最终成为世界潮流。进入21世纪以来，创新发展逐步成为世界潮流，世界主要国家和地区纷纷提出建设创新型国家，2006年中国政府提出2020年进入创新型国家行列目标，美国通过《美国创新与竞争力法案》、英国发布《创新型国家白皮书》、欧盟发布《创造一个创新型欧洲》、日本发布《面向创新的日本》等，技术预见活动逐步融入科技创新政策形成过程，并且在科学决策与政策制定过程中发挥越来越重要的作用，例如日本、韩国将技术预见纳入国家科学技术基本计划制定过程。

50年技术预见持续不断的大规模实践，在塑造未来科技、经济、社会和环境发展新格局方面成效显著，成就了一批战略家和预言家。50年技术预见理论方法持续不断地探索与创新，丰富完善了系统化技术预见思想体系和工作体系，实现了从技术预见向科学技术预见的转变，催生了一批预见理论和方法集成创新。在新技术革命和产业变革关键历史时期，在创新全球化与区域一体化双向作用引发的全球竞争格局动态演化的关键历史时期，迫切需要强化"愿景驱动与需求拉动"共同塑造未来、创造未来的功能。科学技术预见作为构建社会发展愿景、识别科学技术需求、凝聚社会各界共识、协调创新主体行为的综合集成平台作用将会进一步加强，并将向着专业化、模块化、网络化、智能化、数字化方向发展，成为决策科学化的重要支撑力量。

1. 科学技术预见平台化发展趋势加速

创新发展政策的复杂性导致科学技术预见平台化发展趋势加速。科学技术预见平台化是指科学技术预见从服务国家科学技术发展规划和政策制定的支撑工作向服务国家创新发展规划和政策制定的综合集成平台转变的过程。创新发展规划和政策制定涉及科技、经济、社会和环境发展等方面，受到政治、法律、伦理、人口以及国际发展环境等众多因素影响，具有影响因素多、不确定性高等特点，对未来科学技术预见工作提出了更新更高的要求。未来的科学技术预见平台化发展需要将技术预见活动嵌入政策过程，重点加强五个方面的工作。一是加强国家经济、社会、环境发展与数字转型趋势分析，构建社会发展愿景，识别发展主要驱动力；二是加强全球科学技术发展趋势分析和科研数字转型趋势分析，识别国际合作伙伴，把握科学技术发展和数字转型机遇；三是加强未来科学技术课题德尔菲调查方法创新与网络建设，识别重要科学技术课题，分析相关伦理、法规和政策制约因素；四是加强技术选择方法创新与能力建设，确定优先发展科学技术课题和优先发展科学技术子领域，支撑科技发展规划和政策制定；五是加强科学技术发展动态监测能力建设，识别优先发展科学技术课题和子领域发展存在的重大问题，支撑科技创新资源配置与学科布局动态调整。

2. 科学技术预见模块化发展趋势加速

科学技术预见平台化发展导致科学技术预见活动目标多元化、问题复杂化、知识专业化、主体多样化，加速了科学技术预见活动模块化发展趋势。未来的科学技术预见平台主要包括四个模块。一是世界科技趋势模块，致力于综合集成全球科学家专业知识，分析世界科学技术发展趋势，识别科学技术发展机遇，选择国际科技合作伙伴；二是社会发展愿景模块，致力于综合集成已有情报资源和理论方法，研究全球政治经济竞争格局演进及其主要驱动力，分析国家经济、社会、环境发展趋势，整合利益相关者的创造力、专业能力和沟通能力，有效参与构建社会发展愿景，识别社会发展愿景驱动力；三是科学技术选择模块，致力于动员创新主体参与未来科学技术课题大规模德尔菲调查，分析相关伦理、法规和政策制约因素，确定优先发展科学技术课题和优先发展科学技术子领域；四是创新发展政策模块，致力于分析优先发展科学技术课题和子领域对经济、社会、环境发展的影响，动员创新主体进行科学技术和创新发展政策实验，定期评估国家（区域）创新发展水平和能力，支撑科技创新资源配置战略调整与动态优化。

3. 科学技术预见数字化转型趋势加速

科学技术预见平台化发展导致科学技术预见系统利益相关者数量和相关数据量呈几何级数增长，科学技术预见数字化转型趋势明显并呈加速演化态势。未来的科学技术预见数字化转型趋势主要体现在五个方面。一是科学技术预见工作平台数字化，统领科学技术预见各个模块的数字化。建立数字化、网络化、智能化平台工作机制和大数据中心，扩大政产学研等创新主体有效参与技术预见活动范围，提升数据获取和处理以及分析结果可视化的智能化水平。二是全球发展趋势分析评价系统的数字化。建立全球政治、经济、社会、环境发展大趋势信息获取与处理数字化模拟系统，提高大趋势及其驱动力数字化分析能力。三是国家社会发展愿景分析系统的数字化。建立国家经济、社会、环境发展趋势信息获取与处理数字化模拟系统，有效整合不同创新主体和利益相关者的创造力、专业能力和沟通能力，推动创新主体就社会发展愿景进行多视角沟通并达成共识。四是科学技术选择的数字化。建立优先发展科学技术课题和优先发展科学技术子领域选择辅助系统，支持利益相关者在线研讨，精准识别创新主体的创造力、专业能力和沟通能力，动态遴选优先发展科学技术课题并提供合法合规判断。五是创新发展政策模拟系统的数字化。建立创新发展数字化政策模拟系统和政策实验室，迭代支撑科技创新资源配置战略调整与动态优化。

目　　录
CONTENTS

加强技术预见研究　提升科技创新发展能力（总序）…………………… i

前言 ……………………………………………………………………………… iii

技术预见历史回顾与展望（引言）…………………………………………… v

第一章　中国信息领域 2030 技术预见研究简介 …………………………… 1
  第一节　技术预见方法与流程介绍 ………………………………… 1
  第二节　成立技术预见专家组 ……………………………………… 4
  第三节　技术预见子领域划分 ……………………………………… 4
  第四节　提出技术课题备选清单 …………………………………… 5
  第五节　德尔菲调查 ………………………………………………… 6
  第六节　专家会议 …………………………………………………… 10

第二章　德尔菲调查结果综合分析 ………………………………………… 12
  第一节　德尔菲调查概述 …………………………………………… 12
  第二节　德尔菲调查统计方法 ……………………………………… 13
  第三节　信息领域最重要的技术课题 ……………………………… 18
  第四节　技术课题的预计实现时间 ………………………………… 24
  第五节　我国信息技术研究开发水平 ……………………………… 26
  第六节　技术课题的目前领先国家和地区 ………………………… 29
  第七节　技术课题的实现可能性 …………………………………… 34

第八节　技术发展的制约因素 ·· 41

第三章　信息领域发展趋势 ·· 49

第一节　人工智能与智能社会子领域 ·· 49

第二节　信息材料与器件子领域 ·· 56

第三节　网络与通信子领域 ·· 64

第四节　计算系统与软件子领域 ·· 71

第五节　虚拟现实与交互子领域 ·· 79

第六节　信息安全子领域 ·· 86

第七节　控制与无人系统子领域 ·· 93

第八节　微纳电子技术子领域 ·· 101

第四章　信息领域关键技术展望 ·· 108

第一节　智能健康监测与医疗会诊技术得到广泛应用 ···················· 109

第二节　人工智能技术在金融管理领域得到广泛商业应用 ············ 118

第三节　复杂环境下的高度自主无人驾驶技术得到大规模应用 ···· 126

第四节　以密码技术为核心的数据安全保护方案得到广泛应用 ···· 137

第五节　数字货币研究进展与应用前景 ·· 147

第六节　高密度超高速无线通信技术实现广泛应用 ························ 154

第七节　先进机器学习技术得到突破和实际应用 ···························· 167

第八节　1 纳米集成电路制造技术展望 ··· 175

第九节　可穿戴感知计算技术与群智化感知方法得到广泛应用 ···· 183

第十节　柔性电子技术研究进展与应用前景 ···································· 193

第十一节　面向智能机器人的自然交互技术 ···································· 203

附录 ·· 214

附录 1　德尔菲调查问卷 ·· 214

附录 2　德尔菲调查问卷回函专家名单 ·· 226

附录 3　11 项关键技术课题具体描述 ··· 228

第一章
中国信息领域 2030 技术预见研究简介

《中国信息领域 2030 技术预见》是 2015 年中国科学院科技战略咨询研究院启动的"支撑创新驱动转型关键领域技术预见与发展战略研究"中"中国未来 20 年技术预见研究"六大领域报告之一。"支撑创新驱动转型关键领域技术预见与发展战略研究"研究组组长穆荣平聘请中国科学院科技战略咨询研究院余江研究员担任"中国信息领域 2030 技术预见"研究组组长,聘请中国科学院院士谭铁牛担任专家组组长。

信息领域技术预见工作着眼于世界信息技术的发展态势和科技前沿,旨在通过对 2030 年我国信息领域关键技术课题和发展趋势的展望,有效支撑我国信息领域自主创新能力和国际竞争优势显著提升的目标,加快培育经济发展新动能。研究成果将提供给国家发展和改革委员会、科技部、中国科学院、国家自然科学基金委员会等部门参考,为制定新一轮国家中长期科技发展规划(2021—2035 年)和推动创新驱动发展提供重要的战略支撑。

第一节 技术预见方法与流程介绍

技术预见是通过技术专家的集体智慧,选择出未来优先发展的技术领域和关键技术课题,为科技和创新决策提供支撑。技术预见研究通常采用专家咨询、技术功效矩阵、情景分析、德尔菲(Delphi)调查、科学计量、聚类分析和技术路线图等方法[1]，其中德尔菲调查法是最核心、最常使用的方法之一[2]。面向2030年的信息领域技术预见借鉴了国际通用的德尔菲调查，以及《中国未来20年技术预见德尔菲调查方法研究》[3]提出的情景分析、专家咨询等方法，结合信息领域创新速度快、技术不确定性高、跨领域交叉融合等特点，坚持"全面、简洁、准确、客观、可行、一致"原则，从整体上考虑德尔菲调查问卷中的问题与问题之间的逻辑性，包括技术课题的重要程度、领先国家（地区）、研发水平、制约因素等。

在项目实施过程中，通过两轮领域专家会议和多轮子领域专家组会议，征集信息领域对我国未来具有重要战略意义的技术子领域和技术课题，并通过进一步讨论筛选得到信息领域的重要技术课题。基于信息子领域划分和重要技术课题的识别，研究组制作问卷并开展了两轮大规模德尔菲问卷调查，以凝练专家共识，遴选得到信息领域的关键技术课题。基于德尔菲问卷调查结果综合分析，研究组计算了各技术课题重要度等核心指标，在领域专家头脑风暴式研讨的基础上，最终确定信息各子领域的关键技术课题。项目开展的整体流程如图1-1-1所示。

本次信息领域技术预见借鉴了国内外技术预见研究经验，延续使用了"中国未来20年技术预见研究"提出的子领域识别和技术课题遴选方法，项目实施的具体流程包括：第一步，启动"支撑创新驱动转型关键领域技术预见与发展战略研究"项目，综合分析未来经济社会和国家安全重大需求，系统分析我国创新能力和创新发展水平在世界主要国家和地区之间的相对地位；基于我国科技创新中长期发展规划中对未来发展愿景的构建与目标的设定，系统描绘2030年中国创新发展愿景，分析实现愿景的重大技术需求和实现2030年各领域发展目标需要面临的重大技术问题。第二步，为全面掌握信息领域的全球发展态势，提高技术预见的精准性，研究组梳理和总结了世界主要国家和地区在信息领域制定的战略举措，翻译和学习了日本第九次和第十次技术预见等国外有关信息领域技术预见的课题清单，提供给专家组成员和参与德尔菲调查的国内专家参考。第三步，领域专家组召开会议，在对国家战略需求和信息领域发展的技术需求考虑的基础上，确定各子领域的划分，同时各子领域专家召开研讨会征集技术课题。第四步，通过领域专家组和各子领域专家组会议研讨，最终遴选出第一轮德尔菲调查的技术课题清单，研究组制作调查问卷，并向专家组提供的国内技术专家发放第一轮大规模德尔菲调查问卷。第五步，研究组汇总整理第一轮德尔菲调查获得的专家意见和调查结果，交由专家组会议讨论，更新技术课题清单，制作和发放第二轮大规模德尔菲调查问卷。第六步，根据两轮德尔菲问卷调查结果，研究组与专家组讨论确定信息领域未来应优先发展的关键技术课题，在此基础上邀请专家组成员和国内技术专家撰写信息子领域发展综述和关键技术课题发展战略，汇总形成最终的信息领域 2030 年技术预见总报告。

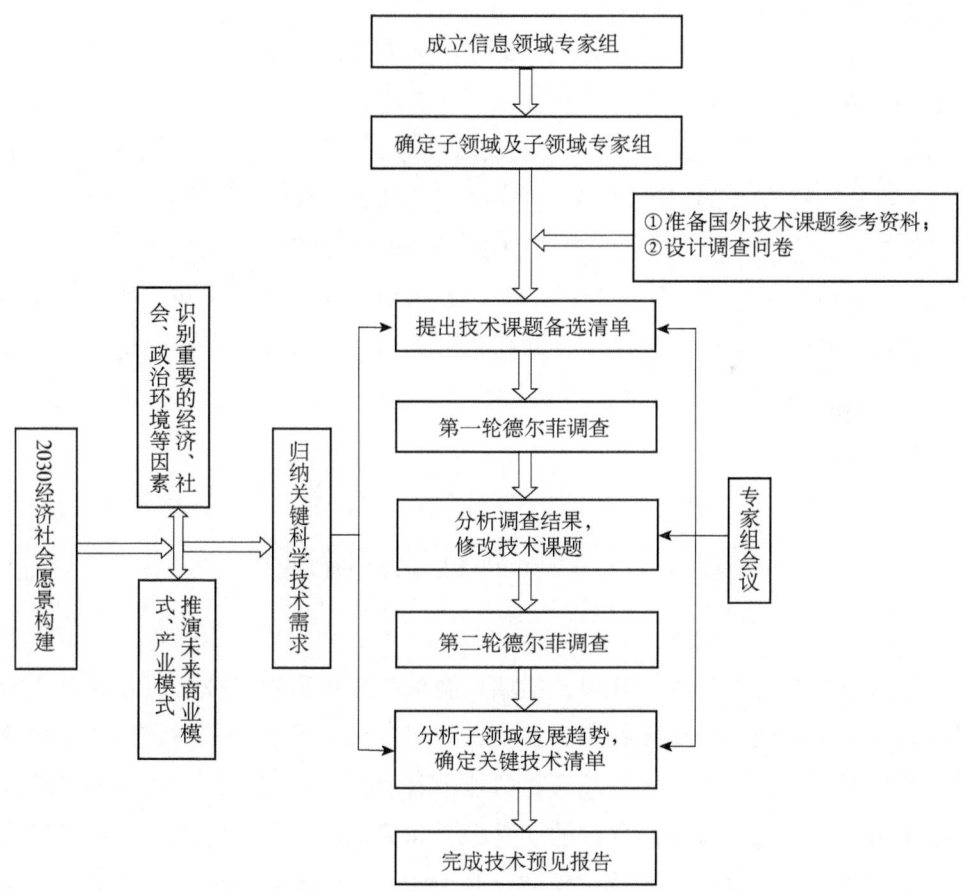

图 1-1-1　信息领域技术预见流程图

第二节　成立技术预见专家组

信息领域技术预见专家组主要负责组织召开专家研讨会、确定子领域划分、子领域专家组成员提名、技术课题遴选和审定，并为德尔菲问卷设计和研究报告提供咨询建议。专家组组长应具备极高的专业知识和国际化视野，能够从国家未来战略需求和信息领域技术需求等角度出发，准确把握信息领域技术发展趋势，识别对未来发展至关重要的信息技术课题，并且熟悉技术预见工作方法，了解技术预见工作意义。

在专家组成员（子领域专家组组长）选择方面，主要选择原则包括：专家组成员须为各子领域知名专家，在技术课题遴选等工作中能够做到公平公正，从国家战略和国际定位出发，具有责任感和使命感；具有合理的知识结构和丰富的知识基础；熟悉或了解技术预见；能够保证全程参与和配合技术预见工作。

依据以上原则，新时代"中国未来 20 年技术预见研究"研究组组长穆荣平研究员聘请谭铁牛院士担任"中国信息领域 2030 技术预见"专家组组长，并经专家组组长推荐，聘请刘明院士、陆建华院士担任副组长；根据信息领域技术预见工作需要，经专家组组长、副组长推荐，最终确定"中国信息领域 2030 技术预见"专家组成员。

第三节　技术预见子领域划分

信息子领域的划分对于开展子领域发展趋势分析和遴选技术课题、最终形成对我国未来发展具有重要作用的技术课题清单至关重要。在确定具体子领域时，首先强调学科属性，各子领域尽可能覆盖所有重点信息领域。由于信息技术在多个学科领域均有不同程度的交叉融合和渗透，为尽可能避免不同子领域之间的重叠，需要将相近的技术领域合并。此外，考虑到信息科技和学科发展趋势，需要关注面向未来的热点技术领域。

在参考和总结国内外信息领域技术预见成果的基础上，经专家组成员讨论，最终确定信息领域的 8 个子领域为：人工智能与智能社会、信息材料与器件、网络与通信、计算系统与软件、虚拟现实与交互、信息安全、控制与无人系统、微纳电子技术。在此基础上，成立子领域专家组。

信息领域技术预见专家组和各子领域划分如图 1-3-1 所示。

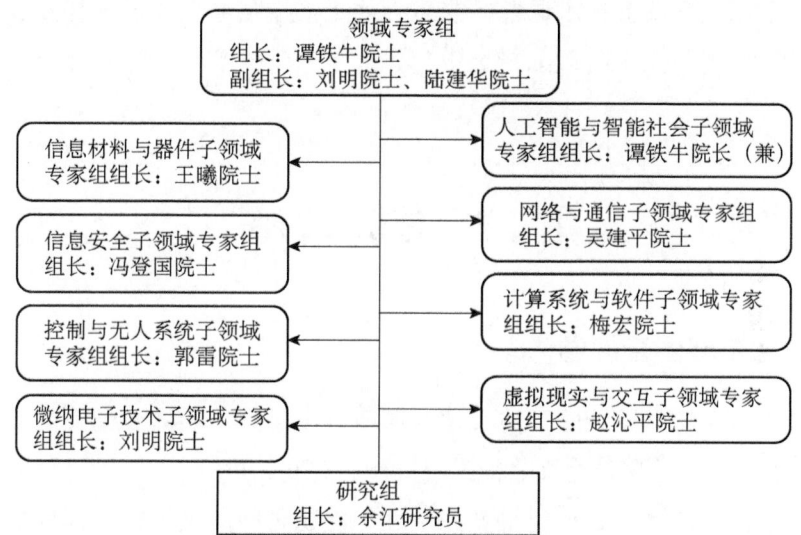

图 1-3-1　领域专家组、子领域专家组与研究组人员构成

第四节　提出技术课题备选清单

德尔菲问卷主要针对一系列技术课题来设问，因此，领域专家所提技术课题的质量直接关系到技术预见的工作成效。在技术课题遴选过程中，基本原则是重要、全面与可行。

首先，备选技术课题必须能够给未来经济社会发展带来重要影响，并且同一子领域的技术课题应尽量在研发投入、可能产生的影响等方面保持在同一层次上。

其次，课题征集过程需要广泛征集专家意见，技术课题的选择优先着眼于未来能够产生最大经济效益和社会效益的战略研究领域与通用新技术，确保无重大技术课题遗漏[4]。

最后，所有技术课题应具有前瞻性，尽量覆盖信息领域2030年之前可能实现的技术课题，也可以包括少量2030年以后才能实现的技术课题。

此外，技术预见研究的是未来的技术或技术的未来状态，为了德尔菲调查作答专家能更好地判断技术课题，我们需要在描述技术课题时对其未来发展状态进行界定，即待调查技术课题的描述必须严格按照原理阐明、开发成功、实际应用和广泛应用四个阶段来描述[5]，不允许一个技术课题同时处于多个发展阶段。

第五节　德尔菲调查

一、德尔菲调查问卷

德尔菲调查问卷设计除了涉及技术课题遴选之外，还涉及调查问题设计。在问卷问题设计时须坚持全面、简洁、准确、客观、可行、一致等原则[3]，以确保调查问卷在保持良好的分析框架完整性、问题之间的逻辑性、获取信息的丰富性的同时，专家能够公正、客观和准确地回答调查问题。德尔菲调查问卷样卷如表1-5-1所示。

表1-5-1　德尔菲调查问卷样卷

技术子领域	技术课题	您对该技术课题的熟悉程度（单选）				在中国①预计实现时间（单选）					对促进经济增长的重要程度	对提高生活质量的重要程度	对保障国家安全的重要程度	当前中国①的研究开发水平（单选）			技术水平领先国家（地区）（可多选）					当前制约该技术课题发展的因素（可多选）				
		很熟悉	熟悉	一般	不熟悉	2020年前	2021～2025年	2026～2030年	2030年以后②	无法预见				国际领先	接近国际水平③	落后国际水平	美国	日本	欧盟	俄罗斯	其他（请说明）	技术可能性	商业可行性	法规、政策和标准	人力资源	研究开发投入	基础设施
			√				√				C	C	A		√		√		√				√			√	

①此处不含香港、澳门、台湾地区情况。
②本次调查，"2030年以后"指2030～2035年，"无法预见"指2035年以后。
③这里的"国际水平"指"国际领先水平"，全书同。

本次信息领域 2030 技术预见项目沿用了"中国未来 20 年技术预见研究"项目的调查问卷格式，主要包括对未来信息领域技术课题 5 个方面的判断调查：未来技术的重要性（三大判据）、未来技术的可能性（预计实现时间）、未来技术的可行性（制约因素）、未来技术合作与竞争对手［目前领先国家（地区）］、我国信息技术发展态势（当前中国的研究开发水平）。

调查问卷有 8 个需要专家回答的问题，具体如下。

（1）您对该技术课题的熟悉程度：A. 很熟悉；B. 熟悉；C. 一般；D. 不熟悉。

（2）在中国预计实现时间：A. 2020年前；B. 2021~2025 年；C. 2026~2030 年；D. 2030 年以后；E. 无法预见。

（3）对促进经济增长的重要程度：A. 很重要；B. 重要；C. 一般；D. 不重要。

（4）对提高生活质量的重要程度：A. 很重要；B. 重要；C. 一般；D. 不重要。

（5）对保障国家安全的重要程度：A. 很重要；B. 重要；C. 一般；D. 不重要。

（6）当前中国的研究开发水平：A. 国际领先；B. 接近国际水平；C. 落后国际水平。

（7）技术水平领先国家（地区）（可多选）：A. 美国；B. 日本；C. 欧盟；D. 其他（请说明）。

（8）当前制约该技术课题发展的因素（可多选）：A. 技术可能性；B. 商业可行性；C. 法规、政策和标准；D. 人力资源；E. 研发投入；F. 基础设施。

为了扩大德尔菲问卷调查的覆盖面，方便专家作答和调查结果统计，在两轮德尔菲调查中均使用了基于在线问卷系统的多终端问卷填写方法。在规定的时间区间内，专家可以通过短信、邮件、微信、网络链接访问等方式，使用手机、平板电脑或电脑等可联网设备随时填写并保存问卷填写结果，最大限度地为作答专家提供便利。调查最终取得了满意的效果，第一轮、第二轮德尔菲调查共发放问卷 1349 份，两轮均回收问卷超过 200 份。

二、德尔菲调查专家筛选

参与德尔菲调查的专家在很大程度上影响着调查结果，信息领域技术预见项目研究组为专家组组长及成员提名德尔菲调查专家提出了权威性、全面性、客观性和责任感等参考标准，在专家筛选上严格把关，不仅专家所属行业与信息领域密切相关，来源机构也尽可能覆盖政府、企业、高校和科研院所等。考虑到我国在信息领域的基础研发力量主要分布在大学和科研院所，这些机构的专家对信息技术的发展状况及趋势有更加深入的了解，因此参与本次技术预见的调查专家来自高校和科研院所的人数相较于来自政府和企业的人数更多。

为保证参与德尔菲调查的专家对信息领域目前发展状况和未来发展趋势有深入的了解，有较长时间的信息技术研发及产业化经历，同时拥有丰富的技术研究经验，因此所选专家均为副教授（包括副高级工程师、副研究员等）及以上级别。同时，为了扩大调查范围，在更大的专家群体中凝练对信息领域技术预见的共识，被调查专家数量必须达到一定规模，本次信息领域技术预见项目共征集到 930 余位专家信息，为调查提供了有效保障。

按照上述专家筛选原则和方法，本次技术预见项目采用专家推荐制来确定德尔菲调查专家。由领域专家组和子领域专家组各位组长和成员提名参与德尔菲调查的专家，并提供姓名、单位、电子邮箱、联系电话等具体信息，研究组核查被推荐的专家名单，剔除重复与不合格人选（如职称为讲师以下、联系方式缺失等），最终形成德尔菲调查专家库。

三、第一轮德尔菲调查

本次信息领域技术预见工作调查专家群体规模大、涉及技术子领域范围广、技术课题数量多，因此采取了两轮大规模德尔菲调查。同时，在项目开展过程中对传统多轮技术预见程序进行合理修改，合并和修正了部分操作步骤，并加以多轮专家组审核以保证最后预见结果的可信度。

第一轮德尔菲调查涉及 8 个信息子领域的 83 项技术课题，共发放 907 份调查问卷，回收有效问卷 246 份（重复填写不计），回收率为 27.12%。参与作答的专家来自高校、科研院所、政府部门和企业的比例分别为：65.04%、25.61%、2.03% 和 6.50%，占据少数比例的"其他"单位包括非营利性研发中心、医院、基金委等与科研院所、政府部门类似的机构（图 1-5-1）。

在所有 246 份有效问卷中，对技术课题"很熟悉"和"熟悉"的专家占回函专家总数的 23.06%，对技术课题"不熟悉"的专家占 43.11%。除去"不熟悉"

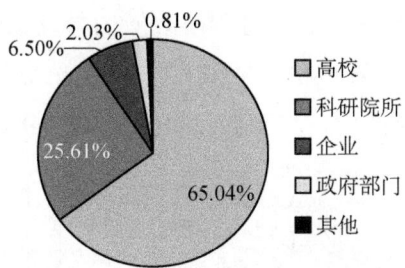

图 1-5-1　第一轮德尔菲调查专家构成

的作答（进行问卷结果分析时，选择"不熟悉"的答案将不做考虑）外，各技术课题的平均回答人数为 140 人，占有效作答人数的一半以上（图 1-5-2）。因此，本次技术预见的第一轮德尔菲调查结果具有较高的可信度。

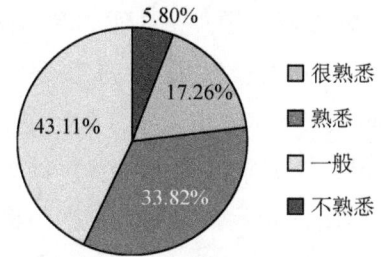

图 1-5-2　第一轮德尔菲调查专家对技术课题的熟悉度分布

在第一轮德尔菲调查过程中，共收到 51 位专家提出的针对技术预见项目、技术课题选取和问卷设置等各类建议，专家们对本次技术预见项目给予了肯定。在召开专家组研讨会时，第一轮德尔菲调查结果和汇总后的专家建议均向参与会议的专家反馈。基于专家组成员意见和参与德尔菲调查的专家建议，删减、合并和增加了部分技术课题，推动了第二轮德尔菲调查的实施。

四、第二轮德尔菲调查

基于第一轮德尔菲调查结果和领域专家组、子领域专家组会议讨论，删减和更新了技术课题清单，最终制作了包括 8 个子领域共 80 项技术课题的调查问卷，进行了第二轮德尔菲调查。

第二轮德尔菲调查共发放问卷 442 份，回收有效问卷 240 份（重复填写不计），回收率为 54.30%。参与作答的专家来自高校、科研院所、政府部门和企业的比例分别为：63.33%、27.92%、2.08% 和 5.83%。与第一轮德尔菲调查相比，来自高校的专家比例略有下降,来自科研院所的专家比例略有上升。与第一轮德尔菲调查类似,占据少数比例的"其他"单位仍然主要是非营利性研发中心、基金委员会等与科研院所、政府部门职能略有不同的机构(图1-5-3)。

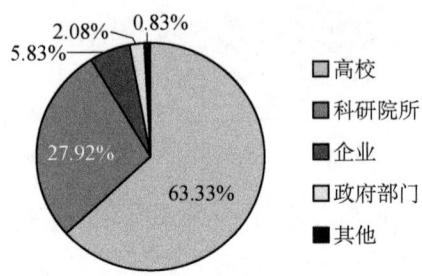

图1-5-3　第二轮德尔菲调查专家构成

在240份有效问卷中,对技术课题"很熟悉"和"熟悉"的专家占回函专家总数的25.47%,比例有所提升;对技术课题"不熟悉"的专家占42.64%,比例有所下降(图1-5-4)。在第二轮德尔菲调查时,为了提高调查结果的可信度,专家组与研究组经过讨论,减少了发放问卷的数量,结果显示:除去"不熟悉"的作答,各技术课题的平均回答人数为138,仍然占据有效问卷数量的一半以上。总体来看,本次技术预见的两轮德尔菲调查得到的数据样本量大、可信度高、专家配合程度高,取得了满意的效果。

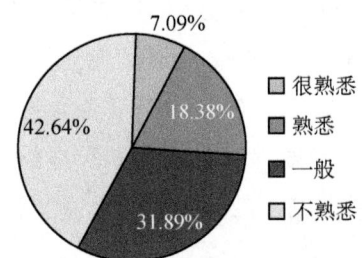

图1-5-4　第二轮德尔菲调查专家对技术课题的熟悉度分布

第六节　专家会议

经过两轮德尔菲问卷调查,研究组整理和分析了调查结果,以及参与调查的专家建议,并向专家组汇报反馈。领域专家组召开会议深入分析了调查结果，并结合国家重大战略需求和经济社会发展趋势，最终遴选出面向 2030 年最重要的 11 项关键技术课题：①智能健康监测与医疗会诊技术得到广泛应用；②人工智能技术在金融管理领域得到广泛商业应用；③基于多源传感融合和智能网联的无人汽车协同感知与控制得到实际应用；④以密码技术为核心的数据安全保护方案得到广泛应用；⑤安全数字货币得到广泛应用；⑥高密度超高速无线通信技术实现广泛应用；⑦先进机器学习技术得到突破和实际应用；⑧1 纳米集成电路制造工艺实现量产；⑨可穿戴感知计算技术与群智化感知方法得到广泛应用；⑩柔性电子技术得到广泛应用；⑪开发出面向智能机器人的自然交互技术。

在提出上述关键技术课题的基础上，专家组组长提名专家组成员或邀请国内技术专家撰写 8 个信息子领域的发展综述和 11 项关键技术课题发展展望。

本书汇总了本次信息领域技术预见的两轮德尔菲调查结果、各子领域发展综述及 11 项关键技术课题展望，希望研究成果能够为我国信息科技的发展提供战略参考。

参 考 文 献

[1] 沙振江，张蓉，刘桂锋. 国内技术预见方法研究述评［J］. 情报理论与实践，2015，38（6）：140-144.

[2] 徐磊. 技术预见方法的探索与实践思考——基于德尔菲法和技术路线图的对接［J］. 科学学与科学技术管理，2011，（11）：39-43，50.

[3] 穆荣平，任中保，袁思达，等. 中国未来 20 年技术预见德尔菲调查方法研究［J］. 科研管理，2006，（1）：1-7.

[4] 穆荣平，任中保. 技术预见德尔菲调查中技术课题选择研究［J］. 科学学与科学技术管理，2009，30（7）：70-74.

[5] 中国未来 20 年技术预见研究组. 中国未来20年技术预见［M］. 北京：科学出版社，2006.

第二章
德尔菲调查结果综合分析

第一节 德尔菲调查概述

本次"中国信息领域 2030 技术预见"作为"支撑创新驱动转型关键领域技术预见与发展战略研究"项目的重要组成部分,参考和借鉴了日本等多次开展技术预见国家的子领域分类方法,在与领域专家组讨论的基础上最终确定了 8 个信息子领域,即人工智能与智能社会、信息材料与器件、网络与通信、计算系统与软件、虚拟现实与交互、信息安全、控制与无人系统、微纳电子技术。

经过两轮大规模德尔菲调查,最终共回收有效问卷486份。从参与调查的专家单位来看,德尔菲调查问卷作答专家主要来自高校和科研院所,来自企业和政府部门的专家数量较少(图2-1-1)。

考虑到德尔菲调查作答专家的专业领域与调查问卷中技术课题的契合度对调查结果具有直接影响,因此,在德尔菲调查过程中需要专家根据对技术课题的熟悉度进行选择,对不同熟悉度的作答赋予不同权重,以保证调查结果的客观性。从调查结果来看,第一轮德尔菲调查中对技术课题"很熟悉"和"熟悉"的专家分别占作答专家的 5.80%和 17.26%,对技术课题"一般"和"不熟悉"的专家分别占作答专家的 33.82%和 43.11%。第二轮德尔菲调查中对技术课题"很熟悉"和"熟悉"的专家分别占作答专家的 7.09%和 18.38%,对技术课题"一般"和"不熟悉"的专家分别占作答专家的 31.89%和 42.64%(图 2-1-2)。为了增加调查结果的可信度和数据的有效性,第二轮德尔菲调查对参与专家进行了筛选,进一步提高了专家对技术课题的熟悉程度。

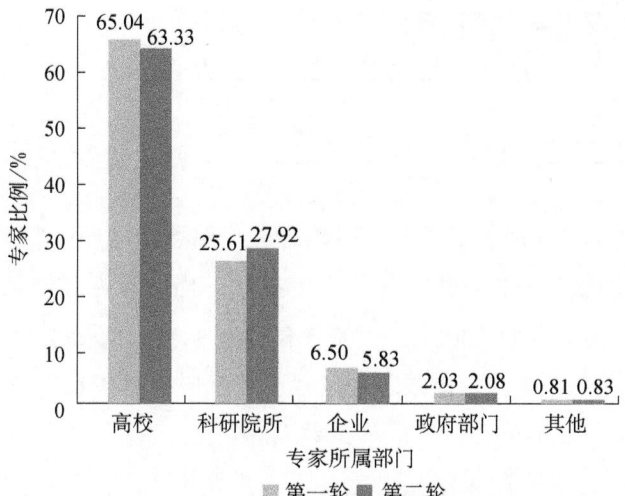

图 2-1-1　信息领域德尔菲调查作答专家来源机构分布

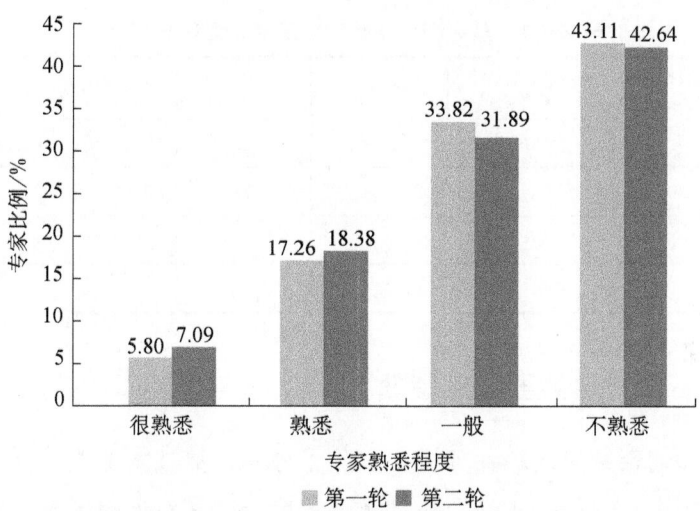

图 2-1-2　信息领域德尔菲调查作答专家对技术课题的熟悉情况

第二节　德尔菲调查统计方法

一、单因素重要程度指数

单因素重要程度指数是指技术课题对某一因素的重要程度，主要包括 3 项：对促进经济增长的重要程度指数、对提高生活质量的重要程度指数和对保障国家安全的重要程度指数，其计算公式如下：

$$I = \frac{I_1 \times T_1 \times 4 + I_2 \times T_2 \times 2 + I_3 \times T_3 \times 1}{T_1 \times 4 + T_2 \times 2 + T_3 \times 1}$$

其中，$I_i = \frac{N_{i1} \times 100 + N_{i2} \times 50 + N_{i3} \times 25 + N_{i4} \times 0}{N_{i1} + N_{i2} + N_{i3} + N_{i4}}$；$i = 1, 2, 3, 4$。

式中，I_1、I_2、I_3、I_4 分别代表根据"很熟悉""熟悉""一般""不熟悉"专家作答情况计算得出的技术课题的重要程度指数。当所有专家都认为该技术课题"很重要"时，其指数为 100；当所有专家都认为该技术课题"重要"时，其指数为 50；当所有专家都认为该技术课题"一般"时，其指数为 25；当所有专家都认为该技术课题"不重要"时，其指数为 0。N_{i1}、N_{i2}、N_{i3}、N_{i4} 分别代表第 i 种熟悉程度的专家中选择课题"很重要""重要""一般""不重要"的作答人数。T_i 代表第 i 种熟悉程度的作答人数（表 2-2-1）。

表 2-2-1　重要程度和熟悉程度交叉变量的定义

熟悉程度＼重要程度	很重要	重要	一般	不重要	总计
很熟悉	N_{11}	N_{12}	N_{13}	N_{14}	T_1
熟悉	N_{21}	N_{22}	N_{23}	N_{24}	T_2
一般	N_{31}	N_{32}	N_{33}	N_{34}	T_3
不熟悉	N_{41}	N_{42}	N_{43}	N_{44}	T_4

二、三因素综合重要程度指数

在德尔菲调查结果的统计分析中，除了分别计算技术课题对促进经济增长的重要程度指数、对提高生活质量的重要程度指数和对保障国家安全的重要程度指数外，还需要综合考虑促进经济增长、提高生活质量和保障国家安全 3 个指标，以确定技术课题的综合重要程度指数。为此，需要找出合理的三因素综合重要程度指数的计算方法，以确定优先发展技术课题。从遴选优先发展技术课题出发，项目组提出在计算三因素综合重要程度指数时需要"适度强调拔尖"，即充分考虑对某一因素（如促进经济增长、提高生活质量和保障国家安全）的重要程度指数的边际贡献率呈非线性递增趋势，以便选择单项指标突出而不是各项指标平均的技术课题。值得指出的是，三因素综合重要程度指数计算方法的选择必须充分考虑本研究的两个基本假设,即选择"很熟悉""熟悉""一般""不熟悉"四类专家判断的权重分别为4、2、1和0;促进经济增长、提高生活质量和保障国家安全3个指标权重相等。

线性加权和法、逼近理想解的排序方法(简称TOPSIS法)和平方和加权法是解决类似多目标决策问题常用的计算方法。三因素综合重要程度指数计算属于典型的多目标决策问题,因此,在选择三因素综合重要程度指数的计算方法时重点考察了上述3种方法。

线性加权和法比较直观且易于理解,但必须满足3个基本假设条件:①指标之间必须具有完全可补偿性;②指标之间价值相互独立;③单项指标边际价值是线性的。因此,采用线性加权和法不能够满足"单因素重要程度指数的边际贡献率呈非线性递增"的要求,因而不适合本研究。

TOPSIS法是根据技术课题到正负理想点的距离来判定技术课题的优劣,体现了存在最优方向的思想。最优方向为负理想点到正理想点的连线方向。具体计算时,首先将单因素指数进行向量规范化处理;其次,在属性空间中确定正负理想点;最后,计算技术课题与正理想点之间的距离 D'_n、与负理想点之间的距离 D''_n,则技术课题综合评价指数(I_n)为:

$$I_n = \frac{D''_n}{D'_n + D''_n}$$

由于TOPSIS法较多地强调样本不同维度指标之间的均衡,所以它不适用于解决本书研究所面临的问题。

与线性加权和法相比,平方和加权法在一定程度上突出了单指标作用显著的技术课题。具体计算时,需要在属性空间中确定由单因素指数最小值构成的负理想点,然后分别计算每项技术课题由三项指标确定的空间点到负理想点之间的距离,并根据距离对技术课题进行排序,与负理想点之间的距离越长,排名越靠前。

基于对上述方法的分析,项目组决定采用平方和加权法计算技术课题的综合重要程度指数。它满足了本研究提出的"单因素重要程度指数的边际贡献率呈非线性递增"的要求。计算公式如下:

$$I_{综合} = \sqrt{I_{增}^2 + I_{质}^2 + I_{安}^2}$$

式中,$I_{增}$、$I_{质}$、$I_{安}$分别代表三项单因素重要程度指数(对促进经济增长的重要程度指数、对提高生活质量的重要程度指数和对保障国家安全的重要程度指数)。

三、技术课题预计实现时间

中位数法是国内外德尔菲调查计算预计实现时间最常用的方法,本研究也采用该方法计算某一技术课题的预计实现时间。在德尔菲调查问卷中,"技术课题的预计实现时间"调查栏目设置了 5 个选项,即 2020 年以前、2021～2025 年、2026～2030 年、2030 年以后、无法预见。

采用中位数法计算每个技术课题的预计实现时间过程如下:先将各位专家的预测结果在时间轴上按先后顺序排列,并将考虑专家熟悉程度的加权专家人数分为四等分。那么,中分值点的预测结果称为中位数(M),表示专家中有一半人(加权专家人数)预测实现的时间早于它,而另一半人预测实现的时间晚于它;先于中分点的四分点为下四分点(Q_1);后于中分点的四分点为上四分点(Q_2);技术课题预计实现时间 $T_i=M$(图 2-2-1)。

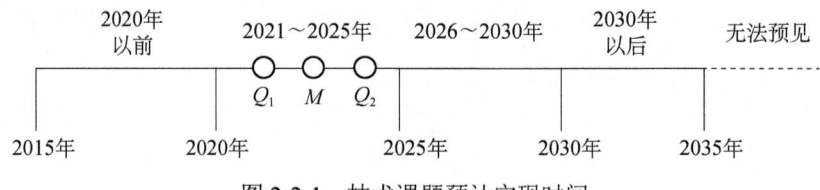

图 2-2-1 技术课题预计实现时间

四、技术课题实现可能性指数

技术课题的实现可能性主要取决于技术课题自身的技术推动力(技术可能性)和市场拉动力(商业可行性)。为此,把"技术课题的实现可能性"定义为技术可行性和商业可行性指数的乘积。如果用 T_i 和 B_i 分别表示技术课题编号为 i 的技术课题受技术可行性和商业可行性制约的专家认同度,那么,技术课题 i 的实现可能性指数 R_i 就可以表示为 R_i($1-T_i$)($1-B_i$),其中 i=1, 2, 3, …, n,表示技术课题编号。

五、技术课题的我国目前研究开发水平指数

一般而言,我国的研究开发水平指数应该按照调查的"国际领先"和"接

近国际水平"分别计算，明确领先程度和接近程度。但是由于回函专家对于技术课题我国"领先"的认同度普遍很低，实际处理调查结果时可以将"国际领先"认同度和"接近国际水平"认同度简化处理为"技术课题的我国目前研究开发水平指数"，即用回函专家对于技术课题"接近国际水平"和"国际领先"的认同度表征我国的研究开发水平。"技术课题的我国目前研究开发水平"指数定义如下：

$$RI = \frac{1 \times R_{LX} + 0.5 \times R_{JJ} + 0 \times R_{LH}}{R_{LX} + R_{JJ} + R_{LH}} = \frac{R_{LX} + 0.5 R_{JJ}}{R_{LX} + R_{JJ} + R_{LH}}$$

式中，RI 代表技术课题的我国目前研究开发水平指数，R_{LX} 代表"国际领先"选项专家选择人数（考虑专家熟悉程度影响的加权人数）；R_{JJ} 代表"接近国际水平"选项专家选择人数（考虑专家熟悉程度影响的加权人数）；R_{LH} 代表"落后国际水平"选项专家选择人数（考虑专家熟悉程度影响的加权人数）。

技术课题的我国目前研究开发水平指数越高，说明该技术课题我国目前的研究开发水平越高；反之，说明该技术课题我国目前的研究开发水平越低。

六、专家认同度

专家认同考察的是某专家针对某因素对技术课题编号为 i 的技术课题是否存在影响的认同评价，包含"认同"与"不认同"两大"是否类"选项。专家认同度是指对回函的所有专家认同评价数据进行计算得到的总量指数。某因素对技术课题编号为 i 的技术课题的专家认同度计算规则为：回函专家选择认同选项的人数（考虑专家熟悉程度影响的加权人数）占回函专家总数（考虑专家熟悉程度影响的加权人数）的比例。具体计算公式如下：

$$I_i = \frac{[Q_{i1} \times 1 + (E_{i1} - Q_{i1}) \times 0] \times 4 + [Q_{i2} \times 1 + (E_{i2} - Q_{i2}) \times 0] \times 2 + [Q_{i3} \times 1 + (E_{i3} - Q_{i3}) \times 0] \times 1 + [Q_{i4} \times 1 + (E_{i4} - Q_{i4}) \times 0] \times 0}{E_{i1} \times 4 + E_{i2} \times 2 + E_{i3} \times 1 + E_{i4} \times 0}$$

式中，i 表示技术课题编号，I_i 代表某因素对编号为 i 的技术课题的专家认同度，$i=1，2，3，\cdots，n$。E_{i1}、E_{i2}、E_{i3} 和 E_{i4} 分别代表所有回函专家中对编号为 i 的技术课题熟悉度选择"很熟悉""熟悉""一般""不熟悉"的专家人数。Q_{i1}、Q_{i2}、Q_{i3} 和 Q_{i4} 分别代表"认同"某因素对编号为 i 的技术课题存在影响的回函专家中对 i 技术课题熟悉度选择"很熟悉""熟悉""一般""不熟悉"的专家人数。这一数据在专家认同度指数计算中的权重为 1。$E_{i1}-Q_{i1}$、$E_{i2}-Q_{i2}$、$E_{i3}-Q_{i3}$ 和

E_{i4}–Q_{i4} 分别代表"不认同"某因素对编号为 i 的技术课题存在影响的回函专家中对 i 技术课题熟悉度"很熟悉""熟悉""一般""不熟悉"的专家人数。这一数据在专家认同度指数计算中的权重为 0,可不予考虑。

因此,公式可简化为:

$$I_i = \frac{Q_{i1} \times 4 + Q_{i2} \times 2 + Q_{i3} \times 1 + Q_{i4} \times 0}{E_{i1} \times 4 + E_{i2} \times 2 + E_{i3} \times 1 + E_{i4} \times 0}$$

式中,I_i 代表某因素对技术课题编号为 i 的技术课题的专家认同度,Q_{i1}、Q_{i2}、Q_{i3} 和 Q_{i4} 分别代表回函专家在某因素对技术课题编号为 i 的技术课题是否存在影响中选择"认同"选项中,对 i 技术课题熟悉度"很熟悉""熟悉""一般""不熟悉"的专家人数;E_{i1}、E_{i2}、E_{i3} 和 E_{i4} 分别代表回函专家中对技术课题编号为 i 的技术课题熟悉度选择"很熟悉""熟悉""一般""不熟悉"的专家人数。

第三节 信息领域最重要的技术课题

为了确定有关技术课题的重要程度,项目组在设计德尔菲调查问卷的过程中,提出了促进经济增长、提高生活质量和保障国家安全 3 个判断依据,并在分别判断技术课题重要程度的基础上,用改进后的平方和加权法将技术课题促进经济增长、提高生活质量和保障国家安全的重要程度指数加以综合,得到技术课题的综合重要程度排序。利用单因素重要程度指数计算方法和三因素综合重要程度指数计算方法,对第二轮德尔菲调查结果进行数据处理,分别确定对促进经济增长、提高生活质量和保障国家安全最重要的 10 项技术课题,以及综合考虑上述 3 项指标的最重要的 10 项技术课题。

一、对促进经济增长最重要的 10 项技术课题

根据技术课题对促进经济增长的重要程度,遴选出未来对促进经济增长最重要的 10 项技术课题,其中"基于多源传感融合和智能网联的无人汽车协同感知与控制得到实际应用"最重要,其他依次是"三维高密度新型存储技术得到广泛应用""人工智能技术在金融管理领域得到广泛商业应用""1 纳米集成电路制造工艺实现量产""新型非易失存储技术推动计算机存储架构的变

革""高迁移率非硅沟道晶体管在集成电路中广泛应用""高密度超高速无线通信技术实现广泛应用""硅基多功能异质集成电路获得广泛应用""先进机器学习技术得到突破和实际应用""柔性电子技术得到广泛应用"(表2-3-1)。

表2-3-1 信息领域对促进我国经济增长最重要的10项技术课题①

排名	技术课题名称	子领域	预计实现年份	实现可能指数	目前领先国家和地区		制约因素	
					第一	第二	第一	第二
1	基于多源传感融合和智能网联的无人汽车协同感知与控制得到实际应用	控制与无人系统	2024	0.36	美国	欧洲	研究开发投入	法规、政策和标准,人力资源
2	三维高密度新型存储技术得到广泛应用	微纳电子技术	2025	0.38	美国	日本	研究开发投入	人力资源
3	人工智能技术在金融管理领域得到广泛商业应用	人工智能与智能社会	2024	0.40	美国	欧洲	研究开发投入	法规、政策和标准
4	1纳米集成电路制造工艺实现量产	微纳电子技术	2030	0.25	美国	欧洲	研究开发投入	基础设施
5	新型非易失存储技术推动计算机存储架构的变革	微纳电子技术	2025	0.33	美国	日本	研究开发投入	人力资源
6	高迁移率非硅沟道晶体管在集成电路中广泛应用	微纳电子技术	2027	0.37	美国	欧洲	研究开发投入	基础设施
7	高密度超高速无线通信技术实现广泛应用	网络与通信	2026	0.35	美国	欧洲	研究开发投入	基础设施
8	硅基多功能异质集成电路获得广泛应用	微纳电子技术	2027	0.35	美国	欧洲	研究开发投入	人力资源
9	先进机器学习技术得到突破和实际应用	人工智能与智能社会	2023	0.40	美国	欧洲	研究开发投入	人力资源
10	柔性电子技术得到广泛应用	信息材料与器件	2025	0.26	美国	日本	研究开发投入	人力资源

从子领域分布来看,上述10项技术课题中有5项技术课题属于微纳电子技术子领域,2项技术课题属于人工智能与智能社会子领域,控制与无人系统、网络与通信、信息材料与器件子领域各拥有一项技术课题。结果表明,对于促进经济增长而言,微纳电子技术最重要,其次是人工智能与智能社会。从预计实现时间来看,上述10项技术课题中,有6项技术课题预计在近期(2021~2025年)实现,有4项技术课题预计在中期(2026~2030年)实现。从实现可能性来看,"先进机器学习技术得到突破和实际应用"实现的可能性最大,"1纳米集成电路制造工艺实现量产"实现的可能性最小。从制约因素来看,上述10项

---

① 表中数据经过四舍五入处理,排序以原始数据为准,全书余同。

技术课题中的第一制约因素都是研究开发投入,有6项技术课题的第二制约因素是人力资源。从目前领先国家和地区来看,上述10项技术课题中,美国全部排名世界第一位,欧洲有7项技术课题排名世界第二位。

二、对提高生活质量最重要的10项技术课题

根据技术课题对提高生活质量的重要程度,遴选出未来对提高生活质量最重要的10项技术课题,其中"智能健康监测与医疗会诊技术得到广泛应用"最重要,其他依次是"智能陪护机器人得到广泛应用""针对残障等特殊人群的智能无障碍技术得到实际应用""人机对话系统逼近人际交互水平,并得到广泛应用""世界主要语言间多领域同声翻译系统得到实际应用""柔性电子技术得到广泛应用""开发出具有身临其境感觉的沉浸式远程社交网络""开发出面向智能机器人的自然交互技术""可穿戴感知计算技术与群智化感知方法得到广泛应用""真实感三维建模技术在互联网和虚拟现实领域得到广泛应用"(表2-3-2)。

表2-3-2 信息领域对提高生活质量最重要的10项技术课题

排名	技术课题名称	子领域	预计实现年份	实现可能指数	目前领先国家和地区		制约因素	
					第一	第二	第一	第二
1	智能健康监测与医疗会诊技术得到广泛应用	人工智能与智能社会	2024	0.37	美国	日本	研究开发投入	法规、政策和标准
2	智能陪护机器人得到广泛应用	人工智能与智能社会	2025	0.32	日本	美国	研究开发投入	法规、政策和标准
3	针对残障等特殊人群的智能无障碍技术得到实际应用	人工智能与智能社会	2025	0.32	美国	日本	研究开发投入	法规、政策和标准
4	人机对话系统逼近人际交互水平,并得到广泛应用	人工智能与智能社会	2026	0.35	美国	日本	研究开发投入	人力资源
5	世界主要语言间多领域同声翻译系统得到实际应用	人工智能与智能社会	2024	0.38	美国	欧洲	研究开发投入	人力资源
6	柔性电子技术得到广泛应用	信息材料与器件	2025	0.26	美国	日本	研究开发投入	人力资源
7	开发出具有身临其境感觉的沉浸式远程社交网络	虚拟现实与交互	2025	0.32	美国	日本	研究开发投入	人力资源
8	开发出面向智能机器人的自然交互技术	虚拟现实与交互	2026	0.31	美国	日本	研究开发投入	人力资源
9	可穿戴感知计算技术与群智化感知方法得到广泛应用	计算系统与软件	2025	0.30	美国	欧洲	研究开发投入	人力资源
10	真实感三维建模技术在互联网和虚拟现实领域得到广泛应用	虚拟现实与交互	2025	0.28	美国	欧洲	研究开发投入	人力资源

从子领域分布来看，上述 10 项技术课题中有 5 项技术课题属于人工智能与智能社会子领域，3 项技术课题属于虚拟现实与交互子领域，信息材料与器件子领域、计算系统与软件子领域各拥有一项技术课题。结果表明，对于提高生活质量而言，人工智能与智能社会最重要，其次是虚拟现实与交互。从预计实现时间来看，上述 10 项技术课题中，有 8 项技术课题预计在近期（2025 年前）实现，有 2 项技术课题预计在中期（2026~2030 年）实现。从实现可能性来看，"世界主要语言间多领域同声翻译系统得到实际应用"实现的可能性最大，"柔性电子技术得到广泛应用"实现的可能性最小。从制约因素来看，上述 10 项技术课题中的第一制约因素都是研究开发投入，有 7 项技术课题的第二制约因素是人力资源。从目前领先国家和地区来看，上述 10 项技术课题中，美国有 9 项排名世界第一位；日本有 1 项排名世界第一位，有 6 项排名世界第二位；欧洲有 3 项技术课题排名世界第二位；美国有 1 项技术课题排名世界第二位。

三、对保障国家安全最重要的 10 项技术课题

根据技术课题对保障国家安全的重要程度，遴选出未来对保障国家安全最重要的 10 项技术课题，其中"以密码技术为核心的数据安全保护方案得到广泛应用"最重要，其他依次为"量子保密通信系统进入实用阶段""网络安全态势感知实现广泛应用""抗量子计算攻击的公钥密码技术标准得以建立并得到广泛应用""自适应、自免疫主动防御技术得到实际应用""具备内生安全特性的新型网络架构实现广泛应用""实现高超声速飞行器轨迹姿态协调控制""超快高精密量子控制技术在量子计算等中应用""量子计算机在特定领域得到初步应用""面向天地一体的空间路由系统协议体系实现实际应用"（表 2-3-3）。

表 2-3-3 信息领域对保障国家安全最重要的 10 项技术课题

排名	技术课题名称	子领域	预计实现年份	实现可能指数	目前领先国家和地区		制约因素	
					第一	第二	第一	第二
1	以密码技术为核心的数据安全保护方案得到广泛应用	信息安全	2025	0.35	美国	欧洲	研究开发投入	法规、政策和标准
2	量子保密通信系统进入实用阶段	信息安全	2028	0.27	美国	欧洲	研究开发投入	基础设施
3	网络安全态势感知实现广泛应用	网络与通信	2025	0.35	美国	欧洲	研究开发投入	法规、政策和标准

续表

排名	技术课题名称	子领域	预计实现年份	实现可能指数	目前领先国家和地区		制约因素	
					第一	第二	第一	第二
4	抗量子计算攻击的公钥密码技术标准得以建立并得到广泛应用	信息安全	2029	0.25	美国	欧洲	研究开发投入	人力资源
5	自适应、自免疫主动防御技术得到实际应用	信息安全	2026	0.33	美国	欧洲	研究开发投入	人力资源
6	具备内生安全特性的新型网络架构实现广泛应用	网络与通信	2027	0.32	美国	欧洲	研究开发投入	人力资源
7	实现高超声速飞行器轨迹姿态协调控制	控制与无人系统	2027	0.37	美国	欧洲	研究开发投入	人力资源
8	超快高精密量子控制技术在量子计算等中应用	控制与无人系统	2029	0.21	美国	欧洲	研究开发投入	人力资源
9	量子计算机在特定领域得到初步应用	计算系统与软件	2029	0.27	美国	欧洲	研究开发投入	人力资源
10	面向天地一体的空间路由系统协议体系实现实际应用	网络与通信	2026	0.37	美国	欧洲	研究开发投入	基础设施

从子领域分布来看，上述 10 项技术课题中有 4 项技术课题属于信息安全子领域，3 项技术课题属于网络与通信子领域，2 项技术课题属于控制与无人系统子领域，1 项技术课题属于计算系统与软件子领域。结果表明，对于保障国家安全而言，信息安全最重要，其次是网络与通信。从预计实现时间来看，上述 10 项技术课题中，有 2 项技术课题预计在近期（2025 年前）实现，有 8 项技术课题预计在中期（2026~2030 年）实现。从实现可能性来看，"实现高超声速飞行器轨迹姿态协调控制"实现的可能性最大，"超快高精密量子控制技术在量子计算等中应用"实现的可能性最小。从制约因素来看，上述 10 项技术课题中的第一制约因素都是研究开发投入，有 6 项技术课题的第二制约因素是人力资源。从目前领先国家和地区来看，上述 10 项技术课题中，美国全部排名世界第一位，欧洲全部排名世界第二位。

四、对中国未来发展最重要的 10 项技术课题

根据技术课题在促进经济增长、提高生活质量和保障国家安全三个方面的重要程度，采用三因素综合重要程度指数计算方法，遴选出对中国未来发展最重要的 10 项技术课题，依次是"人工智能技术在金融管理领域得到广泛商业应

用""基于多源传感融合和智能网联的无人汽车协同感知与控制得到实际应用""智能健康监测与医疗会诊技术得到广泛应用""以密码技术为核心的数据安全保护方案得到广泛应用""高密度超高速无线通信技术实现广泛应用""1纳米集成电路制造工艺实现量产""三维高密度新型存储技术得到广泛应用""智能陪护机器人得到广泛应用""智能化网络信息获取、理解和推荐技术得到广泛应用""安全数字货币得到广泛应用"（表2-3-4）。

表2-3-4 信息领域对中国未来发展最重要的10项技术课题

排名	技术课题名称	子领域	预计实现年份	实现可能指数	目前领先国家和地区		制约因素	
					第一	第二	第一	第二
1	人工智能技术在金融管理领域得到广泛商业应用	人工智能与智能社会	2024	0.40	美国	欧洲	研究开发投入	法规、政策和标准
2	基于多源传感融合和智能网联的无人汽车协同感知与控制得到实际应用	控制与无人系统	2024	0.36	美国	欧洲	研究开发投入	法规、政策和标准，人力资源
3	智能健康监测与医疗会诊技术得到广泛应用	人工智能与智能社会	2024	0.37	美国	日本	研究开发投入	法规、政策和标准
4	以密码技术为核心的数据安全保护方案得到广泛应用	信息安全	2025	0.35	美国	欧洲	研究开发投入	法规、政策和标准
5	高密度超高速无线通信技术实现广泛应用	网络与通信	2026	0.35	美国	欧洲	研究开发投入	基础设施
6	1纳米集成电路制造工艺实现量产	微纳电子技术	2030	0.25	美国	欧洲	研究开发投入	基础设施
7	三维高密度新型存储技术得到广泛应用	微纳电子技术	2025	0.38	美国	日本	研究开发投入	人力资源
8	智能陪护机器人得到广泛应用	人工智能与智能社会	2025	0.32	日本	美国	研究开发投入	法规、政策和标准
9	智能化网络信息获取、理解和推荐技术得到广泛应用	人工智能与智能社会	2023	0.38	美国	欧洲	研究开发投入	人力资源
10	安全数字货币得到广泛应用	信息安全	2027	0.34	美国	欧洲	研究开发投入	法规、政策和标准

从子领域分布来看，上述10项技术课题有4项属于人工智能与智能社会子领域，微纳电子技术子领域与信息安全子领域各有2项技术课题，控制与无人系统子领域、网络与通信子领域各拥有1项技术课题。结果表明，对国家未来发展而言，人工智能与智能社会最重要，其次是微纳电子技术与信息安全。从预计实现时间来看，上述10项技术课题中，有7项技术课题预计在近期（2025年前）实现，有3项技术课题预计在中期（2026~2030年）实现。从实现可能性

来看,"人工智能技术在金融管理领域得到广泛商业应用"实现的可能性最大,"1 纳米集成电路制造工艺实现量产"实现的可能性最小。从制约因素来看,上述 10 项技术课题的第一制约因素都是研究开发投入,有 6 项技术课题的第二制约因素是法规、政策和标准,有 2 项技术课题的第二制约因素是基础设施,有 3 项技术课题的第二制约因素是人力资源。总体来看,研究开发投入,基础设施,法规、政策和标准,人力资源对实现上述 10 项技术课题均十分重要,不应忽视。从目前领先国家和地区来看,上述 10 项技术课题中,美国有 9 项排名世界第一位,日本有 1 项排名世界第一位,欧洲有 7 项排名世界第二位,日本有 2 项排名世界第二位,美国有 1 项排名世界第二位。

第四节 技术课题的预计实现时间

一、预计实现时间概述

技术课题的预计实现时间与技术课题实现可能性有一定的相关性,技术课题的预计实现时间与技术课题所处的发展阶段也有一定相关性。从预计实现时间来看,信息领域多数技术课题的预计实现时间集中在 2025 年前后,预计在 2025 年年初至 2029 年年末实现的技术课题约占 82.5%,有 3.75%的技术课题的预计实现时间在 2030 年及之后(图 2-4-1)。

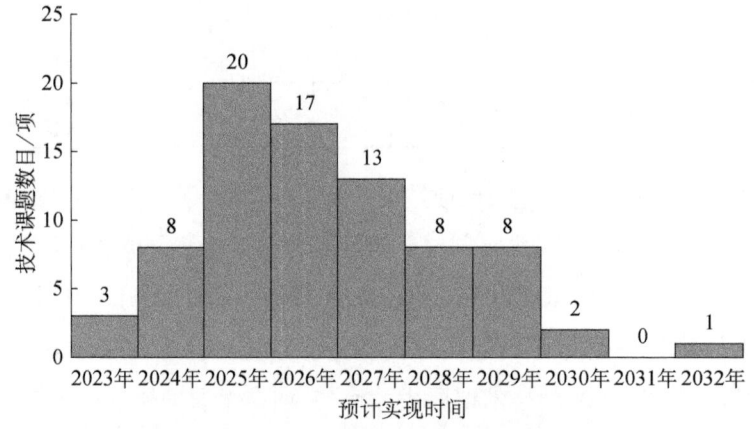

图 2-4-1 信息领域技术课题预计实现时间分布

二、技术课题预计实现时间与实现可能性

从技术课题预计实现时间与实现可能性之间的关系来看，预计实现时间越晚的技术课题实现的可能性越小（预计中国 2023 年实现的技术课题实现可能性指数均值为 0.366，预计中国 2030 年实现的技术课题实现可能性指数均值为 0.218），只有个别技术课题例外（图2-4-2，表2-4-1）。

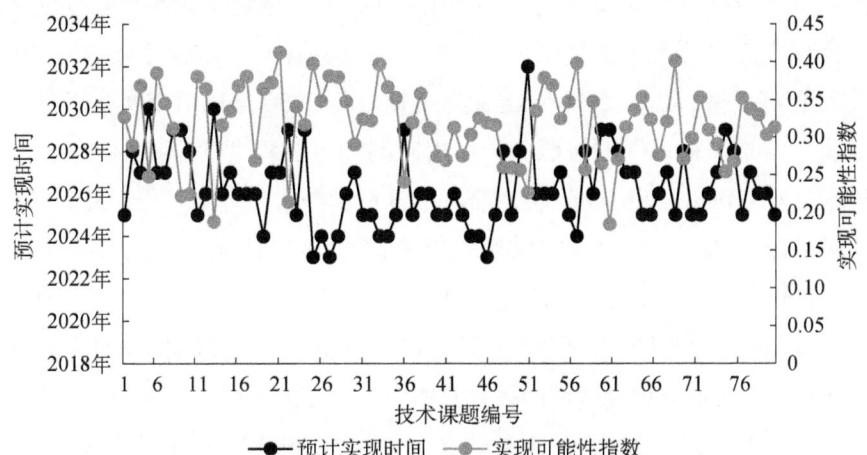

图 2-4-2　信息领域技术课题预计实现时间与实现可能性关系

注：技术课题编号指信息领域德尔菲调查问卷中的技术课题编号，见附录

表 2-4-1　信息领域技术课题预计实现时间与技术实现可能性指数均值

在中国预计实现时间	2023 年	2024 年	2025 年	2026 年	2027 年	2028 年	2029 年	2030 年	2032 年
实现可能性指数均值	0.366	0.360	0.325	0.334	0.341	0.262	0.251	0.218	0.227

三、技术课题预计实现时间和发展阶段分布

从预计实现时间与技术课题发展阶段之间的关系来看，处于广泛应用阶段的技术课题预计实现时间的平均值点是 2026 年，实际应用和开发成功阶段的技术课题预计实现时间的平均值点均为 2027 年，其中开发成功比实际应用的技术课题预计实现时间略晚（表 2-4-2）。

表 2-4-2　信息技术领域技术课题发展阶段与预计实现时间均值

技术课题发展阶段	广泛应用	实际应用	开发成功
在中国预计实现年份均值	2025.844	2026.556	2026.571

总体上讲，处于开发成功阶段的技术课题一般预计实现时间比较晚，处于

实际应用阶段的技术课题预计实现时间要早于处于开发成功阶段的技术课题，处于广泛应用阶段的技术课题一般预计实现时间最早。

四、技术课题预计实现时间和重要程度分布

技术课题预计实现时间与技术课题重要程度是选择重要技术课题的两个重要指标。本书中将综合重要程度指数排在前 1/3 的区域定义为高重要程度区域，后 1/3 区域定义为低重要程度区域；同时对技术预计时间进行分类，将 2025 年前定义为近期，将 2026～2030 年定义为中期，将 2030 年以后定义为远期。根据德尔菲调查结果，技术课题按照预计实现时间和重要程度两个指标进行分类。

从图 2-4-3 可以看出，处于高重要程度区域的技术课题中，预计近期能够实现的技术课题有 16 项，预计中期能够实现的技术课题有 11 项，预计远期能够实现的技术课题有 0 项。处于中度重要程度区域的技术课题中，预计近期能够实现的技术课题有 8 项，预计中期能够实现的技术课题有 18 项，预计远期能够实现的技术课题有 1 项。处于低重要程度区域的技术课题中，预计近期能够实现的技术课题有 7 项，预计中期能够实现的技术课题有 19 项，预计远期能够实现的技术课题有 0 项。

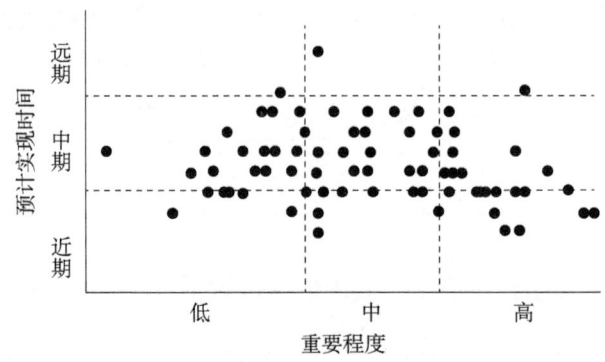

图 2-4-3　信息领域技术课题重要程度排列和预计实现时间分布

第五节　我国信息技术研究开发水平

一、研究开发水平概述

我国信息技术研究开发水平是确定优先发展技术课题的重要依据之一，也

是决定我国信息技术国际科技合作模式的重要影响因素之一。根据德尔菲调查回函专家对"我国目前研究开发水平"问题的认同度，即认定我国的研究开发水平是处于国际领先，还是接近国际水平或是落后国际水平，以确定被调查技术课题的我国当前研究开发水平。

德尔菲调查数据表明，我国信息领域技术课题的总体研究水平低于或接近国际水平。对我国处于"国际领先"的专家认同度大于50%的技术课题有1项，即认同度达到62.35%的"量子保密通信系统进入实用阶段"。对处于"接近国际水平"的专家认同度大于50%的技术课题有72项，对处于"落后国际水平"的专家认同度大于50%的技术课题有2项（图2-5-1）。

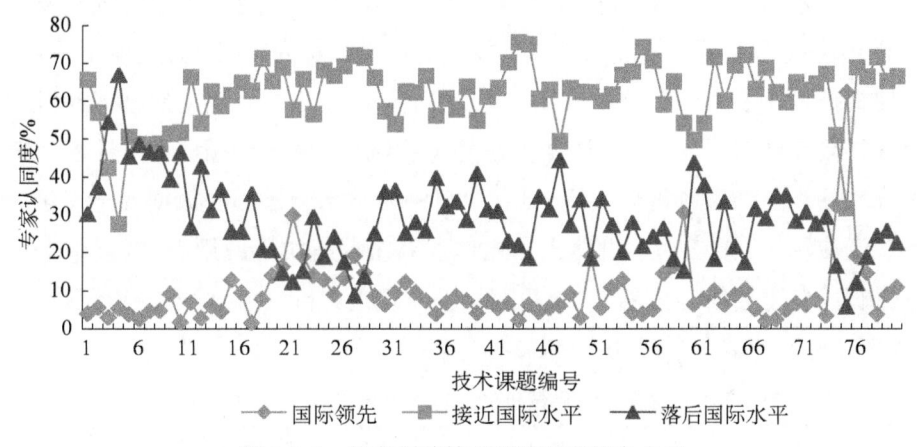

图 2-5-1　信息领域技术课题研究开发水平

分析信息领域80项技术课题的研究开发水平指数后发现，技术课题"量子保密通信系统进入实用阶段"的研究开发水平指数达0.78，名列80项技术课题之首；"1纳米集成电路制造工艺实现量产"的研究开发水平指数最低，只有0.19。研究开发水平指数大于等于0.70的技术课题有1项，没有出现介于0.60～0.70（包括0.60）的技术课题，介于0.50～0.60（包括0.50）的有9项技术课题，介于0.40～0.50（包括0.40）的有29项技术课题，介于0.30～0.40（包括0.30）的有33项技术课题，介于0.20～0.30（包括0.20）的有7项技术课题，介于0.10～0.20（包括0.10）的有1项技术课题，没有出现小于0.10的技术课题（图2-5-2）。

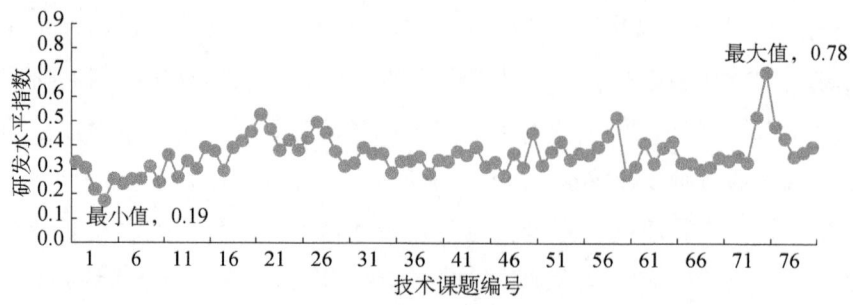

图 2-5-2　信息领域研究开发水平指数分布

二、我国研究开发水平最高的 10 项技术课题

根据技术课题的我国目前研究开发水平指数排序，列出我国研究开发水平最高的 10 项技术课题，依次为"量子保密通信系统进入实用阶段""超快高精密量子控制技术在量子计算等中应用""抗量子计算攻击的公钥密码技术标准得以建立并得到广泛应用""量子计算机在特定领域得到初步应用""世界主要语言间多领域同声翻译系统得到实际应用""以密码技术为核心的数据安全保护方案得到广泛应用""无缆水下机器人自主作业系统获得实际应用""实现空天往返飞行器智能自主导航与控制""人机对话系统逼近人际交互水平，并得到广泛应用""拓扑量子计算开发成功"（表 2-5-1）。

表 2-5-1　信息领域我国研究开发水平最高的 10 项技术课题

排名	技术课题名称	子领域	我国目前研究开发水平指数	预计实现年份	实现可能性指数	目前领先国家和地区		制约因素	
						第一	第二	第一	第二
1	量子保密通信系统进入实用阶段	信息安全	0.78	2028	0.27	美国	欧洲	研究开发投入	基础设施
2	超快高精密量子控制技术在量子计算等中应用	控制与无人系统	0.59	2029	0.21	美国	欧洲	研究开发投入	人力资源
3	抗量子计算攻击的公钥密码技术标准得以建立并得到广泛应用	信息安全	0.58	2029	0.25	美国	欧洲	研究开发投入	人力资源
4	量子计算机在特定领域得到初步应用	计算系统与软件	0.58	2029	0.27	美国	欧洲	研究开发投入	人力资源
5	世界主要语言间多领域同声翻译系统得到实际应用	人工智能与智能社会	0.55	2024	0.38	美国	欧洲	研究开发投入	人力资源
6	以密码技术为核心的数据安全保护方案得到广泛应用	信息安全	0.53	2025	0.35	美国	欧洲	研究开发投入	法规、政策和标准

续表

排名	技术课题名称	子领域	我国目前研究开发水平指数	预计实现年份	实现可能性指数	目前领先国家和地区 第一	目前领先国家和地区 第二	制约因素 第一	制约因素 第二
7	无缆水下机器人自主作业系统获得实际应用	控制与无人系统	0.52	2025	0.34	美国	欧洲	研究开发投入	人力资源
8	实现空天往返飞行器智能自主导航与控制	控制与无人系统	0.51	2027	0.41	美国	欧洲	研究开发投入	人力资源
9	人机对话系统逼近人际交互水平，并得到广泛应用	人工智能与智能社会	0.51	2026	0.35	美国	日本	研究开发投入	人力资源
10	拓扑量子计算开发成功	信息材料与器件	0.50	2032	0.23	美国	欧洲	研究开发投入	人力资源

从上述研究开发水平最高的 10 项技术课题的子领域分布来看，信息安全子领域、控制与无人系统子领域各有 3 项技术课题，人工智能与智能社会子领域有 2 项技术课题，计算系统与软件子领域、信息材料与器件子领域各有 1 项技术课题。从发展阶段来看，处于实际应用阶段的有 6 项技术课题，处于开发成功阶段的有 1 项技术课题，处于广泛应用阶段的有 3 项技术课题。从研究开发水平来看，有 4 项技术课题的研究开发水平高于本领域 80 项技术课题的平均水平。从实现可能性来看，10 项技术课题的实现可能性普遍较高，高于本领域 80 项技术课题的平均水平。从预计实现时间来看，有 3 项技术课题预计在近期实现，有 6 项技术课题预计在中期实现，有 1 项技术课题预计在远期实现。

第六节　技术课题的目前领先国家和地区

一、目前领先国家和地区概述

德尔菲调查结果表明，美国信息领域技术课题的研究开发处于领先地位，79 项技术课题的研究开发水平居世界第一位，1 项技术课题的研究开发水平居世界第二位。欧洲信息领域技术课题的研究开发水平排名世界第二位，没有技术课题的研究开发水平居世界第一位，64 项技术课题的研究开发水平居世界第二位，其中技术课题"高性能计算容错技术得到实际应用""智能终端高可信安全技术开发成功并得到实际应用"与日本并列世界第二位。日本信息技术领域技术课题的研究开发水平排名世界第三位，1 项技术课题的研究开发水平居世界第一位，17 项技术课题的研究开发水平居世界第二位（图 2-6-1）。

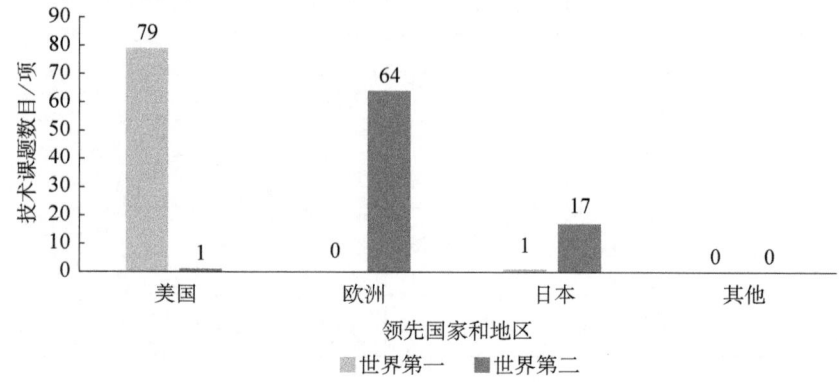

图 2-6-1　信息领域目前领先国家和地区分布图

二、美国最领先的 10 项技术课题

美国信息领域技术课题研究开发水平处于全面领先地位的数量最多，在 80 项技术课题中，美国领先（按专家认同度排名前十）的技术课题均排名世界第一，依次为"新型非易失存储技术推动计算机存储架构的变革""可重塑处理器芯片得到初步应用，针对多种应用的能效获得数量级提升""人工智能技术在金融管理领域得到广泛商业应用""1 纳米集成电路制造工艺实现量产""软件智能化开发技术支持的全民编程得到实际应用""在万物互联的应用领域出现新型计算系统，成为 x86、ARM 外的第三个全球性开放计算生态""开发出基于忆阻器的类脑计算原型系统""网络硬件设备的软件化技术得到广泛应用""先进机器学习技术得到突破和实际应用""开发出真三维头盔显示器"（表 2-6-1）。

表 2-6-1　信息领域美国最领先的 10 项技术课题

世界排名	技术课题名称	子领域	"美国领先"的专家认同度	我国目前研究开发水平指数	预计实现年份	实现可能性指数	制约因素	
							第一	第二
1	新型非易失存储技术推动计算机存储架构的变革	微纳电子技术	0.70	0.37	2025	0.33	研究开发投入	人力资源
1	可重塑处理器芯片得到初步应用，针对多种应用的能效获得数量级提升	计算系统与软件	0.69	0.36	2027	0.34	研究开发投入	人力资源
1	人工智能技术在金融管理领域得到广泛商业应用	人工智能与智能社会	0.69	0.44	2024	0.40	研究开发投入	法规、政策和标准

续表

世界排名	技术课题名称	子领域	"美国领先"的专家认同度	我国目前研究开发水平指数	预计实现年份	实现可能性指数	制约因素 第一	制约因素 第二
1	1纳米集成电路制造工艺实现量产	微纳电子技术	0.68	0.19	2030	0.25	研究开发投入	基础设施
1	软件智能化开发技术支持的全民编程得到实际应用	计算系统与软件	0.68	0.35	2028	0.27	研究开发投入	人力资源
1	在万物互联的应用领域出现新型计算系统,成为x86、ARM外的第三个全球性开放计算生态	计算系统与软件	0.67	0.35	2028	0.27	研究开发投入	人力资源
1	开发出基于忆阻器的类脑计算原型系统	微纳电子技术	0.67	0.34	2028	0.29	研究开发投入	人力资源
1	网络硬件设备的软件化技术得到广泛应用	网络与通信	0.67	0.40	2024	0.40	研究开发投入	人力资源
1	先进机器学习技术得到突破和实际应用	人工智能与智能社会	0.67	0.47	2023	0.40	研究开发投入	人力资源
1	开发出真三维头盔显示器	虚拟现实与交互	0.66	0.32	2025	0.27	研究开发投入	人力资源

从上述 10 项技术课题的子领域分布来看,微纳电子技术子领域、计算系统与软件子领域各有 3 项技术课题,人工智能与智能社会子领域有 2 项技术课题,网络与通信子领域、虚拟现实与交互子领域各有 1 项技术课题。从发展阶段来看,有 4 项技术课题处于开发成功阶段,有 4 项技术课题处于实际应用阶段,有 2 项技术课题处于广泛应用阶段。从预计实现时间来看,有 5 项技术课题预计在中期实现,有 5 项技术课题预计在近期实现。

三、欧洲最领先的 10 项技术课题

在 80 项技术课题中,欧洲没有技术课题的研究开发水平处于全面领先地位,但是研究开发水平处于世界第二位的数量仅次于美国。欧洲领先(按专家认同度排名前十)的技术课题依次为"高速低功耗自旋电子学器件将得到广泛应用""研制出极地冰下海洋环境探测的智能水下机器人""针对残障等特殊人群的智能无障碍技术得到实际应用""光场捕捉、处理和显示技术得到普遍应用""超快高精密量子控制技术在量子计算等中应用""基于多源传感融合和智能网联的无人汽车协同感知与控制得到实际应用""硅光互连支撑的颠覆性计算模式得到实际应用""世界主要语言间多领域同声翻译系统得到实际应用""以

密码技术为核心的数据安全保护方案得到广泛应用""开发出超低功耗量子新原理逻辑器件与芯片"（表2-6-2）。

表2-6-2 信息领域欧洲最领先的10项技术课题

世界排名	技术课题名称	子领域	"欧洲领先"的专家认同度	我国目前研究开发水平指数	预计实现年份	实现可能性指数	制约因素 第一	制约因素 第二
2	高速低功耗自旋电子学器件得到广泛应用	微纳电子技术	0.26	0.29	2029	0.22	研究开发投入	人力资源
2	研制出极地冰下海洋环境探测的智能水下机器人	控制与无人系统	0.24	0.44	2026	0.37	研究开发投入	人力资源
3	针对残障等特殊人群的智能无障碍技术得到实际应用	人工智能与智能社会	0.23	0.36	2025	0.32	研究开发投入	法规、政策和标准
2	光场捕捉、处理和显示技术得到普遍应用	虚拟现实与交互	0.21	0.37	2026	0.31	研究开发投入	人力资源
2	超快高精密量子控制技术在量子计算等中应用	控制与无人系统	0.21	0.59	2029	0.21	研究开发投入	人力资源
2	基于多源传感融合和智能网联的无人汽车协同感知与控制得到实际应用	控制与无人系统	0.21	0.44	2024	0.36	研究开发投入	法规、政策和标准
2	硅光互连支撑的颠覆性计算模式得到实际应用	信息材料与器件	0.20	0.35	2028	0.26	研究开发投入	人力资源
2	世界主要语言间多领域同声翻译系统得到实际应用	人工智能与智能社会	0.20	0.55	2024	0.38	研究开发投入	人力资源
2	以密码技术为核心的数据安全保护方案得到广泛应用	信息安全	0.20	0.53	2025	0.35	研究开发投入	法规、政策和标准
2	开发出超低功耗量子新原理逻辑器件与芯片	微纳电子技术	0.19	0.35	2028	0.22	研究开发投入	基础设施

从上述10项技术课题的子领域分布来看，控制与无人系统子领域有3项技术课题，微纳电子技术子领域、人工智能与智能社会子领域各有2项技术课题，虚拟现实与交互子领域、信息材料与器件子领域、信息安全子领域各有1项技术课题。从发展阶段来看，有2项技术课题处于开发成功阶段，有5项技术课题处于实际应用阶段，有3项技术课题处于广泛应用阶段。从预计实现时间来看，有6项技术课题预计在中期实现，有4项技术课题预计在近期实现。

四、日本最领先的10项技术课题

日本信息领域技术课题研究开发水平处于全面领先的数量仅有1项，但是研究开发水平处于世界第二位的数量仅次于美国和欧洲。在 80 项技术课题中，日本领先（按专家认同度排名前十）的技术课题依次为"智能陪护机器人得到广泛应用""针对残障等特殊人群的智能无障碍技术得到实际应用""20GHz 高速超导数字计算机将问世并得到实际应用""柔性电子技术得到广泛应用""基于神经科学的类神经控制及其在工业机器人中的应用""高速低功耗自旋电子学器件将得到广泛应用""智能健康监测与医疗会诊技术得到广泛应用""开发出超低功耗量子新原理逻辑器件与芯片""开发出面向智能机器人的自然交互技术""完全实现无人系统的高效可靠意念控制"（表 2-6-3）。

表 2-6-3　信息领域日本最领先的 10 项技术课题

世界排名	技术课题名称	子领域	"日本领先"的专家认同度	我国目前研究开发水平指数	预计实现年份	实现可能性指数	制约因素 第一	制约因素 第二
1	智能陪护机器人得到广泛应用	人工智能与智能社会	0.48	0.35	2025	0.32	研究开发投入	法规、政策和标准
2	针对残障等特殊人群的智能无障碍技术得到实际应用	人工智能与智能社会	0.43	0.36	2025	0.32	研究开发投入	法规、政策和标准
2	20GHz 高速超导数字计算机将问世并得到实际应用	信息材料与器件	0.23	0.31	2028	0.26	研究开发投入	人力资源
2	柔性电子技术得到广泛应用	信息材料与器件	0.23	0.41	2025	0.26	研究开发投入	人力资源
2	基于神经科学的类神经控制及其在工业机器人中的应用	控制与无人系统	0.23	0.33	2026	0.27	研究开发投入	人力资源
3	高速低功耗自旋电子学器件将得到广泛应用	微纳电子技术	0.21	0.29	2029	0.22	研究开发投入	人力资源
2	智能健康监测与医疗会诊技术得到广泛应用	人工智能与智能社会	0.19	0.41	2024	0.37	研究开发投入	法规、政策和标准
3	开发出超低功耗量子新原理逻辑器件与芯片	微纳电子技术	0.18	0.35	2028	0.22	研究开发投入	基础设施
2	开发出面向智能机器人的自然交互技术	虚拟现实与交互	0.17	0.39	2026	0.31	研究开发投入	人力资源
2	完全实现无人系统的高效可靠意念控制	控制与无人系统	0.17	0.30	2030	0.19	研究开发投入	人力资源

从上述 10 项技术课题的子领域分布来看，人工智能与智能社会子领域有 3 项技术课题，信息材料与器件子领域、控制与无人系统子领域、微纳电子技术

子领域各有 2 项技术课题，虚拟现实与交互子领域有 1 项技术课题。从发展阶段来看，有 2 项技术课题处于开发成功阶段，有 4 项技术课题处于实际应用阶段，有 4 项技术课题处于广泛应用阶段。从预计实现时间来看，有 6 项技术课题预计在中期实现，有 4 项技术课题预计在近期实现。

第七节　技术课题的实现可能性

一、实现可能性描述

根据技术课题实现可能性指数的计算方法，得出信息领域 80 项技术课题的实现可能性指数的均值为 0.32。技术课题"实现空天往返飞行器智能自主导航与控制"（课题编号 20）的实现可能性指数最大，为 0.41，技术课题"开发成功对 100 亿个神经元进行模拟，并且能比当前计算机处理速度快 1000 倍的类脑计算机系统"（课题编号 60）的实现可能性指数最小，为 0.18；实现可能性指数为 0.2~0.4 的技术课题占 96.25%（图 2-7-1）。

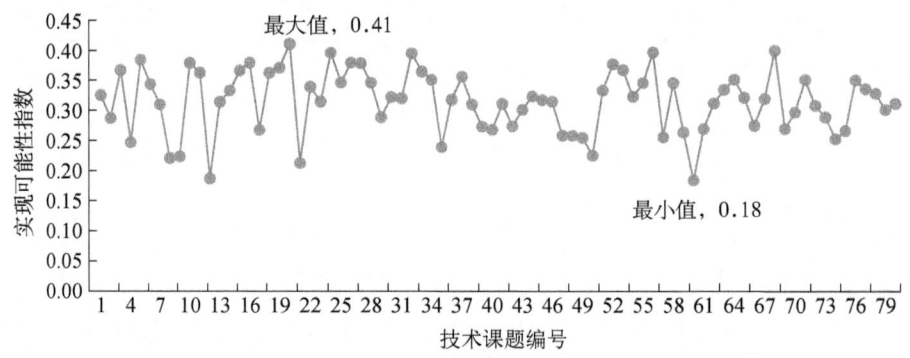

图 2-7-1　信息领域技术课题实现可能性指数

二、实现可能性最大的 10 项技术课题

信息领域实现可能性最大的 10 项技术课题包括"实现空天往返飞行器智能自主导航与控制""开发出非易失可计算内存环境中的数据库管理系统""网络硬件设备的软件化技术得到广泛应用""先进机器学习技术得到突破和实际应用""人工智能技术在金融管理领域得到广泛商业应用""化合物半导体微波毫

米波功率器件与电路实现广泛应用""智能化网络信息获取、理解和推荐技术得到广泛应用""异构水下机器人观测网络在海洋科学研究中获得广泛应用""三维高密度新型存储技术得到广泛应用""世界主要语言间多领域同声翻译系统得到实际应用"(表 2-7-1)。

表 2-7-1 信息领域实现可能性最大的 10 项技术课题

排名	技术课题名称	子领域	预计实现年份	实现可能性指数	影响技术课题实现的因素（专家认同度）		我国目前研究开发水平指数	制约因素（专家认同度）			
					技术	商业		法规、政策和标准	人力资源	研究开发投入	基础设施
1	实现空天往返飞行器智能自主导航与控制	控制与无人系统	2027	0.41	0.43	0.27	0.51	0.12	0.28	0.61	0.27
2	开发出非易失可计算内存环境中的数据库管理系统	计算系统与软件	2025	0.40	0.42	0.31	0.34	0.07	0.31	0.62	0.15
3	网络硬件设备的软件化技术得到广泛应用	网络与通信	2024	0.40	0.40	0.34	0.40	0.13	0.31	0.63	0.21
4	先进机器学习技术得到突破和实际应用	人工智能与智能社会	2023	0.40	0.47	0.25	0.47	0.12	0.39	0.53	0.09
5	人工智能技术在金融管理领域得到广泛商业应用	人工智能与智能社会	2024	0.40	0.33	0.41	0.44	0.41	0.25	0.43	0.16
6	化合物半导体微波毫米波功率器件与电路实现广泛应用	微纳电子技术	2027	0.39	0.41	0.35	0.29	0.07	0.29	0.59	0.24
7	智能化网络信息获取、理解和推荐技术得到广泛应用	人工智能与智能社会	2023	0.38	0.42	0.34	0.48	0.15	0.30	0.55	0.13
8	异构水下机器人观测网络在海洋科学研究中获得广泛应用	控制与无人系统	2026	0.38	0.43	0.33	0.42	0.07	0.25	0.62	0.25
9	三维高密度新型存储技术得到广泛应用	微纳电子技术	2025	0.38	0.40	0.36	0.28	0.07	0.30	0.69	0.25
10	世界主要语言间多领域同声翻译系统得到实际应用	人工智能与智能社会	2024	0.38	0.40	0.37	0.55	0.15	0.27	0.59	0.11

从上述 10 项技术课题的子领域分布来看，控制与无人系统子领域有 2 项技术课题，计算系统与软件子领域有 1 项技术课题，网络与通信子领域有 1 项技术课题，人工智能与智能社会子领域有 4 项技术课题，微纳电子技术子领域有 2 项技术课题。从预计实现时间来看，上述 10 项技术课题中，有 7 项预计在近期实现，有

3 项预计在中期实现。从发展阶段来看，处于开发成功阶段的有 1 项技术课题，处于实际应用阶段的有 3 项技术课题，处于广泛应用阶段的有 6 项技术课题。

三、受技术可能性制约最大的 10 项技术课题

信息领域受技术可能性制约最大的 10 项技术课题包括"开发成功对 100 亿个神经元进行模拟，并且能比当前计算机处理速度快 1000 倍的类脑计算机系统""完全实现无人系统的高效可靠意念控制""超快高精密量子控制技术在量子计算等中应用""拓扑量子计算开发成功""突破光纤传输容量极限的'新传输波段'""开发出超低功耗量子新原理逻辑器件与芯片""1 纳米集成电路制造工艺实现量产""延伸大脑记忆功能技术在多个领域获得广泛应用""人工智能形成统一的理论体系""高速低功耗自旋电子学器件将得到广泛应用"（表 2-7-2）。

表 2-7-2 信息领域受技术可能性制约最大的 10 项技术课题

排名	技术课题名称	子领域	预计实现年份	实现可能性指数	影响技术课题实现的因素（专家认同度）		我国目前研究开发水平指数	制约因素（专家认同度）			
					技术	商业		法规、政策和标准	人力资源	研究开发投入	基础设施
1	开发成功对 100 亿个神经元进行模拟，并且能比当前计算机处理速度快 1000 倍的类脑计算机系统	计算系统与软件	2029	0.18	0.72	0.33	0.31	0.10	0.24	0.55	0.20
2	完全实现无人系统的高效可靠意念控制	控制与无人系统	2030	0.19	0.72	0.33	0.30	0.17	0.19	0.52	0.12
3	超快高精密量子控制技术在量子计算等中应用	控制与无人系统	2029	0.21	0.69	0.30	0.59	0.10	0.29	0.50	0.19
4	拓扑量子计算开发成功	信息材料与器件	2032	0.23	0.68	0.28	0.50	0.10	0.26	0.55	0.21
5	突破光纤传输容量极限的"新传输波段"	网络与通信	2028	0.26	0.67	0.21	0.44	0.10	0.26	0.58	0.31
6	开发出超低功耗量子新原理逻辑器件与芯片	微纳电子技术	2028	0.22	0.65	0.37	0.35	0.07	0.31	0.59	0.33
7	1 纳米集成电路制造工艺实现量产	微纳电子技术	2030	0.25	0.64	0.31	0.19	0.05	0.33	0.68	0.41
8	延伸大脑记忆功能技术在多个领域获得广泛应用	人工智能与智能社会	2029	0.24	0.64	0.34	0.32	0.21	0.26	0.48	0.08
9	人工智能形成统一的理论体系	人工智能与智能社会	2029	0.32	0.61	0.19	0.42	0.12	0.38	0.46	0.09
10	高速低功耗自旋电子学器件将得到广泛应用	微纳电子技术	2029	0.22	0.61	0.43	0.29	0.05	0.28	0.58	0.23

从上述 10 项技术课题的子领域分布来看，计算系统与软件子领域有 1 项技

术课题、控制与无人系统子领域有 2 项技术课题、信息材料与器件子领域有 1 项技术课题、信息材料与器件子领域有 1 项子课题、网络与通信子领域有 1 项子课题、微纳电子技术子领域有 3 项技术课题、人工智能与智能社会子领域有 2 项子课题。从预计实现时间来看，上述 10 项技术课题中，有 9 项技术课题预计在中期（2026～2030 年）实现，有 1 项技术课题预计在远期（2030 年后）实现，预计集中分布在 2028～2030 年实现。从发展阶段来看，处于开发成功阶段的技术课题有 5 项，处于实际应用阶段的技术课题有 3 项，处于广泛应用阶段的技术课题有 2 项。从实现可能性来看，上述 10 项技术课题的实现可能性普遍较小，实现可能性指数均低于 80 项技术课题的平均值（0.32）。从研究开发水平来看，我国上述 10 项技术课题的研究开发水平普遍较低，有 4 项技术课题的目前研究开发水平指数高于所有 80 项技术课题目前研究开发水平的平均值（0.40）。

四、受技术可能性制约最小的 10 项技术课题

信息领域受技术可能性制约最小的 10 项技术课题包括"人工智能技术在金融管理领域得到广泛商业应用""开发出实用的虚拟远程办公系统""智能健康监测与医疗会诊技术得到广泛应用""针对残障等特殊人群的智能无障碍技术得到实际应用""以密码技术为核心的数据安全保护方案得到广泛应用""智能陪护机器人得到广泛应用""物联设备间的交易技术得到广泛应用""无缆水下机器人自主作业系统获得实际应用""面向天地一体的空间路由系统协议体系实现实际应用""先进的可视化与可视分析技术得到广泛应用"（表 2-7-3）。

表 2-7-3 信息领域受技术可能性制约最小的 10 项技术课题

排名	技术课题名称	子领域	预计实现年份	实现可能性指数	影响技术课题实现的因素（专家认同度）		我国目前研究开发水平指数	制约因素（专家认同度）			
					技术	商业		法规、政策和标准	人力资源	研究开发投入	基础设施
1	人工智能技术在金融管理领域得到广泛商业应用	人工智能与智能社会	2024	0.40	0.33	0.41	0.44	0.41	0.25	0.43	0.16
2	开发出实用的虚拟远程办公系统	虚拟现实与交互	2023	0.32	0.35	0.51	0.35	0.16	0.18	0.49	0.17
3	智能健康监测与医疗会诊技术得到广泛应用	人工智能与智能社会	2024	0.37	0.35	0.43	0.41	0.39	0.27	0.51	0.21

续表

排名	技术课题名称	子领域	预计实现年份	实现可能性指数	影响技术课题实现的因素（专家认同度）		我国目前研究开发水平指数	制约因素（专家认同度）			
					技术	商业		法规、政策和标准	人力资源	研究开发投入	基础设施
4	针对残障等特殊人群的智能无障碍技术得到实际应用	人工智能与智能社会	2025	0.32	0.36	0.50	0.36	0.38	0.22	0.51	0.19
5	以密码技术为核心的数据安全保护方案得到广泛应用	信息安全	2025	0.35	0.37	0.44	0.53	0.28	0.19	0.50	0.16
6	智能陪护机器人得到广泛应用	人工智能与智能社会	2025	0.32	0.37	0.49	0.35	0.37	0.24	0.52	0.19
7	物联设备间的交易技术得到广泛应用	计算系统与软件	2025	0.32	0.37	0.49	0.46	0.19	0.23	0.47	0.20
8	无缆水下机器人自主作业系统获得实际应用	控制与无人系统	2025	0.34	0.37	0.46	0.52	0.11	0.25	0.54	0.18
9	面向天地一体的空间路由系统协议体系实现实际应用	网络与通信	2026	0.37	0.38	0.41	0.46	0.18	0.26	0.63	0.36
10	先进的可视化与可视分析技术得到广泛应用	虚拟现实与交互	2024	0.33	0.40	0.46	0.44	0.06	0.22	0.56	0.15

从上述10项技术课题的子领域分布来看，人工智能与智能社会子领域有4项技术课题，虚拟现实与交互子领域有2项技术课题，信息安全子领域有1项技术课题，计算系统与软件子领域有1项技术课题，控制与无人系统子领域有1项技术课题，网络与通信子领域有1项技术课题。从预计实现时间来看，预计实现时间普遍较早，9项技术课题预计在近期实现，1项技术课题预计在中期实现。从发展阶段来看，处于开发成功阶段的技术课题有1项，处于实际应用阶段的技术课题有3项，处于广泛应用阶段的技术课题有6项。从实现可能性来看，上述10项技术课题的实现可能性高于所有80项技术课题的平均值（0.32）。从研究开发水平来看，我国上述10项技术课题的研究开发水平较高，其中7项技术课题的研究开发水平指数高于本领域所有80项技术课题的平均值（0.40）。

五、受商业可行性制约最大的10项技术课题

信息领域受商业可行性制约最大的 10 项技术课题包括"真实感三维建模技术在互联网和虚拟现实领域得到广泛应用""开发出实用的虚拟远程办公系统""柔性电子技术得到广泛应用""针对残障等特殊人群的智能无障碍技术得到实际应用""物联设备间的交易技术得到广泛应用""智能陪护机器人得到广泛应用""开发出面向消费者的三维数据采集装置""可穿戴感知计算技术与群智化感知方法得到广泛应用""量子保密通信系统进入实用阶段""动态全息三维显示技术得到实际应用"(表 2-7-4)。

表 2-7-4 信息领域受商业可行性制约最大的 10 项技术课题

排名	技术课题名称	子领域	预计实现年份	实现可能性指数	影响技术课题实现的因素(专家认同度)		我国目前研究开发水平指数	制约因素(专家认同度)			
					技术	商业		法规、政策和标准	人力资源	研究开发投入	基础设施
1	真实感三维建模技术在互联网和虚拟现实领域得到广泛应用	虚拟现实与交互	2025	0.28	0.44	0.51	0.42	0.10	0.30	0.54	0.19
2	开发出实用的虚拟远程办公系统	虚拟现实与交互	2023	0.32	0.35	0.51	0.35	0.16	0.18	0.49	0.17
3	柔性电子技术得到广泛应用	信息材料与器件	2025	0.26	0.48	0.50	0.41	0.08	0.27	0.67	0.21
4	针对残障等特殊人群的智能无障碍技术得到实际应用	人工智能与智能社会	2025	0.32	0.36	0.50	0.36	0.38	0.22	0.51	0.19
5	物联设备间的交易技术得到广泛应用	计算系统与软件	2025	0.32	0.37	0.49	0.46	0.19	0.23	0.47	0.20
6	智能陪护机器人得到广泛应用	人工智能与智能社会	2025	0.32	0.37	0.49	0.35	0.37	0.24	0.52	0.19
7	开发出面向消费者的三维数据采集装置	虚拟现实与交互	2024	0.30	0.42	0.49	0.40	0.16	0.25	0.54	0.16
8	可穿戴感知计算技术与群智化感知方法得到广泛应用	计算系统与软件	2025	0.30	0.43	0.48	0.39	0.12	0.25	0.57	0.20
9	量子保密通信系统进入实用阶段	信息安全	2026	0.27	0.49	0.48	0.78	0.17	0.18	0.48	0.27
10	动态全息三维显示技术得到实际应用	虚拟现实与交互	2024	0.27	0.49	0.47	0.38	0.06	0.34	0.53	0.18

从上述 10 项技术课题的子领域分布来看，虚拟现实与交互子领域有 4 项技术课题，信息材料与器件子领域有 1 项技术课题，人工智能与智能社会子领域有 2 项技术课题，计算系统与软件子领域有 2 项技术课题，信息安全子领域有 1 项技术课题。从预计实现时间来看，有 9 项技术预计在近期实现，有 1 项技术预计在中期实现。从发展阶段来看，处于开发成功阶段的技术课题有 2 项，处于实际应用阶段的技术课题有 3 项，处于广泛应用阶段的技术课题有 5 项。从实现可能性来看，上述 10 项技术课题的实现可能性偏低，有 6 项技术课题的实现可能性指数低于 80 项技术课题的平均值（0.32）。从研究开发水平看，我国上述 10 项技术课题中，有 5 项目前研究开发水平高于所有 80 项技术课题的平均水平（0.40）。

六、受商业可行性制约最小的 10 项技术课题

信息领域受商业可行性制约最小的 10 项技术课题包括"人工智能形成统一的理论体系""突破光纤传输容量极限的'新传输波段'""先进机器学习技术得到突破和实际应用""开发出仿生物群体智能的无人机集群控制平台""实现空天往返飞行器智能自主导航与控制""拓扑量子计算开发成功""超低时延的大规模网络和关键应用""构建协作式增强现实决策智能交互空间原型""高密度超高速无线通信技术实现广泛应用""研制出极地冰下海洋环境探测的智能水下机器人"。

表 2-7-5　信息领域受商业可能性制约最小的 10 项技术课题

排名	技术课题名称	子领域	预计实现年份	实现可能性指数	影响技术课题实现的因素（专家认同度）		我国目前研究开发水平指数	制约因素（专家认同度）			
					技术	商业		法规、政策和标准	人力资源	研究开发投入	基础设施
1	人工智能形成统一的理论体系	人工智能与智能社会	2029	0.32	0.61	0.19	0.42	0.12	0.38	0.46	0.09
2	突破光纤传输容量极限的"新传输波段"	网络与通信	2028	0.26	0.67	0.21	0.44	0.11	0.26	0.58	0.31
3	先进机器学习技术得到突破和实际应用	人工智能与智能社会	2023	0.40	0.47	0.25	0.47	0.12	0.39	0.53	0.09
4	开发出仿生物群体智能的无人机集群控制平台	控制与无人系统	2026	0.32	0.57	0.27	0.37	0.16	0.25	0.63	0.17
5	实现空天往返飞行器智能自主导航与控制	控制与无人系统	2027	0.41	0.43	0.27	0.51	0.12	0.28	0.61	0.27

续表

排名	技术课题名称	子领域	预计实现年份	实现可能性指数	影响技术课题实现的因素（专家认同度）		我国目前研究开发水平指数	制约因素（专家认同度）			
					技术	商业		法规、政策和标准	人力资源	研究开发投入	基础设施
6	拓扑量子计算开发成功	信息材料与器件	2032	0.23	0.68	0.28	0.50	0.04	0.26	0.55	0.21
7	超低时延的大规模网络和关键应用	网络与通信	2026	0.38	0.47	0.28	0.42	0.13	0.21	0.65	0.26
8	构建协作式增强现实决策智能交互空间原型	虚拟现实与交互	2026	0.36	0.50	0.28	0.38	0.15	0.25	0.49	0.17
9	高密度超高速无线通信技术实现广泛应用	网络与通信	2026	0.35	0.51	0.29	0.49	0.16	0.20	0.63	0.29
10	研制出极地冰下海洋环境探测的智能水下机器人	控制与无人系统	2026	0.37	0.48	0.30	0.44	0.06	0.23	0.66	0.22

从上述10项技术课题的子领域分布来看，人工智能与智能社会子领域有2项技术课题，网络与通信子领域有3项技术课题，控制与无人系统子领域有3项技术课题，信息材料与器件子领域有1项技术课题，虚拟现实与交互子领域有1项技术课题。从预计实现时间来看，有1项技术课题预计近期可实现，有8项技术课题预计中期可实现，有1项技术课题预计2030年以后可实现。从发展阶段来看，处于开发成功阶段的技术课题有6项，处于实际应用阶段的技术课题有3项，处于广泛应用阶段的技术课题有1项。从实现可能性来看，上述10项技术课题中有9项的实现可能性高于全部80项技术课题的平均值（0.32）。从研究开发水平看，我国上述10项技术课题的研究开发水平普遍较高，有8项技术课题的目前研究开发水平高于全部80项技术课题的平均水平（0.40）。

第八节 技术发展的制约因素

一、制约因素概述

研究开发投入，人力资源，基础设施及法规、政策和标准是信息领域技术课题发展的最主要制约因素，其中研究开发投入因素影响较大，其次是人力资源,再次是基础设施,最后是法规、政策和标准(图2-8-1)。

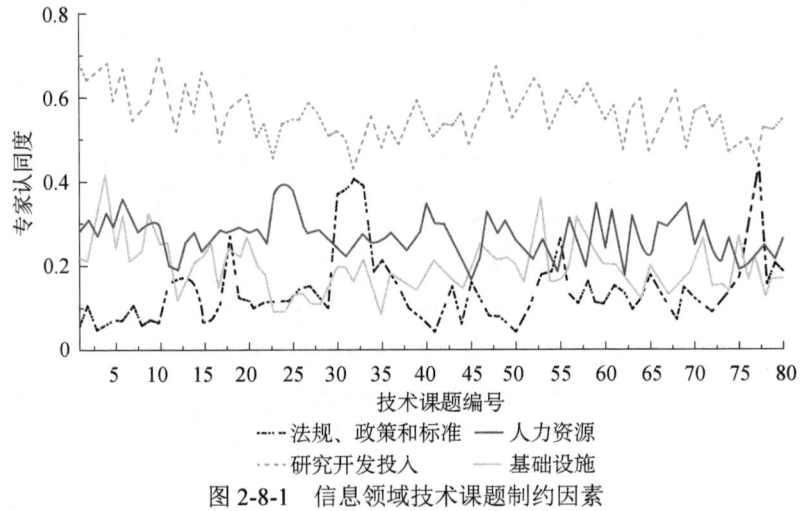

图 2-8-1　信息领域技术课题制约因素

从制约因素来看,研究开发投入的制约不可忽视:信息领域 80 项技术课题的第一制约因素均为研究开发投入。对各技术课题第二制约因素进行统计发现,61 项技术课题的第二制约因素为人力资源,11 项技术课题的第二制约因素为基础设施,8 项技术课题的第二制约因素为法规、政策和标准(图2-8-2)。

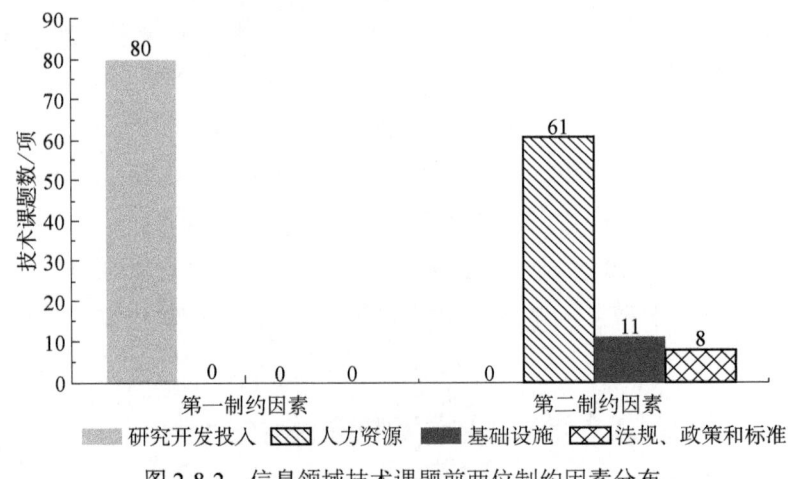

图 2-8-2　信息领域技术课题前两位制约因素分布

二、受研究开发投入因素制约最大的 10 项技术课题

研究开发投入是制约信息领域发展的重要因素,80 项技术课题的第一制约

因素均为研究开发投入，受研究开发投入因素制约最大的 10 项技术课题依次是"三维高密度新型存储技术得到广泛应用""新型非易失存储技术推动计算机存储架构的变革""1 纳米集成电路制造工艺实现量产""柔性电子技术得到广泛应用""硅基多功能异质集成电路获得广泛应用""研制出极地冰下海洋环境探测的智能水下机器人""高迁移率非硅沟道晶体管在集成电路中广泛应用""超低时延的大规模网络和关键应用""开发出基于忆阻器的类脑计算原型系统""高密度超高速无线通信技术实现广泛应用"（表 2-8-1）。

表 2-8-1　信息领域受研究开发投入因素制约最大的 10 项技术课题

制约因素排名	技术课题名称	子领域	预计实现年份	实现可能性指数	我国目前研究开发水平指数	制约因素（专家认同度）			
						法规、政策和标准	人力资源	研究开发投入	基础设施
1	三维高密度新型存储技术得到广泛应用	微纳电子技术	2025	0.38	0.28	0.07	0.30	0.69	0.25
2	新型非易失存储技术推动计算机存储架构的变革	微纳电子技术	2025	0.33	0.37	0.05	0.29	0.69	0.22
3	1 纳米集成电路制造工艺实现量产	微纳电子技术	2030	0.25	0.19	0.05	0.33	0.68	0.41
4	柔性电子技术得到广泛应用	信息材料与器件	2025	0.26	0.41	0.08	0.27	0.67	0.21
5	硅基多功能异质集成电路获得广泛应用	微纳电子技术	2027	0.35	0.27	0.07	0.36	0.67	0.32
6	研制出极地冰下海洋环境探测的智能水下机器人	控制与无人系统	2026	0.37	0.44	0.06	0.23	0.66	0.22
7	高迁移率非硅沟道晶体管在集成电路中广泛应用	微纳电子技术	2027	0.37	0.24	0.05	0.26	0.66	0.27
8	超低时延的大规模网络和关键应用	网络与通信	2026	0.38	0.42	0.13	0.21	0.65	0.26
9	开发出基于忆阻器的类脑计算原型系统	微纳电子技术	2028	0.29	0.34	0.10	0.31	0.64	0.21
10	高密度超高速无线通信技术实现广泛应用	网络与通信	2026	0.35	0.49	0.16	0.20	0.63	0.29

从上述 10 项技术课题的子领域分布来看，微纳电子技术子领域有 6 项技术课题，网络与通信子领域有 2 项技术课题，信息材料与器件、控制与无人系统子

领域各有 1 项技术课题。从预计实现时间来看，在上述 10 项技术课题中，预计近期可实现的有 3 项，预计中期可实现的有 7 项。从实现可能性来看，总体水平较高，有 7 项技术课题的实现可能性指数高于本领域 80 项技术课题的平均值（0.317）。从目前研究开发水平来看，研究开发水平指数总体偏低，6 项技术课题低于本领域 80 项技术课题的平均值（0.403），只有"柔性电子技术得到广泛应用""研制出极地冰下海洋环境探测的智能水下机器人""超低时延的大规模网络和关键应用""高密度超高速无线通信技术实现广泛应用"明显高于本领域 80 项技术课题的平均水平。从发展阶段来看，属于开发成功阶段的有 3 项技术课题，处于实际应用阶段的有 2 项技术课题，处于广泛应用阶段的有 5 项技术课题。

三、受人力资源因素制约最大的 10 项技术课题

人力资源是制约信息技术发展的重要因素之一，有 61 项技术课题的第二制约因素是人力资源，受人力资源因素制约最大的 10 项技术课题依次是"先进机器学习技术得到突破和实际应用""人机融合的增强智能技术得到实际应用""人工智能形成统一的理论体系""硅基多功能异质集成电路获得广泛应用""软件智能化开发技术支持的全民编程得到实际应用""动态全息三维显示技术得到实际应用""量子计算机在特定领域得到初步应用""在万物互联的应用领域出现新型计算系统，成为 x86、ARM 外的第三个全球性开放计算生态""1 纳米集成电路制造工艺实现量产""20GHz 高速超导数字计算机将问世并得到实际应用"（表 2-8-2）。

表 2-8-2　信息领域受人力资源因素制约最大的 10 项技术课题

制约因素排名	技术课题名称	子领域	预计实现年份	实现可能性指数	我国目前研究开发水平指数	制约因素（专家认同度）			
						法规、政策和标准	人力资源	研究开发投入	基础设施
1	先进机器学习技术得到突破和实际应用	人工智能与智能社会	2023	0.40	0.47	0.12	0.39	0.53	0.09
2	人机融合的增强智能技术得到实际应用	人工智能与智能社会	2024	0.35	0.42	0.12	0.38	0.55	0.12
3	人工智能形成统一的理论体系	人工智能与智能社会	2029	0.32	0.42	0.12	0.38	0.46	0.09
4	硅基多功能异质集成电路获得广泛应用	微纳电子技术	2027	0.35	0.27	0.07	0.36	0.67	0.32

续表

制约因素排名	技术课题名称	子领域	预计实现年份	实现可能性指数	我国目前研究开发水平指数	制约因素（专家认同度）			
						法规、政策和标准	人力资源	研究开发投入	基础设施
5	软件智能化开发技术支持的全民编程得到实际应用	计算系统与软件	2028	0.27	0.35	0.15	0.35	0.48	0.17
6	动态全息三维显示技术得到实际应用	虚拟现实与交互	2025	0.27	0.38	0.06	0.34	0.53	0.18
7	量子计算机在特定领域得到初步应用	计算系统与软件	2029	0.27	0.58	0.11	0.34	0.58	0.22
8	在万物互联的应用领域出现新型计算系统，成为x86、ARM外的第三个全球性开放计算生态	计算系统与软件	2028	0.27	0.35	0.15	0.33	0.58	0.20
9	1纳米集成电路制造工艺实现量产	微纳电子技术	2030	0.25	0.19	0.05	0.33	0.68	0.41
10	20GHz高速超导数字计算机将问世并得到实际应用	信息材料与器件	2028	0.26	0.31	0.08	0.32	0.58	0.23

从上述10项技术课题的子领域分布来看，人工智能与智能社会子领域有3项技术课题，计算系统与软件子领域有3项技术课题，微纳电子技术子领域有2项技术课题，虚拟现实与交互子领域、信息材料与器件子领域各有1项技术课题。从预计实现时间来看，上述10项技术课题预计近期可实现的有3项，预计中期可实现的有7项。从实现可能性来看，实现可能性指数总体偏低，有7项技术课题的实现可能性指数低于本领域80项技术课题的平均值（0.317），只有"先进机器学习技术得到突破和实际应用""人机融合的增强智能技术得到实际应用""硅基多功能异质集成电路获得广泛应用"3项技术课题明显高于本领域80项技术课题的平均水平。从目前研究开发水平来看，研究开发水平指数总体同样偏低，6项技术课题低于本领域80项技术课题的平均值（0.403），只有"先进机器学习技术得到突破和实际应用""人机融合的增强智能技术得到实际应用""人工智能形成统一的理论体系""量子计算机在特定领域得到初步应用"4项技术课题明显高于本领域80项技术课题的平均水平。从发展阶段来看，处于开发成功阶段的有2项技术课题，处于实际应用阶段的有7项技术课题，处于广泛应用阶段的有1项技术课题。

四、受基础设施因素制约最大的 10 项技术课题

基础设施是制约信息技术发展的重要因素之一，有 11 项技术课题的第二制约因素是基础设施。受基础设施因素制约最大的 10 项技术课题依次是"1 纳米集成电路制造工艺实现量产""面向天地一体的空间路由系统协议体系实现实际应用""开发出超低功耗量子新原理逻辑器件与芯片""硅基多功能异质集成电路获得广泛应用""突破光纤传输容量极限的'新传输波段'""高密度超高速无线通信技术实现广泛应用""量子保密通信系统进入实用阶段""高迁移率非硅沟道晶体管在集成电路中广泛应用""实现空天往返飞行器智能自主导航与控制""超低时延的大规模网络和关键应用"（表 2-8-3）。

表 2-8-3 信息领域受基础设施因素制约最大的 10 项技术课题

制约因素排名	技术课题名称	子领域	预计实现年份	实现可能性指数	我国目前研究开发水平指数	制约因素（专家认同度）			
						法规、政策和标准	人力资源	研究开发投入	基础设施
1	1 纳米集成电路制造工艺实现量产	微纳电子技术	2030	0.25	0.19	0.05	0.33	0.68	0.41
2	面向天地一体的空间路由系统协议体系实现实际应用	网络与通信	2026	0.37	0.46	0.18	0.26	0.63	0.36
3	开发出超低功耗量子新原理逻辑器件与芯片	微纳电子技术	2028	0.22	0.35	0.07	0.31	0.59	0.33
4	硅基多功能异质集成电路获得广泛应用	微纳电子技术	2027	0.35	0.27	0.07	0.36	0.67	0.32
5	突破光纤传输容量极限的"新传输波段"	网络与通信	2028	0.26	0.44	0.11	0.25	0.58	0.31
6	高密度超高速无线通信技术实现广泛应用	网络与通信	2026	0.35	0.49	0.16	0.20	0.63	0.29
7	量子保密通信系统进入实用阶段	信息安全	2028	0.27	0.78	0.17	0.18	0.48	0.27
8	高迁移率非硅沟道晶体管在集成电路中广泛应用	微纳电子技术	2027	0.37	0.24	0.05	0.26	0.66	0.27
9	实现空天往返飞行器智能自主导航与控制	控制与无人系统	2027	0.41	0.51	0.12	0.28	0.61	0.27
10	超低时延的大规模网络和关键应用	网络与通信	2026	0.38	0.42	0.13	0.21	0.65	0.26

从上述 10 项技术课题的子领域分布来看，网络与通信子领域有 4 项技术课题，微纳电子技术子领域 4 项技术课题，信息安全、控制与无人系统子领域各有

1 项技术课题。从预计实现时间来看，上述 10 项技术课题的子领域均处于中期。从实现可能性来看，实现可能性总体较高，有 6 项技术课题的实现可能性指数高于本领域 80 项技术课题平均值（0.317）。从目前研究开发水平来看，总体指数较高，6 项技术课题高于本领域 80 项技术课题的平均值（0.403）。从发展阶段来看，处于开发成功阶段的有 2 项技术课题，处于实际应用阶段的有 5 项技术课题，处于广泛应用阶段的有 3 项技术课题。

四、受法规、政策和标准因素制约最大的 10 项技术课题

法规、政策和标准是制约信息技术发展的重要因素之一，有 8 项技术课题的第二制约因素是法规、政策和标准，受法规、政策和标准因素制约最大的 10 项技术课题依次是"安全数字货币得到广泛应用""人工智能技术在金融管理领域得到广泛商业应用""智能健康监测与医疗会诊技术得到广泛应用""针对残障等特殊人群的智能无障碍技术得到实际应用""智能陪护机器人得到广泛应用""以密码技术为核心的数据安全保护方案得到广泛应用""基于多源传感融合和智能网联的无人汽车协同感知与控制得到实际应用""网络安全态势感知实现广泛应用""延伸大脑记忆功能技术在多个领域获得广泛应用""智能、开放互联环境下的自动化安全服务技术得到广泛应用"（表 2-8-4）。

表 2-8-4 信息领域受法规、政策和标准因素制约最大的 10 项技术课题

制约因素排名	技术课题名称	子领域	预计实现年份	实现可能性指数	我国目前研究开发水平指数	制约因素（专家认同度）			
						法规、政策和标准	人力资源	研究开发投入	基础设施
1	安全数字货币得到广泛应用	信息安全	2027	0.34	0.48	0.44	0.23	0.45	0.22
2	人工智能技术在金融管理领域得到广泛商业应用	人工智能与智能社会	2024	0.40	0.44	0.41	0.25	0.43	0.16
3	智能健康监测与医疗会诊技术得到广泛应用	人工智能与智能社会	2024	0.37	0.41	0.39	0.27	0.51	0.21
4	针对残障等特殊人群的智能无障碍技术得到实际应用	人工智能与智能社会	2025	0.32	0.36	0.38	0.22	0.51	0.19
5	智能陪护机器人得到广泛应用	人工智能与智能社会	2025	0.32	0.35	0.37	0.24	0.52	0.19

续表

制约因素排名	技术课题名称	子领域	预计实现年份	实现可能性指数	我国目前研究开发水平指数	制约因素（专家认同度）			
						法规、政策和标准	人力资源	研究开发投入	基础设施
6	以密码技术为核心的数据安全保护方案得到广泛应用	信息安全	2025	0.35	0.53	0.28	0.19	0.50	0.16
7	基于多源传感融合和智能网联的无人汽车协同感知与控制得到实际应用	控制与无人系统	2024	0.36	0.44	0.27	0.27	0.58	0.25
8	网络安全态势感知实现广泛应用	网络与通信	2025	0.35	0.41	0.26	0.17	0.58	0.17
9	延伸大脑记忆功能技术在多个领域获得广泛应用	人工智能与智能社会	2029	0.24	0.32	0.21	0.26	0.48	0.08
10	智能、开放互联环境下的自动化安全服务技术得到广泛应用	信息安全	2026	0.30	0.42	0.20	0.21	0.52	0.17

从上述 10 项技术课题的子领域分布来看，人工智能与智能社会子领域有 5 项技术课题，信息安全子领域有 3 项技术课题，网络与通信、控制与无人系统领域各有 1 项技术课题。从预计实现时间来看，上述 10 项技术课题，预计近期可实现的有 7 项，预计中期可实现的有 3 项。从实现可能性来看，总体指数偏高，有 8 项技术课题的实现可能性指数高于本领域 80 项技术课题的平均值（0.317）。从目前研究开发水平来看，总体指数同样处于较高水平，有 7 项技术课题高于本领域 80 项技术课题的平均值（0.403）。从发展阶段来看，处于实际应用阶段的有 2 项技术课题，处于广泛应用阶段的有 8 项技术课题。

第三章
信息领域发展趋势

本次信息领域技术预见项目共对人工智能与智能社会、信息材料与器件、网络与通信、计算系统与软件、虚拟现实与交互、信息安全、控制与无人系统与微纳电子技术8个子领域的技术课题进行遴选和调查。针对两轮德尔菲问卷调查情况的总结,研究组邀请各子领域专家撰写了8个子领域技术的国内外发展现状与趋势、重点研发方向和战略举措。

第一节 人工智能与智能社会子领域

谭铁牛 孙哲南
(中国科学院自动化研究所)

一、国内外研究与实践进展

人工智能树立了探寻智能本质、发展智能机器的宏伟目标,从1956年概念提出至今历经曲折,经过60多年发展,理论、技术和应用都取得重要突破,人工智能已成为推动新一轮科技和产业革命的驱动力,深刻影响着世界经济、政治、军事和社会的发展。

面向特定领域的人工智能技术(即专用人工智能)由于应用背景需求明确、领域知识积累深厚、建模计算简单可行,形成了人工智能领域的单点突破,在局部智能水平的单项测试中可以超越人类智能。人工智能的近期进展主要集中于专用人工智能领域,特别是深度学习、强化学习、对抗学习等统计机器学习理论在人机博弈、计算机视觉、自然语言理解等方向取得显著成果。

(一)人机博弈

深度强化学习融合了深度学习在信息感知方面,以及强化学习在策略选择方面的综合性优势,同时赋予智能体感知和决策能力,成为人机博弈的核心技术突破。谷歌的 DeepMind 团队在深度强化学习,以及围棋和游戏应用中取得如下重要进展。

一是,2015 年,《自然》(*Nature*)发表了深度 Q 网络(deep Q-network,DQN)在一些视频游戏上的实验效果接近或超过人类玩家。

二是,2016 年,《自然》发表了 AlphaGo 创新性地结合深度强化学习和蒙特卡罗树搜索,在围棋人机大战中以 4∶1 战胜李世石,此后 AlphaGo 的升级版本 Master 在与 60 名人类顶级围棋选手比赛中保持不败。

三是,2017 年,《自然》发表了 AlphaGo Zero 不需棋谱数据和先验知识,通过深度强化学习方法进行自我对弈实现智能提升,以 100∶0 战胜 AlphaGo,探索了特定应用中不依赖数据和知识、以算法为中心的人工智能技术发展新路线。

对抗博弈根据参与人对其他参与人所掌握信息的了解程度,可分为完全信息博弈(如象棋、围棋)和不完全信息博弈(如德州扑克、兵棋、星际争霸等战略游戏)。AlphaGo 和 AlphaGo Zero 是人工智能在完全信息博弈上的胜利,而不完全信息博弈近期也取得如下显著进展。

一是,2017 年《科学》(*Science*)发表了阿尔伯塔大学的德州扑克人工智能 DeepStack。

二是,2017 年,卡内基·梅隆大学的人工智能系统 Libratus 采用"纳什均衡"的对战策略,在和 4 位人类顶级德州扑克玩家的比赛中获得胜利。

三是,2017 年 8 月,OpenAI 发布的 Dota 2 AI 采用自我对抗的深度强化学习方法进行训练,并最终击败了人类顶级玩家。

四是,2017 年,中国科学院自动化研究所的人工智能系统"CASIA-先知 V1.0"采用知识和数据混合驱动的体系架构,构建了人工智能指挥员模型,与全国前八强选手人机对战兵棋系统,并以 7∶1 的绝对优势取得胜利。

（二）计算机视觉

数据（互联网、物联网、广电网泛在的视觉大数据），算法（深度神经网络、生成对抗网络等模型）和算力（图形处理器）等基础条件的万事俱备发展推动人脸识别、物体检测、图像分割、目标分类、视频结构化、场景建模等计算机视觉技术和应用近些年取得突破性进展，机器视觉能力已经在大量单项视觉任务方面超过人类视觉精度水平。

每年一届的大规模图像库视觉任务测评大赛（ImageNet large scale visual recognition challenge，ILSVRC）跟踪了2010～2017年国际计算机视觉技术发展水平的变迁，越来越大的 ImageNet 数据集（已有2.2万类、1500万幅图像）树立了物体定位、物体检测、图像分类、场景解析的挑战性目标。2012年，Hinton 等通过大型的深度卷积神经网络（convolutional neural network，CNN）AlexNet 赢得了当年的 ILSVRC，引发了 CNN 研究的热潮，之后不断有新的深度神经网络模型（如 ZFNet、GoogleNet、ResNet 等）提出，神经网络的深度层数也从8层发展到152层，图像分类的 Top 5 误差率也从16%降到了3%左右。目前物体定位的误差最高水平在7.71%，主流的方法是 Faster R-CNN。

近些年，生成对抗网络（generative adversarial network，GAN）在图像合成、图像修复、图像压缩、图像识别等计算机视觉问题方面取得成功应用，成为研究热点。

（三）自然语言理解

离散符号到连续向量的表示体系迁移是自然语言理解与机器翻译当前研究和应用的主流方法。传统基于离散符号表示的规则或统计方法面临语义鸿沟与数据稀疏问题，而基于连续向量表示的深度学习方法成功避免了这两个问题。因此，从自然语言的词法分析、句法分析、篇章分析到机器翻译，目前性能最好的方法无一例外都是基于连续向量的深度学习模型。尤其是在大数据的驱动下，自然语言理解与机器翻译中的一些任务已经取得了突破性进展。例如，谷歌开发的基于深度学习和注意机制的机器翻译系统在英语和西班牙语、法语及汉语的互译中已经能够超越普通大众的翻译水平。最近，谷歌提出了仅采用注意机制模型的机器翻译系统，性能进一步提升。近来，科大讯飞和百度等公司还开发了面向出国旅行的便携式多语言翻译机。

然而，大数据驱动的深度学习在自然语言处理领域仍然面临巨大的挑战，主要包括：单一文本模态的信息缺失问题、稀缺资源下的自然语言理解与机器翻译问题、深度学习方法与经验知识的融合问题。针对第一个问题，一些研究者在探索多模态的自然语言理解技术，如融合多模态的自动摘要与多模态机器翻译技术。针对第二个问题，词法、句法、篇章分析与机器翻译都存在标注数据稀缺的问题，如用于机器翻译的汉语和阿拉伯语之间双语对照训练数据非常匮乏，深度学习无用武之地。对此，学术前沿正在研究基于无标注数据的弱监督方法。针对最后一个问题，学者们已经开始探讨擅长计算的连续系统和擅长逻辑推理的符号系统之间的有机融合技术。总之，多模态融合、弱监督无监督学习，以及符号系统与连续系统的结合是自然语言处理和机器翻译的研究趋势。

（四）人工智能应用技术

在人工智能应用技术方面，近些年的主要进展包括人工智能（AI）芯片、自动驾驶、智能医疗、智能安防等。

（1）人工智能芯片。人工智能芯片定义了 AI 产业链和生态圈的基础计算架构，具有战略地位。谷歌、国际商业机器公司（IBM）、英伟达（NVDA）、英特尔（Intel）、中国科学院都在积极布局人工智能芯片。IBM 的 TrueNorth 芯片模拟人脑神经网络设计，数据处理能力已经相当于包含 6400 万个神经细胞和 160 亿个神经突触的类脑功能，已经开始在超级计算机和美国空军应用。华为 Mate10 成为首款搭载人工智能芯片的旗舰型手机，对于 AI 芯片大规模进入消费级市场应用具有标志性意义。

（2）自动驾驶。Google 自动驾驶汽车已经在公路上行驶了 400 万英里[①]。2017 年，百度推出"阿波罗（Apollo）计划"开放自动驾驶平台，提供一套完整的自动驾驶软硬件和服务的解决方案。无人驾驶公交车已经在深圳示范应用。

（3）智能医疗。深度学习在多个病种的医疗影像诊断领域取得一系列进展，AI 医疗图像识别能力超过专业医生。例如，2016 年 Google 检测糖尿病诱发的视网膜病变、2017 年斯坦福大学研究者在《自然》上发表论文提出的诊断皮肤癌算法达到专家水平。

---

① 1 英里≈1609.34 米。

（4）智能安防。基于深度学习的人脸识别性能在 LFW 等数据库取得近乎完美的识别精度，人脸识别在安防布控、金融支付、智能手机（iPhone X）等领域取得成功应用。中国科学院自动化研究所的虹膜识别技术在移动终端和远距离身份鉴别技术上也取得重要突破。视频中行人和车辆属性分析的结构化技术已经广泛应用于我国公共安全领域的反恐维稳、"雪亮工程"。

二、前沿与重点发展方向

人工智能处于从"不能用"到"可以用"的技术拐点，但是距离"很好用"还有数据、能耗、泛化、可解释性、可靠性、安全性等诸多瓶颈，理论创新发展空间巨大。在基础理论层面，人工智能的前沿发展方向包括通用智能、类脑智能、脑智融合、对抗博弈等。

（一）通用智能

如何实现从狭义人工智能（弱人工智能，具备单一领域智能）向通用人工智能（强人工智能，具备多领域、人类智能水平）的跨越式发展，既是下一代人工智能发展的必然趋势，也是国际研究与应用领域极具挑战的问题。DeepMind 创始人戴密斯·哈萨比斯（Demis Hassabis）提出，朝着"创造解决世界上一切问题的通用人工智能"这一目标前进；微软在 2017 年 7 月成立了包括 100 多位感知、学习、推理、自然语言理解等方面科学家的通用人工智能实验室，挑战谷歌 DeepMind；脸书（Facebook）的人工智能实验室也定位于解决类人智能水平的通用人工智能。从人脑中寻求启发，模拟人脑的自主性和多模态协同，在机理层实现自然智能，是从专用人工智能走向通用人工智能的重要路径。

（二）类脑智能

人脑是最高级、自主能力最强的智能系统，人脑和生物神经系统结构、神经信息处理机制和认知机理对智能计算模型和智能机器研制具有重要的启发。借鉴脑科学和认知科学的研究成果，研究从智能产生机理和本质出发的新型智能计算模型与方法，实现具有脑神经信息处理机制和类人智能行为与智能水平的智能系统。在美国、欧盟、日本等国家和地区纷纷启动的脑计划中，类脑智能已成为核心目标之一。英国工程与自然科学研究理事会（EPSRC）发布了

《类人计算战略路线图》（*A Strategy Roadmap for Human-like Computing*），并启动类脑智能研究计划。

（三）脑智融合

人工智能（或机器智能）和人类智能各有所长，因此需要取长补短，融合多种智能模式的脑智融合技术在未来有广阔的应用前景。脑智融合得到了美国脑计划、Facebook 的"脑机语音文本界面"、埃隆·马斯克（Elon Musk）的人脑芯片嵌入和脑机接口计划、加州理工陈天桥雒芊芊脑科学研究学院等政府、企业、学校和个人的高度关注。脑智融合的目标是构建一个双向闭环的，既包含生物体又包含人工智能电子组件的有机系统。其中，生物体组织可以接收人工智能体的信息，人工智能体可以读取生物体组织的信息，两者无缝交互。同时，生物体组织实时反馈人工智能体的改变，反之亦然。这需要聚焦生物与机器感知、行为层的融合，借助脑机接口技术，通过研究感知-运动整合过程中大脑信息的输入输出表征与编解码，实现感知和行为层的双向闭环脑机融合，构建混合智能的行为与感知增强。

（四）对抗博弈

对抗博弈（包括人-机、机-机博弈）的智能决策研究涉及不完全信息博弈、深度强化学习、多智能体协调优化等学科领域，是一个综合性、复杂性、挑战性很大的人工智能研究领域。在 AlphaGo 和德州扑克 AI 成功的基础上，开展应用于对抗博弈和智能决策的深度强化学习方法、理论和应用，重点解决高动态、规则多维、小样本数据下的不完全信息博弈问题，将不完全信息动态博弈、多智能体协同优化和深度强化学习的策略优化组合，为对抗复杂博弈场景中的智能决策提供了可行的思路。

三、发展战略与对策

信息技术和产业的发展史就是新老巨头历史更迭抢位布局 IT 生态的过程，从传统 IT（information technology，以微软、英特尔、甲骨文等为代表）、（移动）互联网 IT（internet technology，以 Google、Facebook、高通、ARM 等为代表）到人工智能 IT（intelligent technology），如何在新 IT 时代打造自主可控的人工智能创新生态是我国人工智能发展面临的当务之急。

2017年7月20日，国务院发布了《新一代人工智能发展规划》，为我国人工智能科技和产业发展指明了方向。我们应把握人类社会从信息化进入智能化阶段的历史机遇期，前瞻布局人工智能产业和智能社会发展量大面广的战略性、前沿性、基础性的创新理论和关键技术，重点突破人工智能系统的核心器件、高端芯片和基础软件（简称"人工智能核高基"）。同时，在基础理论方面取得原始创新以支撑人工智能核高基的技术领先，在应用方面坚持需求牵引，加快推进人工智能技术向创新性消费场景和不同行业快速渗透融合，并重塑整个社会发展。具体的战略部署和总体布局可以总结为"基础突破、打造生态、需求牵引"。

（一）基础突破

人工智能应用形态众多，但数据处理的难点主要集中在语音、图像、语言等非结构化形态的大数据上。这一轮人工智能突破就是源于深度学习及在语音和图像中的应用，需要继续突破小数据、无监督、低功耗、知识迁移等更加通用的人工智能基础模型的探索，需要继续突破博弈与决策、激励机制与涌现、群体协同智能等复杂性理论和方法等，借鉴脑科学研究成果创建类脑认知功能计算模型，把跨媒体感知和语言理解作为基础突破的标志性方向。

（二）打造生态

物联网时代支撑高效能、大规模应用的人工智能新核高基将成为核心共性技术，并成为产业竞争的焦点和高地。人工智能建立在低功耗的物联网基础上，需要重点突破极低功耗的核心器件、视听等感知芯片、神经网络处理等高端芯片、基础人工智能操作系统和应用开发环境等。中国要通过新的核高基战略在巨头云集的人工智能生态圈抢占一席之地。

（三）需求牵引

我国经济社会的转型升级对人工智能有着重大需求，在消费场景和行业应用的需求牵引下，需要打破人工智能的感知瓶颈、交互瓶颈和决策瓶颈，建设若干标杆性的应用场景创新，实现低成本、高效益、广范围的普惠型智能社会。如何把现有技术与社会各行各业（如城市医疗、金融、文化、农业、交通、能源、物流、制造、安全、服务、教育等）融合提升在一起，并研究解决应用基础研究问题,是当前人工智能面临的最大挑战。与行业融合具有相当的壁垒,需要信息化水平、人才、技术和政策支撑。

此外,建议加强人工智能人才培养和引进,高度重视人工智能的社会影响,尽早制定法律规范以保障人工智能科技和产业应用健康发展。

第二节　信息材料与器件子领域

王　曦

(中国科学院上海微系统与信息技术研究所)

一、国内外研究与实践进展

21世纪是以信息产业为核心的知识经济时代,信息产业已经成为衡量一个国家经济发展和综合国力的重要标志之一。随着以硅半导体为基础的集成电路进入后摩尔时代,信息技术进入多元化发展阶段,新材料、新器件、新制造技术有望成为取得信息电子技术未来发展的关键因素。本文主要从以下8个方面阐述国内外在信息材料与器件领域的进展和发展趋势。

(一)传感器技术

传感器是感受被测量并按一定规律转换成可用输出信号的器件或装置。在信息获取、处理和传输三大信息技术中,作为信息获取的主要手段,传感器技术已成为信息领域的源头技术,正在获得越来越广泛的应用。传感技术是基础性、关键性和战略性高新技术,在先进制造、航天国防、资源环境和健康医药等领域都有广泛的重大需求。特别是进入21世纪,伴随着智慧地球、物联网、可穿戴装备和大数据采集等新兴信息技术的迅猛发展,传感器已成为不可或缺的关键技术。近期,美国、日本、欧洲等发达国家和地区纷纷把传感器作为"21世纪优先发展的十大顶尖技术之一"。我国的《国家中长期科学和技术发展规划纲要(2006—2020年)》《中国制造2025》等都对传感器技术发展做了重点部署。随着微纳机电系统(MEMS)技术的日益发展,微型传感器,特别是多传感器集成的组合传感器(combo sensor)和传感器融合(sensor fusion)技术近期成为应用的重点。另外，获得产品化应用的传感器种类正在从物理传感器向生化传感器推进。由于被测生化大分子和 DNA 等的结构大多处于纳米尺度，纳米生化敏感材料和纳米传感器的研究也逐步成为研发的热点，因此，我国开发先进的微纳传感器，并尽快推进其产品化应用具有重要战略意义。

（二）微纳制造技术

微纳制造是微纳电子器件、微纳传感器、光电子器件和各种微纳系统构筑的主要技术，在 21 世纪各国的科技发展中都得到了高度的重视。特别是跨越微米和纳米尺度的跨尺度微纳制造，是拓展微电子学和传感技术进入生化医疗领域的核心技术。集成电路光刻线条已经缩小到数纳米，使摩尔定律得以继续向下延伸。而在超越摩尔的另一条微型化制造道路上，需要将从微电子制造起源的由上至下（top-down）晶圆级制造拓展到不仅能集成各种固态材料和结构，而且能集成制造由下至上（bottom-up）自组装的纳米结构和生化物质，使工作对象进入分子尺度。因此，需要由下至上自组装制造实现由上至下的晶圆级图形化集成，形成异质巨集成技术。美国国防部高级研究计划局（DARPA）近年部署的多项研究都强调制造对象的整体要达到毫米级，但核心工作部分仍需保持分子和原子级的功能特性。我国需把微纳米跨尺度集成制造作为关键的极端先进制造，高度关注，并把微纳制造与信息科学和生命科学的应用联系起来，促成"生物-纳米-信息"（BNI）融合的战略大发展。

（三）柔性电子技术

柔性电子技术是在柔性、可延性塑料或薄金属基板上的电子器件制备技术，以其独特的柔性和延展性，以及高效、低成本的制造工艺，在信息、能源、医疗、国防等领域具有广阔的应用前景，如电子报纸、柔性电池、电子标签、柔性透明显示、电子皮肤等。柔性电子技术的发展目标并不是与传统硅基电子技术在高速、高性能器件领域内开展竞争，而是将实现具有大面积、柔性化和低成本特征的新型电子器件与产品。据权威机构预测，柔性电子产业 2018 年的市场规模为 469.4 亿美元，2028 年为 3010 亿美元，2011～2028 年年复合增长率为近 30%，处于长期高速增长态势。美国、日本、韩国等国已战略布局柔性电子项目，如美国利用石墨烯传感器探索大脑神经活动、滚动资助可打印的空间飞行器，日本成立先进印刷电子技术研发联盟，以印刷与薄膜技术主导印刷电子产业等。我国应抓住机遇，通过政府主导，形成柔性电子自主创新产业链，推动柔性电子技术与产业发展。

（四）瞬态电子技术

瞬态电子是指电子器件在预设时间内完成指定任务后，其物理形态和功能可以在外界指令或特定的刺激响应机制下部分或完全消失的一种全新电子技术。瞬态电子器件可在体内或环境中完全降解，最终被生物再吸收（bio-resorbable）或生态再吸收（eco-resorbable）。在传统电子技术高性能、高稳定性和高可靠性的基础上，瞬态电子技术进一步强调组成材料的生物相容性、环境友好性和可控降解性，在植入式生物芯片、智能医疗器件、无痕态势感知、信息保密伪装等军民两用关键领域具有明确的应用前景，是国际电子技术发展的重要趋势。2012 年，全球首款以生物蛋白为基底的可完全溶解瞬态电子元器件被《科学》报道，随后瞬态可溶天线（2013 年）、植入式瞬态医疗芯片（2014 年）、瞬态可溶电池（2016 年）不断涌现。然而，这些成果多由美国主导。目前，瞬态电子技术仍处于快速发展期，我国应通过政策引导，整合材料学、电子学、信息学和生命医学等优势资源，提升瞬态电子技术创新研发能力，推动我国瞬态电子行业的跨越式发展。

（五）硅基光子技术

硅基光子技术是以微电子互补金属氧化物半导体（CMOS）工艺为支撑的新兴光电子技术，主要发展芯片层面的集成光电交互系统，在信息、交通、国防等领域具有广阔的应用前景，如高速光互连、光学传感、量子计算等。其制造工艺的独特性决定了它的发展目标是建立一个集成的光电混合信息处理平台，实现大规模、高密度集成光电芯片的低成本制造，支撑新型的多功能光电子芯片的开发。目前，硅基光子处在产业初期，权威专家预测其 2020 年后将进入爆发增长期，到 2028 年形成一个约 350 亿美元的产业。目前，欧洲、美国、日本等传统半导体强国和地区已经进行战略布局，欧盟"地平线 2020 计划"资助了大量硅光子产学研项目，微电子研究中心（IMEC）作为先驱开发了大量硅光 CMOS 制造工艺；美国通过校企合作成立了集成光子制造创新机构——集成光子学研究所（AIM Photonics），推进先进硅光制造技术；日本设立了光电子融合系统基础技术开发（PECST），以验证大规模硅光电集成技术。我国在这一领域的研究虽然起步晚，但是随着自主的芯片制造工艺能力的形成，有望在政府主导下实现弯道超车，催生硅光子技术新产业链。

（六）高功率器件

目前，宽禁带半导体技术在电源模块系统应用方面面临两方面的挑战。首先是材料质量和器件的可靠性尚需完善；其次是电源模块系统应用中所需的驱动集成仍然采用硅基集成技术，其工作频率低于 500kHz，而且是针对硅基功率开关器件的开启阈值电压设计的。硅基集成驱动技术难以满足宽禁带半导体功率集成技术对高速、高 dV/dt 噪声抑制、安全阈值设计等要求。目前，美国德州仪器（TI）公司发布了针对 GaN 功率器件特性的双通道栅极驱动芯片，以及驱动芯片与功率阶半桥多芯片封装的产品。但是该驱动集成还是基于硅技术，工作频率最大为 1MHz。因此，发展全宽禁带半导体功率集成技术是提高工作频率的唯一发展趋势。中国台湾积体电路制造股份有限公司（TSMC）目前已经商业化 GaN 器件集成技术，该技术包括隔离的高、低压增强型 GaN HEMT 器件、电阻，以及肖特基二极管。另外，日本松下近几年在 GaN 功率集成技术方面取得显著突破，已经推出全集成 GaN 半桥驱动技术样板，工作频率在 3MHz 时能量转换效率仍然达到 85%，这是传统硅基技术所不能实现的。

国内研究机构已经关注到全宽禁带半导体功率集成技术的发展潜力，并开始布局该方面的研发工作。

（七）超导电子技术

超导电子学是凝聚态和信息科学交叉融合的学科，主要方向包括：①超导探测器，具有噪声低、速度快等特点，在电磁波和磁场的极限灵敏度探测中扮演着重要的角色；②超导量子比特，具有扩展性好、容易耦合集成等优点，是最具潜力的量子计算方案之一；③超导数字集成电路（SFQ），具有速度超快、功耗极低等优点，是被国际半导体技术发展路线图（ITRS）列为最有可能替代半导体集成电路的下一代通用型集成电路技术之一。目前，我国对超导量子干涉器件、纳米线单光子探测、量子比特的研究已达到国际先进水平，超导转换边界传感等的研究起步较晚，正在处于加速阶段；超导 SFQ 电路研究近期刚刚起步，但由于技术门槛高，未来充满机遇。超导电子技术已在通信、量子信息、天文等多个国家战略及学科前沿领域得以应用，目前正处在工艺水平挺进亚微米、器件走向阵列化、电路迈向规模化及多功能化的迅速发展阶段。学科和应用领域交叉的特点将在未来的超导电子技术发展中日益突出。

（八）拓扑量子技术

2005 年前后，拓扑绝缘体的发现大大拓展了拓扑量子材料领域的范围。基于拓扑绝缘体，人们又认识到磁性拓扑绝缘体、拓扑超导体、拓扑晶体绝缘体、拓扑 Kondo 绝缘体、外尔半金属等多种不同的拓扑量子物态。量子自旋霍尔效应、量子反常霍尔效应、拓扑表面态量子霍尔效应等的实现，不但成功例证了如何通过对材料拓扑性质的调控获得量子效应，而且为拓扑量子材料的广泛应用带来了希望。目前的应用主要集中在拓扑超导体及马约拉纳费米子上，它们是拓扑量子计算的关键。西方技术先进国家在拓扑量子材料研究方面投入巨大。例如，美国国防部高级研究计划局资助了数个关于拓扑绝缘体的项目。美国微软公司自 2000 年左右开始，并一直通过其量子研究（Station Q）实验室资助拓扑量子信息技术方面的研究。欧盟委员会即将启动总投资达 10 亿欧元的关于量子技术的旗舰项目，拓扑量子信息技术是其中重要的一部分。我国在拓扑量子材料方面的研究队伍也非常强大，做出了很多世界领先的工作，但在应用方面有待加大投入。

二、前沿与重点发展方向

通过分析信息材料与器件国内外的发展现状和未来信息技术趋势，并结合我国的自身学科优势和战略需求等，建议从以下方面考虑未来我国信息材料与器件的重点发展方向。

（一）基于环境能量采集的无供电传感器和无线传感节点

未来物联网和大数据的采集应用，需要在不便现场供电（或更换电池）的室外环境中大量布置监测的无线传感节点，需要将大自然环境中的其他能量（如运动、振动、温度、热量、光照、放射线、地磁、风雨等）转换为电能，所使用的是微型的能量采集器芯片。即使这样，所发的电能还是极其有限和随时间不均匀的，且不易长期存储。随着技术进步，需要打破目前无线传感器的常规信息链路，即初始信号放大、模数（A/D）转换、调理补偿、射频前端处理和无线发射等，借用 A-to-I RNA 编辑的信息压缩概念，将从环境汲取能量的采集器开发成智能的能量采集芯片，可以同时具有感知这些环境信息变化，并在预设阈值下自主识别环境事件发生的能力。换言之，在环境中不产生关注事件时休眠，在关注事件到来时才开始发电。这样发电的本身即获得了电能，也获得了所监控对象的信息，就可以自主地即时将转换的电能用于监控报警信号无线发射出去，不再需要传统的传感器和传感信号电路，用电效率显著提高，由此便实现了国际上目前畅想的零功率传感器的功能，进而获得广泛应用。

（二）晶圆级 bottom-up 自组装与 top-down 固态单元间异构图案化集成

晶圆级重复批产的 top-down 集成电路制造方式是 20 世纪兴起的人类伟大的技术革命，被公认是芯片器件产品最成功的规模制造模式，但它一般仅限于集成固态结构。随着纳米和生化科学的发展，另一种 bottom-up 分子自组装技术近期也获得了发展，具有很多奇特的纳米效应、生化乃至神经和仿生智能功能，但它一般还停留在实验室内个体操纵制作，远没有实现高度重复的批产。随着应用对集成芯片功能的要求日益复杂、智能及与生命高度相关，人们希望能用 top-down 集成的模式将 bottom-up 自组装结构与固态器件一起制造在单芯片上，实现高度巨集成的系统级芯片（或称片上系统）（SoC）。这就需要能够对 bottom-up 自组装结构进行与集成电路类似的光刻、套刻、功能互联等晶圆级图案化处理，最终使物理器件（电磁光热等）和生命结构单元在芯片上兼容一体化制作和协同工作。这一类芯片特别适合在生化传感器和仿生智能传感器开发、人脑与计算机接口和神经控制等领域广泛应用。

（三）柔性电子系统

传统硅基芯片和电子器件由于采用硬质基底，极大地限制了电子产品的延展性、柔韧性、灵活性和应用领域。发展柔性电子技术，实现电子产品向超轻薄、柔性化、可穿戴、高集成化发展，是当前功能信息器件的发展趋势。基于柔性传感、电路、显示、能源和通信功能集成的柔性电子系统，覆盖了从材料体系、器件构架、工艺制程、封装技术等全链条的科学与技术创新，实现了电子器件在应力应变等条件下的作用和实现方式，是拓展传统半导体器件应用的潜在技术。预计通过 15 年左右的研究，可以阐明柔性电子设计和原理，突破材料、结构、工艺和集成的挑战，实现高性能的柔性电子器件与系统，形成柔性电子国家战略性新兴支柱产业，推动以物联网和人联网为特质的智能社会变革。

（四）智能精准可溶电子器件

随着电子技术在国防军事和国民经济中的广泛应用，遗失的电子设备易导致重要信息和技术的泄露，造成重大经济损失，甚至危害国家安全。发展新型可溶电子器件，通过预先设置特异性刺激响应机制，在外界触发或相关指令的调控下，实现其物理形态和器件功能的智能转变乃至完全降解、消失，从而有效保护信息和技术安全，是当前国际电子技术的重要发展趋势。预计通过 15 年左右的研究，在满足高精度、高速度和高可靠性的基础上，阐明新型可溶电子器件的工作原理，发展涵盖材料制备、结构加工、功能集成和性能评价在内的完备的可溶电子技术体系，实现智能精准可控溶解的电子器件在战场无痕监控、信息保密与伪装，以及人体植入式可控降解生物芯片等军民关键应用场景中的实际装备，推动未来战争模式与国民电子产品消费习惯的重大变革。

（五）高速硅光网络信息技术得到广泛应用

随着诸如机器学习、量子计算、超导计算等颠覆性计算软硬件技术的出现，未来云端计算能力将毋庸置疑地得到爆发性的增长，随之带来的是日常的计算模式从个人计算机向云计算的过渡，催生全新端到端的高速、低功耗通信产业的发展。硅基光电网络信息技术全面兼容 CMOS 工艺，能够提供低成本的高速片上光电混合信息技术解决方案，将主导下一代的光互联系统，在未来互联网、物联网等云计算的终端接入领域得到广泛应用。预计未来 10~15 年，硅基光电混合芯片将全面进入信息终端，硅基高速光互联网络将承载核心的信息交互功能，实现片上、片间的 >10Tbps 的通信带宽和 >10Gbps 直连区域云计算服务器的双向通信带宽，系统层面的通信效率 <10fJ/bit。

（六）全集成宽禁带半导体功率电子技术开发成功

节能环保是半导体功率电子发展必须解决的问题之一，尤其是数据中心、通信与空间应用。在满足高速、高功率密度、高能效的基础上，新型全集成宽禁带半导体功率电子技术通过将驱动单元与功率单元全部集成在同一宽禁带半导体材料上实现系统级集成，不仅可以降低寄生效应、简化外围电路和热处理设计，而且可以最大限度地发挥宽禁带半导体功率电子高速、低功耗的优势。

（七）超导电子技术实现大规模应用

超导电子技术是超导物理和电子技术交叉的产物。超导传感器、探测器和半导体器件相比一般具有 3～5 个数量级的性能优势；超导数字电路位操作功耗低于 1aJ/bit，速度高于 100GHz，是后摩尔时代集成电路发展的重要方向；超导比特也是量子计算和拓扑量子计算的主要技术方案，可以颠覆传统信息电子技术的基础。超导器件已经在量子信息和国防等高端应用中发挥了不可替代的作用，至 2030 年，超导传感器、探测器将在量子通信、医疗仪器和矿产资源探测等领域获得规模应用，超导计算机产品有望进入市场，超导超级计算和通用超导量子计算技术有望获得突破，拓扑量子比特有望问世且多比特操控测量成为可能，超导在电子信息领域的潜能有望得到释放，并在科技发展、社会进步和国家安全中发挥重要作用。

（八）拓扑量子计算开发成功

量子计算由于其超越经典计算极限的强大运算能力，成为 21 世纪科学家追求的目标。然而，由于量子计算不可避免地与环境耦合，产生的各种噪声和错误一直没有得到很好的解决，为了彻底解决量子计算的退相干和容错问题，人们提出了一种理论上实现高效、通用量子计算的最佳途径，即拓扑量子计算。它建立在一种非阿贝尔任意子（non-Abelian anyon）基础上。由于受拓扑保护，体系不会被局部扰动所改变，交换任意两个非阿贝尔任意子，则会导致系统从一个状态变到另一个状态，这种操作的结果只依赖于两个粒子是否发生了交换，与交换过程无关。因此，这种量子门操作完全不存在"误差"，这样就在硬件层面上解决了量子计算的退相干和容错困难。之前，由于没有非阿贝尔任意子，拓扑量子计算一直停留在理论层面。随着马约拉纳费米子的被证实，人们已经开始利用这种最简单的非阿贝尔任意子来制造拓扑量子比特，在此基础上有望最终实现拓扑量子计算。

三、发展战略与对策

信息产业是国民经济的战略性、基础性支柱产业，信息材料与器件是信息产业发展的基石，决定着我国信息产业能否驱动社会经济发展，推动我国从制造大国向制造强国转变，支撑国家高新技术产业、支柱性产业、国家安全战略的可持续发展。针对我国未来信息材料与器件发展战略，建议考虑以下四个方面。

（1）持续支持以集成电路制造产业需求为牵引的传统信息材料与器件的研究，强化企业创新的主体地位和主导作用，形成一批有国际竞争力的信息产业领军企业。

（2）依托高校、科研院所等研究机构，加强前瞻性基础研究，强化原始创新、集成创新，形成信息材料与器件方面的国际引领能力。

（3）密切关注颠覆性技术创新，借鉴美国国防部高级研究计划局的创新经验，前瞻布局，大胆探索，宽容失败，鼓励跨界融合，推动信息材料与器件领域颠覆性技术的转移转化。

（4）建设一批具有国际先进水平的信息材料与器件研究开发基地，培养一支富有创新精神和开拓能力、适应产学研深度融合的复合型人才队伍，从事信息产业发展全局的基础研究和共性关键技术研究，为满足我国信息产业重大战略需求和可持续发展奠定基础。

第三节　网络与通信子领域

吴建平

（清华大学）

一、国内外研究与实践进展

目前，网络已成为世界各国的重要基础设施之一，深刻影响着各个国家的经济发展和居民日常生活，本文主要从以下五个方面探讨网络与通信领域的国内外进展和发展趋势。

（一）网络空间安全

网络空间安全关系着国家安全和社会稳定，是国家重点战略之一。概括来讲，网络空间安全包括以下四个方面。

（1）互联网安全体系结构。近年来，国外已开展了互联网安全体系结构的深入研究，对网络体系结构中的安全可信进行设计。我国则针对互联网体系结构的本质缺陷提出了多项发明创新。尽管我国已取得了有较大影响力的研究成果，但在网络空间基础理论研究方面还比较薄弱。预计未来 10～15 年，未来网络的安全体系结构将是研究的重点。

（2）虚拟化安全。目前，国外对虚拟化安全的研究主要集中在虚拟化计算安全，在虚拟机监控、隔离等方面取得了较好的研究成果。我国在虚拟化计算安全方面的研究较少，缺少前沿性的研究成果。近年来，随着网络功能虚拟化（NFV）技术的快速发展，以及未来 NFV 在实际网络中的广泛应用，NFV 的安全问题将面临新的挑战。

（3）网络安全。在网络安全研究中，国外学者关注现实中的安全问题，诸如网络基础设施安全、安全通信协议的设计、拒绝服务的监测与防范，研究方法多在于实证。而我国的研究侧重于方法理论，实证不足。预计未来 10 年，网络流量将会增加近 10 倍，如何在高速网络的海量流量中挖掘少量的异常信息，将是网络安全领域面临的严峻挑战。

（4）数据安全。近年来，国外研究主要集中在工业控制数据、云服务数据、应用软件数据等方面的访问控制、隐私保护、可信验证等方面。与国际研究相比，我国对数据安全的研究还不充分，仅在部分研究方面做了一些改进或探索性的工作，有效的数据安全防护技术缺乏。针对新的应用环境和需求，未来需要更多有效的数据安全保护机制。

（二）天地一体化网络

随着网络空间的不断融合与扩展，空、天、地、海一体化的网络逐渐显现出来。传统的天星地站式的卫星通信体制正快速向具备空间组网能力的天网地网式的卫星体制飞速转变。多种数量巨大、分布在各种轨道平面、具备全球覆盖与接入能力的互联网卫星计划和方案不断涌现，使得面向天地一体的空间路由器及其协议体系研究成为重中之重。

以美国为代表的发达国家已经建成包括同步和中低轨道的立体式空间网络，并正在采用 IP 技术，通过全球分布的地面站网络走向天地网络融合，如美国启动"空间互联网路由器"(internet routing in space, IRIS)计划。

根据互联网体系结构委员会（IAB）2016年11月7日发布的关于推进IPv6部署的最新官方正式公告，建议国际互联网工程任务组（IETF）等标准化组织停止要求新设备和新的扩展协议兼容IPv4。根据该发展趋势，未来天地一体化信息网络也将基于IPv6协议进行一体化融合。

目前，我国是按照任务规划卫星系统，空间信息系统发展呈现"烟囱式"的发展模式，各系统相对独立、专用，缺乏统一的网络协议规范，从而使得各系统之间难以有效互联互通，难以实现资源和信息共享，利用率低。此外，我国卫星与地面之间的数据传输主要依靠与地面站的直接联系或通过中继卫星转发，缺乏空间立体组网能力。由于国情不同，我国在全球部署地面站将面临极大的挑战，卫星的空间组网能力、路由关键设备及其在轨实验亟待突破。

（三）无线通信技术

我国在传统通信网络领域起步较晚，经过近30年的奋起直追，我国在这一领域实现了跨越式的发展。华为、中兴等通信设备制造企业已步入国际第一阵营，国际市场占有率已位居前列，并涌现了小米、联想、酷派等一批具有较强市场竞争力的手机终端制造企业。我国在国际标准化组织（ISO）已经拥有重要话语权，在4G/长期演进（LTE）领域的国际标准化提案位居国际前列。

但应当客观地看到，我国在信息通信技术领域的研究开发整体上仍处于跟踪状态，核心芯片方面的研发与产业化能力也与国际先进水平差距较大。云计算、大数据、物联网、智能终端等系统性的创新几乎全部源于发达国家；4G移动通信为数不多的原始创新核心技术——多输入多输出（MIMO）技术同样源于美国贝尔实验室；等等。在核心芯片研发方面，近年来我国虽然已经具备了光通信、移动通信、网络与交换核心芯片的基本研发能力，但高端芯片市场仍然被西方发达国家所占据。以移动通信手机基带处理核心芯片及应用处理器芯片为例，国内外高端手机产品大多采用美国高通公司的芯片产品，而4G移动通信手机芯片产品的市场占有率，美国高通公司更是居于垄断地位。

目前，宽带无线移动通信网络与技术的发展正处于新一轮技术与产业变革的初期。具体表现在：首先，以电信运营商为核心的应用模式正在发生深刻的变化，OTT 模式正逐渐成为产业发展的主要驱动力之一；其次，网络设备的硬件平台通用化、分布化、虚拟化正逐渐成为主要潮流，信息与通信技术（ICT）深度融合的时代即将到来，传统的电信技术产业链将面临巨大的冲击，整个行业正处于技术链和产业链重塑的重要转折期；最后，未来网络通信系统面临巨链接、巨容量、广应用的重大需求，关键技术孕育全新的突破，而体系构架则面临着潜在的革命性变革。上述发展趋势无一不预示着未来 5~10 年的信息通信技术发展将进入一个更难以预计的变革性发展时期。

（四）光传输技术

未来无线网络的承载容量将朝着大带宽（＞100MHz）、高谱效率（＞64QAM）、多天线阵列（＞256 组）方向发展，单端的天线速率承载需求已经超过 20Gb/s，成百倍数量级增长。作为信息承载的主动脉，现有的 100G 骨干传输已不能满足日益增长的数据需求。为应对即将出现容量危机和未来 10 年网络容量至少扩容 1000 倍的巨大需求，需对光通信从骨干网、接入网，扩展至短距离互联、有线互联等各个层面来探索突破性的系统技术。这些技术包括在光纤通信新频道上提供新光纤、新放大、新波段的"三新"技术，在各种光传输系统中采用新的数字信号处理技术，在光纤传输系统中引入人工智能技术，以及针对新波段光纤传输系统的新材料与新器件等。

（五）低延迟技术及应用

经过 40 多年的发展，互联网已成为人类社会的重要基础设施和国家的重要战略资源。传统的网络设计更多地关注网络吞吐量和链路利用率的提升。然而，随着在线交易、高清视频业务、部分云服务和 5G 传送承载业务等对网络延时要求苛刻的新兴业务的发展，低时延网络的研究随之进入人们的视野。多径传输、新网络传输协议等技术的出现，降低了网络传输时延，优化了传输性能。与此同时，通过利用这些技术来降低网络时延的研究也在国内外引起众多关注。在国内，华为公司提出了确定性低时延网络，为虚拟现实（VR）云游戏等时延敏感业务提供了端到端确定性低时延保障。美国的 Wowza Media Systems 有限责任公司推出了一项新的超低延迟服务，它是 Wowza 流媒体云平台的一部分，使得全球范围内流媒体传输的端到端时延不超过两秒。

二、前沿与重点发展方向

通过分析国内外的网络与通信技术的发展现状和未来趋势，结合我国当前的国情和现有资源，建议从以下五个方面考虑未来我国网络与通信技术的重点发展方向。

（一）网络空间安全

（1）未来网络安全体系结构研究。从 IPv4 到 IPv6 的迁移，以及软件定义网络、网络功能虚拟化技术的不断发展，当前互联网体系结构正面临深刻的变革。研究具有新型的安全互联网体系结构，对于保障网络与信息安全，抢占国际竞争的战略制高点具有重要意义。

（2）网络功能虚拟化安全研究。网络功能虚拟化日益受到高度关注和认可，未来 10 年网络功能虚拟化将在实际网络中得到广泛应用，研究网络功能虚拟化的安全问题是保障网络功能虚拟化技术顺利实施的前提。

（3）可进化的网络安全态势感知研究。突破在海量的正常流量中难以发觉少量的攻击流量的难题，研究网络安全态势感知理论，研制完善的网络安全态势感知系统，实现对网络空间中的异常现象自动感知，适应未来网络空间所面临的新型安全威胁。

（4）面向天地一体化网络的数据安全机制研究。随着天地一体化的网络逐渐形成，多维通信数据在天地一体化网络中不断产生。保障天地一体化网络中的海量数据的安全，提供满足不同应用需求的数据安全机制。

（二）面向天地一体的网络体系结构

从天地网络协议融合一体的需求和核心问题出发，继承互联网的技术精髓和成功经验，基于下一代互联网核心协议 IPv6，把网络真实可信作为体系结构设计的基本目标，突破天地一体化网络的网络层和传输层关键技术，开展天地一体化网络体系结构、关键技术和核心设备研究。

（1）天地一体化网络体系结构。面向空间网络、地面互联网、移动通信网络统一体系和深度融合的需求，研究和提出基于 IPv6 协议体系的天地一体化信息网络体系结构总体方案、协议体系的分层结构、各层的关键组成与各层之间的相互关系。

（2）天地融合网络统一网络层协议及高动态路由技术。面向天地融合网络统一寻址与路由选择的需求，研究互联网和空间网络的一体化路由技术，针对天基网络节点，特别是中低轨节点与地面节点之间的拓扑动态变化、卫星链路间断连通、长延迟、高误码、非对称等特性，重点开展天地一体化网络编址、多维立体化网络协议、高动态可扩展路由协议等关键技术研究，实现开销小、收敛快、自愈性强等目标，研制原理样机，确保天基网络高效、可靠、安全地实现路由寻址。

（3）天地融合网络统一传送层协议及多网系协同传送技术。空间网络具有高动态、高延迟、低可靠等特点，天地融合网络具有更大的异构性和复杂性。研究降低延迟、安全可靠和拥塞控制等传输技术，设计面向天地融合网络的新型可靠传输协议。面向天地一体化信息网络的多重立体覆盖特点，开展天地多网系协同传送技术研究，通过端到端多路径并发传送，提升一体化网络的整体传输容量和动态适变能力，从而更好地满足天地一体化网络多种应用的不同需求。

（4）天地融合网络的真实可信和安全管控技术。面向天地一体化信息网络的国防和民用并重，兼顾安全管控和开放性与国际化，从网络体系结构出发，在不破坏网络开放性和互联互通的前提下，重点开展 IPv6 定位符验证和可信标识符识别为基本"信任锚点"的网络安全管控体系结构，面向天地融合网络的 IPv6 真实源地址（定位符）验证机制，兼顾隐私保护和识别还原的（用户报文和管理报文）标识符管理、追溯和审计机制等。

（三）无线通信重大关键技术

宽带无线移动通信网络与技术研发拟解决的重大科学问题与重大技术瓶颈包括但不限于以下几个方面。

（1）探索面向 2020 年之后的新型无线移动通信体系架构和业务应用模式，扩展无线通信技术在"互联网+"、智能制造、便捷交通系统、智慧能源、高效物流等的应用范围。突破开放式网络架构关键技术，形成开源协作环境。掌握关键射频与基带芯片设计技术，建成核心关键技术应用验证示范基地，为 2020 年以后形成新的大规模产业奠定基础。

（2）突破面向巨流量、巨链接、泛应用的新型无线传输、组网、异构融合、光与无线及云计算一体化融合、新型频谱资源开发利用、能源互联智能化等关键技术,数据业务支撑能力较 4G 提升 1000～10 000 倍,无线资源利用率提升 100 倍以上。

(四)光传输技术

基于新光纤、新波段、新放大的光传输,建立以大容量传输为核心的新型光纤设计理论体系,探索可用于光通信的新波段,研发基于低损耗、高带宽的高性能光纤制造工艺、系列新型光纤产品,实现满足千公里级光传输需求的多芯少模光纤,研究基于此类特殊光纤的放大技术。

(1) 100G 后时代的数字信号处理技术。为了满足网络流量快速增长的需求,研究在光城域网、光接入网、数据中心领域的数字信号处理算法,开发支持各类光传输场景的数字信号处理芯,建立与光器件集成的光电芯片一体化平台。

(2) 人工智能在光通信的应用。从智能化角度出发,重点研究人工智能和机器学习技术在光纤网络结构优化、信道均衡、性能监测方面的应用,为未来智能化的通信系统提供保障。

(3) 新型材料和新器件。针对新波段的光纤传输,研究硅基超表面微纳结构材料的电磁响应特性与其结构参数之间的本质联系,研究电磁响应机理,开展材料微纳结构的设计研究,研发可实现高性能的硅基超表面光场调控功能验证器件。

(4) 发展 25Gb/s 及以上速率直接调制激光器(DML)和电吸收外调激光器(EAM)芯片技术,研究超高密度、超低功耗的硅光收发芯片,推进其在光网络、数据中心和 5G 宽带移动等领域的广泛应用。面向超 100Gb/s 相干光通信系统,研制 InP 基 I-Q 调制器芯片和相干接收芯片,并推进其光传输市场的应用。

(5) 发展 GaAs 系列高速和高功率 VCSEL 阵列化芯片技术,扩大其在高速数据中心光互联、3D 传感领域的规模应用。探索在硅光平台中引入Ⅲ-Ⅴ、锗硅、铌酸锂、石墨烯等新型光电材料,重点发展硅基Ⅲ-Ⅴ混合集成光芯片技术,促进这两种先进光电集成芯片技术的融合发展。

(五)低延迟技术

现有的技术思路无法满足迅速发展的电信业中诸多应用的需求,因此,超低时延的大规模网络将成为今后的重点发展方向之一。端到端时延由多段路径上的时延加和而成，仅靠单独优化某一局部的时延无法满足超低时延的要求，因此，超低时延的实现需要一系列有机结合的技术。超低时延的实现将主要遵循以下思路：一方面，要降低空中接口传输时延；另一方面，要尽可能减少转发节点，并缩短源到目的节点之间的传输距离。此外，实现超低时延还需兼顾整体，从跨层考虑和设计角度出发，使得空中接口、网络架构、核心网等不同层次的技术相互配合，让网络能够灵活应对不同业务的时延需求。

三、发展战略与对策

网络与通信不仅和国计民生息息相关，更与国家安全和国家战略紧密相连。我国未来网络与通信的发展战略建议考虑以下四个方面。

（1）加强基础研究，积极鼓励原始创新，坚持产业需求牵引，加强产学研协作，重点发展具有自主知识产权的先进技术及其关键器件，为我国网络与通信产业的升级改造和可持续发展创造条件。

（2）加强创新技术的国际标准化工作，努力实现其在世界范围内的广泛应用，提高我国在网络与通信领域的国际影响力。

（3）继承互联网的技术精髓和成功经验，基于下一代互联网核心协议IPv6，充分利用我国地面网络和卫星网络等方面的优势资源，实现对关键问题的技术突破。

（4）培养富有创新精神和能力的网络与通信人才，组建具有世界一流水平的研究团队，以国家战略需求为目标，从事具有前沿性的网络与通信关键技术的研究，保证网络与通信领域的人才储备。

第四节　计算系统与软件子领域

梅　宏
（北京大学）

一、国内外研究与实践进展

计算机与软件领域呈现蓬勃发展的态势，渗透到经济社会的各个领域，涉及的研究方向十分广泛。本文结合我国的发展情况和战略需求，聚焦到下述五个方面。

（一）人机物三元计算趋势

自第一台数字电子计算机诞生 70 多年以来，计算机与软件技术经历了三个大的发展阶段：一是 computation 阶段，主要目标是通过提高计算力来仿真自然规律和经济社会规律，以科学计算和工程模拟为典型代表，也称单机一元计算阶段；二是 communication 阶段，主要目标是通过提高连接度将人类的经济社会活动搬到赛博信息空间，实现人与人、人与机、机与机的互联通信，以电子商务和社交网络为典型代表，也称人机二元计算阶段；三是 embodiment 阶段，主要目标是提高智能性，通过赋予自然物体和人造物体以信息能力，实现人类社会（人）、信息空间（机）、物理世界（物）的无缝智能融合，以无人驾驶汽车和共享经济为典型代表，也称人机物三元计算阶段。

人机物三元计算通过信息变换优化物质运动和能量运动，以及人类社会的生产消费活动，提供更高品质的产品和服务，从而促进实体经济的数字化转型。以移动互联网为代表的人机二元计算技术已经基本定型，人机物三元计算技术则正处于涌现时期。我国抓住了人机二元计算阶段的机遇，信息消费从 2011 年的 1.3 万亿元增长到了 2016 年的 3.9 万亿元，在移动支付、社交网络等领域已进入世界领先行列。2016年发布的《国家信息化发展战略纲要》提出了今后10年的目标，即我国信息消费总量在 2020 年达到 6 万亿元、2025 年达到 12 万亿元。这需要大力发展人机物三元计算技术，包括新型的"端-网-云"硬件技术和软件技术。

（二）智能计算趋势

由于大数据和计算力的数量级增长，以深度学习和知识图谱为代表的人工智能技术取得了明显的进步，在语音和图像识别、机器翻译、大数据分析等很多应用领域获得了实用的精度和速度。针对智能计算负载的计算机与软件技术也有了明显进展，出现了张量处理单元（TPU）、"寒武纪"神经网络处理器等新型硬件和 TensorFlow、Caffe 等新型应用框架软件。

另一类智能的英文是 smart，如智能手机、智能电表、智能家庭、智能城市等，其本质是将原有的设备和系统变换成一个计算机，也称为计算机化。国际电信界的一个大动作就是网络功能虚拟化,其本质是将通信网络变换成一个计算机,通过软件提供通信网络功能,从而降低专有网络设备的昂贵成本。

这两类智能正在催生越来越多的应用,成为计算机和软件的重要负载。美国科学家认为,仅在科学计算领域,智能计算在5年之内就会催生出一个与现有高性能计算市场相当的百亿美元新市场。

我国的信息消费市场面临一个巨大的挑战,即智能不足。一个征兆是计算(IT)与通信(CT)之比远低于发达国家。根据欧洲信息技术观测站(EITO)的数据,2014年,我国的IT消费仅占ICT消费的22%,远低于美国的54%与德国的52%。也就是说,中国花1美元用于IT,就要花3.5美元用于CT。更为严重的是,这个状况从2004年以来就存在(2004年中国IT消费占ICT消费的23%),10年之后没有改善(图3-4-1)。

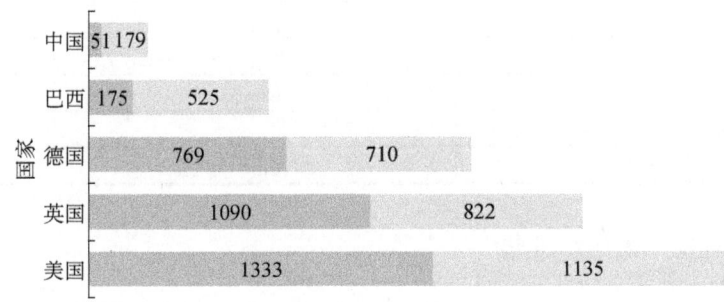

图 3-4-1　2014 年美国、英国、德国、中国与巴西 IT、CT 人均消费支出情况

(三) 生态系统趋势

计算机与软件技术越来越强调生态系统,即技术的应用环境。即使是单点技术研究,也要考虑或用于某个现有的生态系统,或创造一个新的生态系统。当前的基础软硬件主流生态,在云端是 x86+LAMP,在桌面客户端是 x86+Windows 或 x86+MacOS,在移动客户端是 ARM+iOS 或 ARM+Android。物端系统尚未出现主流生态。

基础软硬件生态系统越来越呈现开放开源的特点。例如,LAMP、iOS、Android 都是开源软件,主要的中间件也是开源的,如数据库软件 MySQL、Web 软件 Apache、机群管理软件 Mesos 等。RISC-V 是开源处理器硬件的代表。无论是在云端还是终端,尚未出现从处理器、整机、系统软件、应用框架到应用软件的全栈开源系统。

从市场角度看，我国的信息技术生态系统呈现"头重脚轻"的现象，即服务占比大于软件与硬件之和，信息产业生态发展失衡。根据 2016 年"福布斯全球企业 2000 强"的数据（表 3-4-1），中国的软件和硬件公司产生的利润只占信息技术公司总利润的 14.6%，远低于美国的 61.1%。美国有 14 家芯片公司与 14 家软件公司，中国尚无一家，因此，我国计算机技术生态系统至 2030 年的发展需要补足软件和硬件。

表 3-4-1　2016 年"福布斯全球企业 2000 强"中美信息产业领域比较

国别	领域	销售收入/亿美元	利润/亿美元	销售收入占比/%	利润占比/%
中国	服务	2 952	433	68.4	85.4
	软件	0	0	0.0	0.0
	硬件	1 365	74	31.6	14.6
	总计	4 317	507	100.0	100.0
美国	服务	7 603	823	48.1	38.9
	软件	1 741	244	11.0	11.5
	硬件	6 477	1 047	40.9	49.5
	总计	15 821	2 114	100.0	100.0

（四）高效计算系统趋势

随着摩尔定律增长变缓，靠增加主频提升性能的方法已不再可行，并行和分布式计算越来越普及，使得提升硬件和软件的开发效率与运行效率变得越来越重要，其中能效（每焦耳运算数）成为新的优化目标。已有 5 类提升效率的方法得到广泛使用，并且技术不断提升。但是，计算机与软件的效率还是较低，还有数量级的提升空间。

（1）虚拟化。在一套计算机软硬件系统上虚拟出多套计算系统，通过弹性资源共享提升系统利用率。虚拟化在云计算和大数据领域应用特别普遍。弹性资源共享代表性的前瞻研究包括低熵云计算系统、分解式体系结构（disaggregated architecture），以及 Berkeley Firebox 项目。

（2）异构计算。计算机与软件越来越多地使用新兴加速硬件，如图形处理器（GPU）、嵌入式神经网络处理器（NPU）、TPU 等 XPU、现场可编程逻辑门阵列（FPGA）等可重构芯片，以及非易失存储器（NVM）等非易失存储器芯片。软件的新进展包括针对各种类别的应用负载开发出领域专用应用框架，如大数据计算软件 Hadoop 和 Spark，深度学习软件 TensorFlow 和 Caffe。

（3）软件定义。自 OpenFlow 团队提出软件定义网络（software defined network，SDN）以来，软件定义技术已经在向计算机与软件领域拓展，出现了软件定义存储、软件定义数据中心、软件定义云计算系统等方向的研究。这类方法通过用户定义服务质量策略，并动态优化基础软硬件系统，保障策略的实现，从而提高系统效率。

（4）快速迭代。计算机和软件系统应该是可演进的，不断优化变换以满足用户的日益增长和需求，并提升开发效率和运行效率，这也是 A/B 测试、DevOps、微服务等技术日益普及的原因。

（5）跨层整合。这方面的研究以系统软件和应用框架领域最活跃，代表性进展包括 Linux 容器和 Docker 软件的流行。跨层整合不仅有利于提升运行效率，而且有利于提升部署和运维效率。

（五）自主可控技术趋势

自主可控不仅是政策或政治性的诉求，也是众多计算机与软件系统的技术目标和业务目标，尤其是质量保障和用户体验目标。几年前，我国互联网公司学习美国同行的经验，提出并成功实施"去 IOE"，即用开源和自研技术替代 IBM 计算机、Oracle 数据库、EMC 存储，是因为这些封闭系统不自主可控，阻碍了互联网公司的业务创新和科技创新。

必须具备自主可控的计算机与软件技术，才能满足人机二元计算和人机物三元计算所需要的尾延迟、可扩展性、分区容错性等用户体验需求，这也是开放开源生态系统越来越多的重要原因。

综上所述，新一代的计算机与软件的研究，需要面向至 2035 年的科技强国需求，针对人机物三元计算与智能万物互联的趋势，研究新兴的信息科技生态系统所需要的高效和自主可控的技术与系统。

二、前沿与重点发展方向

（一）按需保障质量的高效率计算机技术

（1）端到端延迟可控的端网云协同信息服务系统。端网云协同信息服务系统是指终端、网络和云端协同提供信息服务的网络计算系统。端到端延迟可控是指实现从终端到云端的全路径延迟按需可控、信息服务的用户体验可保障。研究端网云信息服务全通路管理的体系结构、区分隔离技术和调度机制,实现 99.9% 的服务请求端到端延迟可控。

（2）高通量低熵共享云计算系统。研究多种负载共享一套硬件平台的高确定性云计算系统,能够支持海量并发请求（高通量）,同时保证计算任务有序流动（低熵）,资源利用率、吞吐率与延迟均有数量级改善。

（3）能效百倍提升的高性能计算机。利用新型器件的进步,研究新型的并行计算机体系结构、高性能处理器芯片、互联网络、系统软件、计算方法,将性能功耗比（能效）从 10GFLOPs/W 提升到 TFLOPs/W。

（二）针对人机物智能的新型计算机和生态系统

（1）全开源智联网计算机。继桌面互联网、移动互联网之后,人类正在进入智能万物互联网（智联网）时代。研究针对智联网的新型计算机,包括新型的处理器体系结构、操作系统与应用开发环境,构建开放源码的处理器硬件和系统软件,成为 x86、ARM 之外的第三个全球性开放计算生态,促进智能万物互联应用的创新。

（2）能效千倍提升的可重塑处理器。研究硬件能够动态适配多种应用负载的可重塑处理器芯片,包括函数指令集体系结构、加速核指令集、可编程定制电路、功耗控制域、性能与能效协同优化机制,以及新型的编译技术和应用框架技术。与中央处理器（CPU）、现场可编程门阵列（FPGA）、图形处理器（GPU）相比,能效得到数量级提升。

（3）模拟百亿级神经元的类脑计算机。研究模拟人类大脑组织结构的计算模型,实现高性能、低功耗的智能计算机,能够模拟 100 亿个神经元的人脑规模,实现感知、认知、推理、决策能力的显著提升。

（4）存储与计算融合的新型计算机。传统的计算机体系结构,无论是冯诺依曼结构还是哈佛结构,都假设计算部件与存储部件的分离。忆阻器等新型器件的出现,使得在同一器件内既进行信息的存储又进行计算操作成为可能。攻克存储精度和计算精度差、可擦写次数有限等挑战,研制出有效利用存储与计算融合器件的新型计算机。

（5）通用智能计算机。研究具备感知计算和认知计算能力,适合于多种智能处理应用场景的计算机系统，其性能功耗比远高于"通用计算机+智能软件"构成的传统智能系统。

（三）智能化软件的开发与运行管理技术

（1）智能化软件模型。随着各种不同人工智能应用的逐渐普及，作为所有智能产生基础的软件本身也将会发生变革，其核心是如何使软件本身产生和支持智能，研究内容包括智能软件理论、智能软件可信性原理、智能软件编程语言、自演化软件模型、群智软件模型等。

（2）智能化软件开发与运行环境。研究智能化软件开发方法、开发环境和运行环境，有效提升智能化软件的开发效率与运行效率，为智能机器人、无人机、类脑计算等新型智能应用软件的开发和运行提供支撑。

（3）十万行级软件的自验证自修复技术。利用感知、学习、推理等智能技术，研究面向给定功能、内部缺陷、外部环境变化的软件的开发时自验证、运行时自修复和自优化技术，能够验证和修复十万行级别的基础软件和应用软件。

（4）软件代码自动生成和推荐。根据开发人员的需求及所处的代码上下文，自动生成可用的代码或推荐可用的技术解决方案。自动生成30%~50%的代码，在一些特定领域自动生成70%以上的代码。

（四）新型软件和生态系统

（1）终端用户编程。研究支持终端用户编程的软件开发模型、编程语言、开发和部署环境、代码自动生成技术。人机物资源全面实现软件定义。根据最终用户需求，实现人机物资源自动融合与个性化软件自动合成。

（2）泛在操作系统。研究无处不在的普适操作系统（ubiquitous operating system）的模型和架构、构建方法、性能优化，并在不同的应用模式和环境中构建相应的操作系统实例。

（3）面向大规模人机物应用的编程模型与系统。典型的人机物应用涉及大量各类器件与设备，需要不间断地进行大规模分布式在线信息处理与自动控制。支持应用工程师快速开发可靠的应用软件，应用程序只要逻辑正确，无论遇到何种常见系统故障，系统软件都能保证算法逻辑持续正常运行。

（4）联机深度学习系统（OLDP）。让成千上万的用户能够同时在同一个大数据平台上进行深度学习模型的训练，不同的用户根据自己的需要可以进行不同的标注，新增数据后进行模型的更新。

（5）能效数量级提升的数据软件。利用新型硬件，研究数据存储、查询处理和优化、事务处理、数据分析的有效机理，开发新型的数据库软件、数据分析软件、行业大型知识库软件，数量级提升性能功耗比，数据分析的功能从简单的信息获取走向目标优化。

（五）计算机与软件技术的新型应用

国家高性能计算环境的注册用户数突破 30 万人，其将全国超级计算中心连为一体，为用户提供共享的高性能计算硬件、软件和数据资源。发展高性能计算应用框架、行业软件与数据、性能分析与优化工具，高性能计算在科学研究、工程模拟、数据分析、智能计算等领域得到广泛应用。

（1）物联设备间的交易技术。采用适应大规模交易的区块链技术，实现物联设备之间的直接交易，促进不同厂商设备之间互联互通，各物联设备自身的收支优化算法有助于实现物联网范围的自动资源配置。

（2）基于区块链的分布式系统。区块链技术是一种分布式的数据库系统，以其容错能力强、扩展性强、方便的信任模型受到了广泛关注，在金融等领域已得到了初步应用。预计在区块链技术的交易速度、安全验证及应用领域还将出现大量的创新工作，在 2030 年可望在金融、商业和社会管理领域得到广泛应用。

（3）可穿戴感知计算技术与群智化感知方法。研究智能可穿戴设备，实现自我量化、关键的数据远程共享、群智化感知汇聚，形成人人拥有一件可穿戴设备、参与至少一项群体感知项目的局面。

（4）作为可交易商品的知件。知件是一种商品化的、具有标准接口的知识模块，是把软件所需的应用领域知识分离出来，单独开发而形成的规格化产品，是继软件著作权和专利之后的又一种物化的知识产权形式。知件和知识中间件的组合将促进一个新的知识产业的诞生，形成硬件、软件、知件三足鼎立的信息产业新形势。

三、发展战略与对策

（一）明确信息消费的长远目标

国务院于 2013 年和 2017 年发布了促进信息消费的意见，取得了明显的效果。应进一步制定更长远的信息消费目标，明确至 2030 年的全国人均信息消费接近德国的水平，达到人均 1.26 万元。

（二）推动科学计算先行

与发达国家相比，我国机构（即政府和企事业单位）的信息消费是短板。在科学研究和技术创新领域，我国主要采用实验的方法，计算的方法使用远远落后于发达国家。建议在研究所和大学大力发展科学计算，用计算推动科学研究、技术创新、人才培养，使科学计算领域成为机构信息消费的突破口。

（三）更加重视信息基础设施

我国的信息技术应用已取得了长足进步，应强调基础研究和核心技术突破，面向人机物智能的趋势，研究创新的计算机与基础软件技术，从根本上改变"头重脚轻"的状况。

（四）理直气壮地坚持自主可控

我国当前的信息技术领域尚未摆脱垄断和封闭系统的制约。2016 年，日本软银集团收购英国 ARM 公司后将授权费提高了 20%，这给中国再次敲响了警钟。建立自主可控的计算机软硬件生态系统，是保障国家网络空间安全和创新转型的基础。科技强国必须摆脱垄断，坚持发展自主品牌，开源开放社区，通过边际效应使得市场更加公平合理。

第五节　虚拟现实与交互子领域

赵沁平

（北京航空航天大学）

一、国内外研究与实践进展

虚拟现实是以计算机技术为核心，生成与一定范围真实环境在视、听、触感等方面近似的数字化环境。它是人类在探索自然、认识自然的过程中创造产生并逐步形成的一种用于认识自然、模拟自然，进而更好地适应和利用自然的科学方法和技术。用户借助必要的装备与其进行交互，可获得身临其境的感受和体验。VR涉及心理学、控制学、计算机图形学、计算机图像处理、计算机视觉、数据库设计、实时分布系统、电子学和多媒体等多个学科，具有较强的学科综合性和交叉性，已成为科学技术探索过程中除理论研究、科学实验之外的第三种手段。

由于VR的综合性和不可替代性，世界各国和地区均重视VR技术的战略研究。美国工程院于2008年公布了经评选产生的21世纪人类在工程技术领域所面临的14个重大挑战性问题，其中两个重要问题与VR技术密切相关。英国于2006年12月发布了2015~2020年8个新兴科学技术集群的战略报告，其中6个涉及VR的研究内容。日本政府于2007年5月发布了"创新战略2025"长期战略报告，其中的第五方面指出了VR对未来的重要性。澳大利亚政府投入11亿澳元的"超级科学计划"涵盖了三大优先领域的科研基础设施建设，其中的信息通信技术领域的主要发展方向涉及VR研究。中国于2006年颁布的《国家中长期科学和技术发展规划纲要（2006—2020年）》将VR列为信息技术领域优先支持的3个方向之一。

目前，计算机技术得到了高速发展，互联网、移动终端等改变了人类生活、工作的方式，VR正处于第三阶段前期。该阶段的标志性事件是2014年Oculus Rift头盔显示器的研制，以及Facebook以20亿美元收购Oculus。这一阶段的VR研究和应用向高端和民用两个方向拓展，特别是在民用领域得到了极大发展。为促进VR的产、学、研、用等协同发展，2015年12月成立了中国虚拟现实与可视化产业技术创新战略联盟。自2016年起，江西南昌、山东青岛、福建福州等政府部门，均开始筹备VR产业基地。VR研发热潮正在兴起，2016年更被称为"VR元年"。

自2013年以来，随着VR、增强现实（augmented reality，AR）设备（如头戴式显示器等）的质量迅速提升、价格大幅降低，VR开始普及化，从军事、航空航天等高端行业应用进入大众生活。在这样的趋势下，越来越多的科技公司将眼光投向VR，部署研发团队，并推出自己的VR创新产品，展开抢占VR产业制高点的激烈竞争，使得VR技术进入了前所未有的快速发展时期。

实现一个VR系统，大体需要四方面的技术：数据与获取、分析与建模、绘制与表现、传感与交互。这四个方面均涉及硬件平台与装置、核心芯片与器件、软件平台与工具、软硬件标准与规范。同时，VR 应用也需要结合各行业领域的应用技术，因此 VR 是学科高度综合交叉的科学技术领域，是存在许多有待解决的科学技术问题，并不断产生新科学技术问题的充满活力的新兴领域。这些技术的突破会带来 VR 应用和产业创新的巨大进展。

二、前沿与重点发展方向

（一）VR 头戴式显示的输入与交互

当前 VR 头戴式显示器存在无法看到体验者自身、输入不便和缺少与景物交互机制等问题，导致体验者身临其境的感觉受限，也易造成眩晕。因此，如何优化 VR 鼠标等便捷友好的 VR 输入方式，以及如何实现体验者肢体实时逼真的表现，并能够与虚拟场景对象进行实时交互是需要研究的问题。

（二）头戴式显示的空间计算与 AR 虚实融合及其室外化

头戴式显示虚拟场景的空间计算，包括体验者头部和位置的实时精准跟踪定位，以及 AR 头戴式显示中虚拟对象在现实空间中的位置计算与实时表现是需要进一步研究的问题。

与此相关，虚实融合是 AR 的基本问题之一，包括视频式 AR 显示中图形对象与视频图像的融合，以及光学透视式 AR 显示中图形对象与现实景物的融合。前者研究的时间比较长，后者随着光学 AR 头戴式显示的实用化，逐步成为这一方向的主流，许多问题有待解决。同时，光学透视式 AR 的室外化，包括室外大场景下的虚实融合是有待探索的一个方向。

（三）VR 全景视频的采集、制作与交互式播放

VR 全景视频的采集、制作与交互式播放技术，是基于桌面、移动终端和 Web 的 VR 视频，以及跨平台 VR 视频播放器设备进行的一系列活动。其中，如何在 VR 视频中引入几何与控制元素、增加 VR 视频的交互类型、提高其交互性是值得研究的问题。

（四）基于移动终端和互联网的 VR

基于移动终端和互联网的 VR 具有巨大的发展潜力。对于基于移动终端的

VR 而言，低计算、低存储 VR 技术、云计算 VR 技术、低延迟大数据传输与新型交互等是可创新的技术方向。对于基于互联网的 VR 而言，它需要全屏 3D 绘制、VR 设备接入与更合适的人机交互机制，以及新型浏览器标准。Web VR 将给现有浏览器和邮件系统等技术带来变革和颠覆性影响，成为互联网的新入口。

（五）物理特征的更多表现与新型物理模型

目前，虚拟对象的物理表现与物理模型研究主要集中在运动学和动力学方面。物理模型也只有粒子系统、弹簧模型、光滑粒子流体动力学（smoothed particle hydrodynamics，SPH）等少数几个方法。物质的许多物理特征，如材料特征，柔、黏、塑、流、气、场等物质对象的物理特征等，其与交互相应的实时逼真表现方面，仍存在众多理论问题需要解决。而物理模型由于计算量巨大，在具体应用时，如何实现实时性和逼真性的平衡也是需要考虑的问题。

因此，提出表现某类物理特征和物理现象的新型物理模型，构造其物理引擎及核心算法芯片（physics processing unit，PPU），可以带来原创性、平台工具性成果。

（六）进化演化模型与虚拟孪生

基于化学、生物学和生命科学的人体器官生理模型、化学模型与生物进化演化模型是有待深入研究的科学问题，可能产生新的知识型、概率型等模型类型。

现实世界中的每一个（类）对象，均可以通过构建虚拟孪生，实现与现实孪生在几何、物理、生理、进化演化等方面的高度相似。其中，人体、城市和复杂装备的虚拟孪生将成为未来发展的重点，并对医疗健康、城市规划管理和装备设计维护领域产生颠覆性影响。构造虚拟孪生，特别是可交互几何类虚拟孪生的理论与方法既是 VR，也是 AR 及混合现实（mixed reality，MR）等技术的基础。

（七）智能行为模型

随着 VR 应用领域的不断扩展，利用虚拟人（计算机生成的人）操纵实体（如飞机、车辆等）将成为 VR 系统的重要组成部分。这些智能体的行为使得 VR 系统所具有的特征从 3I（immersion，interaction，imagination）向 4I（immersion，interaction，imagination，intelligence）发展，即 VR 系统将具有更多的智能特征。该类问题的解决将有赖于人工智能技术和人脑科学的发展。

（八）力交互的柔韧感与新型自然交互机制

人与虚拟对象交互的力、触觉逼真感知的方式与机制及其设备仍然存在大量的问题，其中亟须解决的是柔韧感问题。此外，在新感知通道、温湿感、嗅觉、味觉等领域，相关探索刚刚起步，甚至还有众多问题尚未涉足。要解决该领域的问题，需要多学科交叉研究进行。

（九）协作式增强现实决策智能交互空间

增强现实与自然交互技术支持的多人协作式决策空间场景，形象地刻画了沉浸式深度协作决策的高效智能交互技术，能够极大地消除决策指挥人员与海量信息内容之间的访问屏障，提升信息感知的效果，深化人人协作关系，提高决策效率与正确性，代表着综合性智能指挥决策空间的未来。需要开展在3D透视式显示设备与2D大屏幕上的多人共享场景建模与显示、手势与实物混合的自然交互、多尺度显示设备的界面自由共享等关键技术研究，并能够开展信息呈现与交互模式和决策任务绩效关系的研究。

（十）支持临场感的交互研究

支持临场感的交互是实现沉浸感体验和自然交互的关键技术。它的突破依赖于光学、计算机、人工智能、用户体验等多个学科领域的共同推动。互联网数据中心（Internet Date Center，IDC）发布的最新报告显示，全球AR和VR行业收入将在2020年增长到1620亿美元，预计2030年将会有更大的增长。其中，支持临场感的交互技术的突破将在催生新的VR、AR产业中发挥重要的支撑作用。在国内外，该领域的技术尚处于起步阶段，需建立真三维呈现、触觉反馈等关键设备，需突破交互模型、界面范式、交互技术、软件平台等。预计到2030年，将开发出支持临场感、可长期使用的自然人机交互技术，从感知和认知层面实现VR、AR的无缝统一。

（十一）面向智能机器人的自然交互

目前，智能机器人已经逐步从专业领域走向民用。日本经济产业省（METI）预计，到2035年日本服务机器人的市场规模将超越工业机器人的市场规模，达到500亿美元。与工业机器人相比，服务机器人对智能化的要求更高，更强调人与机器人之间的自然交互和协作。在国内外，该领域的技术尚处于起步和发展阶段，需建立拟人化的机器人设备，突破交互模型、界面范式、交互技术、软件平台等。预计 2030 年，将开发出支持多任务协作、多通道自然交互的面向智能机器人的自然交互技术，实现面向航天、军事等特定领域的人与智能机器人在指挥控制、设备操控等多层面的无缝融合。

（十二）开发出可早期预警神经系统疾病的交互式智能体

神经系统疾病包括脑卒中、阿尔茨海默病、帕金森病等疾病。随着我国逐渐步入老龄化时代，神经系统疾病已逐渐上升为我国国民死亡原因的首位，同时，这些疾病发病后往往产生不可逆的后果，对老年人的生活产生很大的影响。另外，这些疾病的早期都会出现认知或运动功能的异常，如何开发出在日常生活中可感知理解这些异常的交互式智能体，进行实时非干扰预警，在疾病早期发现异常并指导诊治，具有非常重要的意义和价值。在国内外，该领域的技术尚处于起步阶段，需突破疾病机理建模、异常特征感知、动态上下文推理、智能交互和反馈等关键技术。预计 2030 年，将开发出一组可融入日常家居、办公环境等生活环境，可早期预警脑卒中、阿尔茨海默病、帕金森病等多种神经系统疾病的交互式智能体。

VR 研究与应用领域存在大量的科学技术问题。VR 是一项可能的颠覆性技术，主要体现在 5 个方面：突破目前以 2D 为主的显示，实现 3D 及未来的真三维显示；突破目前屏幕物理尺寸的局限，实现全景显示和交互体验；突破键盘、鼠标人机交互方式，实现手眼协调的人机自然交互；突破时空界限，把用户带入未来或过去的时空环境；取代现有以互联网邮件系统为主的通信交互方式，成为互联网的新入口和人际交互新环境。有助于实现上述颠覆性应用的基础理论与关键技术都应该是 VR 技术研究者所追求的目标。

三、发展战略与对策

与美国等发达国家相比，我国在虚拟现实硬件设备和软件开发平台方面相对落后；在虚拟现实理论、技术研究和内容开发方面，差距不大，大体上处于"并跑"状态。只要合理制定战略规划，积极解决存在的问题，逐步补齐短板，不断发展优势，我国就一定能在虚拟现实的某些方向成为"领跑"者，走出自己发展虚拟现实产业的道路。

（一）专项投入，加强虚拟现实基础研究和技术创新

人们对虚拟现实的未来充满期待，但要真正实现上述目标，却任重而道远。实现一个高度逼真、自然可交互且具备一定"生命力"的虚拟现实系统，面临很多基本的理论与技术问题。诸如虚拟人体、虚拟地球（包括虚拟海洋、虚拟自然现象）、虚拟生物等都存在一系列重大基础研究的创新方向和多学科交叉研究的巨大空间。国家自然科学基金应在虚拟现实领域选择科学问题集中、影响深远的重大目标设立基础研究计划或重大项目，进行原始创新，为未来"领跑"虚拟现实科技发展积蓄能量。政府有关部门应在重点战略性行业应用，在数据获取、分析建模、绘制表现、传感交互等方面，通过支持重点研发计划，抢占虚拟现实技术制高点，推动"虚拟现实+"的发展。

（二）坚持开放，推动跨界、跨域虚拟现实技术协同创新

虚拟现实学科高度交叉，其发展有赖于众多科学技术领域的进步和突破，特别是高性能计算、图形图像处理、光学工程、自然人机交互、人工智能、云计算、可穿戴设备、移动终端等。推动跨界合作和协同创新，是在虚拟现实科技领域取得重大原创成果的必由之路。

积极推进国际高校、科研院所和企业的虚拟现实技术交流与合作，充分利用国际创新资源，促进我国虚拟现实相关技术发展。支持国内企业参与全球市场竞争，积极开拓国际市场，形成一批具有国际竞争力的虚拟现实企业和产品。

（三）采取措施，加快培养培训虚拟现实研发人才

各类虚拟现实研发人才短缺是我国虚拟现实发展亟须解决的瓶颈问题。经综合统计分析，要满足虚拟现实在各行应用和产业发展的需求，我国需要数千名虚拟现实理论和关键技术研究人员，以及约 30 万名各类开发人员。建议有关部门尽快采取措施，像当年解决软件和新媒体动漫人才短缺问题那样，解决虚拟现实人才短缺问题。加强专业人才培养，建立多层次、多类型的虚拟现实专业人才培养、培训体系。鼓励高校设立虚拟现实相关专业，培养专业人才。鼓励开展跨学科人才培养，大力培养多学科复合型人才。鼓励高等院校、职业院校和企业合作，加强技能型人才培养和培训。

(四)抓住机遇,促使企业真正成为技术创新的主体

积极投入虚拟现实应用技术研发及其产业化是使相关企业真正成为技术创新主体的一个机遇和转折点。据估计,目前各类企业在虚拟现实技术研发方面的投入已经超过政府,产业转化方面的投入更是呈现爆发增长的趋势。建议有关政府部门在新的科技计划的第四类"技术创新引导专项(基金)"中以虚拟现实技术创新作为试点,启动这类科技计划,推动以企业为主体进行技术创新,形成大众消费新领域。

第六节 信息安全子领域

冯登国

(中国科学院软件研究所)

一、国内外研究与实践进展

随着信息技术的快速发展和深度应用,信息技术对世界各国的政治、经济、社会、文化都产生了巨大的影响,信息化逐渐渗透到国民生活的各个领域,信息系统已经成为整个经济社会的神经中枢,信息网络也已经成为国家的关键基础设施。当前,世界各国和地区围绕信息获取、利用和控制的竞争日趋激烈,保障国家信息安全、维护国家网络空间主权成为各国的重要议题。

近年来,全球频现重大信息安全事件,从2013年曝光的"棱镜门"到2017年暴发的蠕虫式勒索软件"WannaCry",不断提醒人们网络信息安全对于当今世界的重要性。几乎所有的信息技术和信息系统中都涉及信息安全,信息安全的研究领域十分广泛,本文主要从量子保密通信、新型密码算法、安全协议、可信计算技术、隐私保护技术、主动防御与安全自动化技术、安全服务等当前的研究热点方面探讨信息安全领域的国内外研究进展和发展趋势。

(一)量子保密通信、新型密码算法

在量子保密通信方面,2017年9月,世界首条量子保密通信干线——京沪干线开通,实现了京沪干线与"墨子号"量子科学实验卫星成功对接。随着量

子计算技术的快速发展,可高精度操纵的超导量子比特数不断提升,2017 年 5 月,世界上第一台超越早期经典计算机的光量子计算机在我国诞生。可以预见,具有实用价值的量子计算机在不久的将来会出现,其对信息安全必将产生巨大的影响。尤其是对现有的基于大数分解和离散对数问题的公钥密码体制的安全性带来严峻挑战。随着量子计算技术的快速发展,抗量子计算密码学受到学术界的广泛关注。近年来,我国学者在抗量子计算密码学方面取得了很好的进展,如基于理想格上 RLWE 困难问题设计了一种 BR 模型下可证明安全的两轮认证密钥交换协议,给出了一种新的身份编码函数和新的非交互零知识证明,在此基础上设计了一种简单、高效、RO 模型下可证明安全的群签名方案。国外学者提出了利用量子算法分析密码工作模式,以及在量子计算模型下评估传统的差分分析和线性分析的攻击能力。

在新型密码算法方面,世界各国高度重视各自在密码学领域研究水平的提高、密码算法的设计和标准化。近几年,密码设计的研究进展主要体现在轻量级密码,国际标准化组织发布了一系列轻量级密码标准,同时国际上陆续推出了几十个轻量级密码算法。美国国家标准与技术研究院(NIST)连续两年组织召开了轻量级对称密码算法工作研讨会,并发布了拟征集轻量级密码标准的草案。对轻量级算法的设计、分析、实现等方面的研究是近年来的持续研究热点。2013 年年初由 NIST 资助国际密码学研究组织发起了认证加密算法评选竞赛(CAESAR)。随着 CAESAR 竞赛的推进,认证加密算法设计及分析技术快速发展,在认证加密的安全定义、目标刻画、算法设计与分析方面的研究成为密码学领域关注的研究热点。此外,国际上在密码算法的标准化方面相继发起了众多的密码学研究项目,如 NIST 组织的杂凑算法评选项目 SHA3 计划,最终确定由比利时和意大利学者设计的 Keccak 算法成为 SHA3 标准,促进了杂凑算法设计和分析技术的快速发展,涌现出了多种新的结构和设计方法,同时催生了新的密码分析技术。2017 年 11 月,第 55 次国际标准组织/国际电工委员会(ISO/IEC)信息安全分技术委员会(SC27)会议在德国柏林召开,在此次会议上,我国研制的 SM2 与 SM9 数字签名算法成为国际标准,大大提升了我国在网络空间安全领域的国际标准化水平。

(二)安全协议、可信计算技术

安全协议为网络中的通信各方提供密钥分配、身份认证、秘密通信、可靠通信等安全保障，避免攻击者对协议运行中的敏感信息的窃听、篡改等恶意行为，是构建安全信息系统的基本要素之一。近年来，我国学者在这一领域取得了一系列重要成果，如自主研制了基于口令的匿名实体认证机制，可以达到保护用户隐私的目的，该机制已被纳入国际标准 ISO/IEC 20009-4；提出了对安全传输层协议（TLS）握手协议的多层多阶段分析方法，并得到 TLS 1.3 标准草案引用，扩大了我国在该领域的国际影响力；在并发零知识证明系统、可重置零知识论证系统等方面取得了重要进展；在安全多方计算中比特分解和秘密模运算问题等方面形成了重要研究成果；提出了一类隐式认证的 Diffie-Hellman 协议（DH 协议），基于密钥交换算法（KEA）困难问题证明其安全性，并分析了协议的隐私保护等安全性质；给出了一般 One-More 问题和 One-More CDH 问题的黑盒分离结果，证明了不能将这类问题黑盒归约到其他标准困难问题上。

终端可信是信息安全的重要基础，可信计算技术是确保终端可信的主要技术方法，通过在计算平台整体设计中引入可信计算与信息保障理念，从基础软件、核心硬件和体系结构层面解决现有安全问题，相对传统安全技术具有鲜明的特点，在平台内部信任和平台间远程信任两个方面取得了丰富成果。近年来，国内外已经在平台内部信任方面取得了丰富成果，并得到了信息技术领域的广泛关注和认可。在国外，可信计算技术的核心设备——TPM 安全芯片在全球范围内的出货数量累计已达数亿台，Linux（2.6.29 以上版本）和 Windows 10 等主要操作系统软件已经默认或强制要求启用安全存储或系统度量，戴尔、三星等主流计算机与移动终端厂商也普遍安装了可信计算设备，并采用了平台信任技术保护设备安全。在国内，政府主管部门已经制定了系列可信计算技术标准，并积极引导和扶持学术与产业发展，目前已经形成了一大批有影响力的学术成果，并基于我国特有的应用需求和密码算法等研发除了涵盖可信密码模块（trusted cryptography module，TCM）及其中间件、可信个人电脑、可信服务器之外的系列化的可信计算产品。在平台间远程信任方面，主要研究集中于远程证明协议方案，已有的代表性成果全部基于零知识证明体系构建，但各类方案在基础密码体制、证明内容、证明效率方面有所不同。该领域的另一个热点集中于可信网络。相对于传统的互联网络，可信网络在网络设备、终端设备的检验与管控方面存在明显的优势，是未来网络技术的重要发展方向。国际主流网络设备与解决方案厂商和组织，如微软、思科、TCG 等均已经推出其可信网络构建方案。我国在平台远程信任技术，特别是在远程证明协议方面的研究一直处于国际先进水平，如基于椭圆曲线密码体制的直接匿名证明协议是目前国际上安全性最好、性能最佳的方案。

（三）隐私保护技术

随着信息系统承载的信息越来越多，隐私保护越来越为人们所关注。现有隐私保护方案对用户的隐私保护需求和攻击者的能力进行了假设，其使用范围大大受限。作为一种不限定攻击者能力，且能严格证明其安全性的隐私保护框架，差分隐私保护技术的出现受到了广泛关注，并进一步扩展到客户端匿名的本地差分隐私（local differential privacy）模型。当前隐私保护方案多针对用户的某一种隐私，如保护用户轨迹数据中具体的位置隐私、保护用户社交网络数据中的社交关系隐私。但实际上，网络上的用户数据大多是复合类型的，注册信息中包含性别、年龄等身份信息，发布的微博中包含了签到地址信息，关注的人群体现了用户的社交关系。研究表明，用户的身份隐私、属性隐私、社交关系隐私等是互相联系、互相促进的，单纯地进行某一方面的匿名并不能保护用户的隐私。随着数据量的增大和数据处理能力的增强，与隐私相关的研究工作也越来越重视用户"群体"而不是"个体"的特征或行为，长期持续数据所表现出的特征也被进一步挖掘。通过用户所在的社区（community）、群组（group/sub-group）所表现出的整体特征，对个体用户未标注的特征进行预测攻击的研究进一步丰富。通过群体签名、授权等群体行为保护个体隐私的方案也逐步增加。社交关系、位置信息等属性在用户群体发现、隐私发现、推荐预测等相关研究中的作用持续受到重视。由用户长期数据积累所表现出来的模式，也成为重要的个人轮廓信息。例如，通过大量用户位置所表现出的用户移动特征、用户移动模型等也被用来进行用户重识别攻击。

（四）主动防御与安全自动化技术

由于信息系统越来越庞大，系统和软件的安全漏洞不可避免，为了改变当前网络攻击防御中的被动局面，主动防御技术成为当前研究的热点。美国国土安全部于 2011 年提出的网络安全战略规划中率先发展动态弹性防御（dynamic resiliency for security defense）能力，致力于通过多个系统维度的动态变化机制，增加系统运行的不确定性，提高攻击复杂度和开销。美国的 SCIT 实验室、IBM 沃森实验室、麻省理工学院、卡内基·梅隆大学等著名研究机构都开展了相关研究。美国军方启动了多个项目，以推动该领域的技术发展，如旨在突破网络通信端口跳变和地址跳变技术的 APOD 项目、实现网络配置动态变化的 MORPHINATOR 项目、实现跨层次网络配置动态变换的 NMC 项目等。此外，实现程序地址加载时动态变化的 ASLR 安全机制也在主流操作系统中得到了普遍应用。国内学术界也提出了拟态安全防御思想，开展基于拟态伪装的主动防御理论研究，并取得关键技术突破，所提出的动态异构冗余体制架构，能够将基于未知漏洞后门的不确定性威胁或已知的未知风险变为极小概率事件，从而抵御基于漏洞、后门等已知风险或不确定威胁。

为了提高复杂信息系统的安全水平，安全自动化的需求日益迫切。在安全自动化标准方面，NIST 提出了安全内容自动化协议（security content automation protocol，SCAP），该标准旨在将信息安全涉及的各个要素标准化，以促进安全核查、监测的自动化，实现高层信息安全法规的落地实施。工业界还提出了若干威胁情报标准，以促进威胁情报在多个发布者和使用者之间的交互和共享，减少信息语义损失和歧义，较有影响力的标准包括 IODEF、CIF、STIX、OpenIOC 等，这些标准已广泛应用于各类安全产品和服务中，有效促进了安全自动化实施。

（五）安全服务

在典型的安全服务应用方面，软件代码审计、信息系统安全等级评估、信息系统取证分析是未来亟须重点发展的方向。软件代码审计是确保软件安全的重要手段，美国国防部举办的网络超级挑战赛（CGC）已表明，通过自动化的软件代码审计可有效发现软件存在的未知和已知安全问题。此外，商用的软件代码审计工具也被用来提升软件安全性，如 Fortify SCA、Code Secure 等，微软于 2016 年推出了基于符号执行的软件代码审计云服务 SpringField。信息系统安全等级评估针对信息系统进行分等级的保护和管理，是我国信息安全建设的一项基本制度。美国率先提出了《可信计算机系统评估准则》（*Trusted Computer System Evaluation Criteria*，TCSEC），各国也相继提出了适应各自国情的等级保护准则。我国于 2007 年推出《信息安全等级保护管理办法》，正式将等级保护制度进行规模化实施。信息系统取证分析是安全威胁事后处理的重要环节，对于防范后续安全风险具有重要作用，目前主要以从终端内存、硬盘等物理载体中提取日志进行取证的技术为主。

二、前沿与重点发展方向

通过分析国内外的发展现状和未来趋势，并结合我国自身的国情特点，建议从以下几方面考虑未来我国信息安全领域的重点发展方向。

（一）新型密码理论与技术

重点研究量子计算下安全的公钥密码体制设计方法、可抗量子计算攻击的公钥密码技术，设计和完善抗量子计算攻击的相关安全协议，建立相应的工业级标准，实现抗量子计算的公钥密码算法的广泛应用。

研究量子计算下安全的对称密码体制，以满足量子计算攻击情形下的数据安全需求；研究利用量子算法的量子计算攻击对传统密码体制的分析能力；研究适用于对称密码攻击方法的新量子算法；研究现有密码分析方法在量子计算模型下的应用能力，提出抗量子密码算法设计理论；研究抗量子困难问题复杂度。

（二）量子保密通信技术

重点研究基于单光子编码模式的量子密钥分配技术和连续变量量子密钥分配技术，实现在特定需求领域的推广应用。研究仪器无关类量子密码技术，构建测量等部分设备无关的量子密钥分配体系。突破量子存储原理和技术，实现量子中继，达到200km以上实际环境的演示水平，并实现应用，研发可中继的量子密钥分配设备，实现部分应用。

（三）以密码技术为核心的数据安全保护技术

差分隐私技术的扩展研究及应用，重点研究在数据存在相关性的场景中如何应用差分隐私技术保护数据隐私，实现覆盖主流网络入口的全面无缝用户隐私保护，杜绝数据滥用和非法传播，防止公民个人信息受到不法侵害。

研究复杂数据的隐私保护技术，充分利用云计算优势和大数据积累，重点研究面向复合类型数据的用户隐私保护技术，实现多侧面、多类型数据兼容的隐私保护框架和技术，研发服务于个体的全面隐私保护方案。

研究基于大量数据的隐私保护技术，研究对抗大数据挖掘的用户隐私保护技术，抵抗未授权的攻击者对用户数据的挖掘滥用。

终端隐私问题研究，需进一步探究针对轻量级智能终端的隐私保护技术，研制具有高安全性、强隐私保护能力的智能安全终端。

（四）安全数字货币

研究新的数字货币体制和算法，完善数字货币的发行、使用、交易、回收等技术。制订完整的数字货币解决方案，研发相关的支撑技术、系统和设备。制定数字货币相关技术标准与规范，推动数字货币实际应用。

（五）自适应、自免疫主动防御技术

研究多样化软件变换编译技术，实现程序功能模块、函数及变量的加载相对地址随机化，实现等价代码的动态变换和重组运行，实现系统资源访问方式的动态变换等。

研究软件执行环境动态变换技术，实现堆栈、进程空间、硬件资源访问方式的动态变换和随机化，突破指令集合数据存储方式的随机化技术。

研究基于虚拟化技术的自清洗自免疫关键技术，实现网络服务、虚拟机、硬件服务资源、安全设备四个方面的定期自清洗，突破清洗过程中快速热迁移技术，提供高效低延迟的入侵容忍自免疫网络服务。

（六）智能、开放互联环境下的自动化安全服务技术

研究规模化的软件代码安全性审计技术，重点发展具备软件安全问题描述能力的安全内容自动化协议标准制定、包含问题成因形式化描述的软件漏洞数据库、面向海量代码的软件代码相似性快速搜索关键技术。

智能开放互联环境的电子取证技术，重点发展面向复杂异构环境的支持自动信息感知和动态决策的智能电子取证技术、匿名网络的去匿名取证技术。

研究面向开放互联网络环境下的等级保护评估关键技术，包括面向云平台、大数据、物联网、工控系统、智能终端等新场景新设备的等级保护评估技术。

（七）智能终端高可信安全技术

突破核心处理器、设备控制器、系统总线等核心设备的可信功能扩展，突破可信固件、可信引导器和可信操作系统度量架构等基础软件可信功能组件，形成涵盖全部软件层次和系统生命周期的、体系化、通用化、低成本、低功耗

的新型可信计算技术。

突破面向可信执行环境隔离的应用程序重构技术，包括软件安全敏感的代码和数据的自动识别与分析、软件安全敏感代码的兼容性重构。

突破高可信安全技术的性能瓶颈，包括降低可信执行环境与外部通信交互的损耗，提升可信与非可信状态切换的速度等。

研究抗侧信道攻击的可信安全技术，包括抵抗页面错误攻击和能量攻击等。

三、发展战略与对策

信息安全事关经济繁荣、社会稳定和国家安全，是维护国家在网络空间的主权、安全、发展利益的重要保障。我国未来信息安全领域的发展战略建议考虑以下四个方面。

（1）加强基础理论与方法研究，积极鼓励原始创新，重点发展具有自主知识产权的先进信息安全方法、技术和产品，积极参与国际相关标准规范制定，提高在相关领域的国际话语权和主导权。

（2）提高信息安全研发投入的效益，加强对信息系统关键基础设施安全保障的支持力度，充分提高信息安全核心产品研发的投入效益，大力推动核心信息系统和安全产品的国产化、自主化，增强国家关键信息系统的可靠性。

（3）大力发展网络安全防御手段，研发相应的网络安全防御设施，建设与我国国力相适应的网络空间防护力量，为维护国家网络安全提供强有力的支撑。

（4）加强信息安全人才培养和信息安全宣传教育，进一步强化网络安全学科专业建设，打造一批在各个信息安全技术领域具有国际竞争力的网络安全学院，形成有利于人才培养和技术创新的生态环境。

第七节 控制与无人系统子领域

郭 雷

（中国科学院数学与系统科学研究院）

一、国内外研究与实践进展

无人系统将成为未来发展国民经济的重要方向之一，其涉及的研究领域十分广泛，本文主要从以下4个方面探讨控制与无人系统领域的国内外进展和发展趋势。

（一）新型无人系统平台

无人系统平台一般包括无人机系统平台、陆上无人系统平台、海上无人系统平台三类。

1. 无人机系统平台

无人机系统平台作为现代战场的重要装备，已由最初仅可执行战术侦察任务发展到可执行侦察预警、电子对抗、对地打击等多种任务，也因此成为未来空中作战的主要力量。随着无人机相关技术的日趋成熟，无人机系统平台逐步向具备高度灵活性、自主性和敏捷性方向发展。在新型无人机系统平台研发方面，各军事强国开展了大量的研究工作：美国先后研制了"X-47"系列无人机、"全球鹰"远程战略无人侦察机等无人机系统平台；我国也开发了多款无人机，如"彩虹"系列无人机、"BZK-005"中高空远程无人侦察机、"翔龙"高空高速无人侦察机等。整体而言，与美国和以色列等军事强国相比，我国的无人机系统平台的自主性和智能性差距明显。

2. 陆上无人系统平台

进入21世纪，陆上无人系统平台得到了快速发展，该平台已逐渐纳入新一代武器装备体系。各国在新型陆上无人系统平台研制方面，已取得了一些阶段性研究成果，如美国的"魔爪"系列无人地面车辆机器人、"BigDog"四足机器人，以色列的"前卫"无人地面战车。我国一些高校和研究所也开展了新型陆上无人系统平台相关技术的研究，如由国产越野车改造而成的"猛狮智能1号"无人车，已可实现多车交互协同驾驶和战时人员物资输送，但我国在陆上无人系统平台技术方面依然落后于发达国家，亟待建立陆上无人系统与指挥人员，以及操控人员之间的交互机制、多机器人平台之间的协作机制，以发挥陆上无人系统的任务效能。

3. 海上无人系统平台

无人系统平台在现代化战争中的重要地位与广泛应用，使得海上无人系统平台研发成为各国海军关注的焦点。目前，国外典型的水面无人艇有美国的"斯巴达侦察兵"无人水面艇、"海上猫头鹰"无人水面艇、"海狐"无人水面艇、"天龙星"反潜战无人水面艇等；国内无人水面舰艇的发展刚刚起步，经过多年发展，也开发研制了诸如"精海"无人水面艇、"双M型"高速智能无人艇等海上无人系统平台。海上作战环境复杂多变、防御体系立体化的客观要求，亟须解决海上无人系统平台的释放回收，以及海上、水下通信等问题，开展对通信、导航与路径规划等关键技术的深入研究。

（二）全面环境感知

1. 环境实时感知与检测

无人系统的全面环境实时感知能力是建立在环境感知传感器技术的快速发展之上的。环境感知传感器一般包括视觉传感器、雷达传感器、定位导航、激光探测系统等，并已成功应用到无人系统中，如美国 Google 无人驾驶汽车的环境感知系统。国内也开展了相关的研究工作，如国防科技大学研制的"红旗 CA7460"无人驾驶汽车，已具有自主检测道路障碍物并自行更换车道的能力。由于无人系统的环境实时感知是一项难度极高的综合技术，目前尚无可独立完成全部感知功能的传感器。

2. 多源信息处理与融合

无人系统需要接收不同传感器给出的信息，在多信息处理与融合过程中必然存在多传感器非等间隔输出等问题。目前，针对惯性/卫星等组合中的器件非等间隔输出方面进行了研究，提出了解决办法：一是通过硬件方法设计时间同步装置；二是通过软件方法，使用扩展卡尔曼滤波器。例如，清华大学、北京理工大学、北京航空航天大学、西北工业大学等大学，以及中国科学院等研究院所针对无人机、无人车、无人船等运动体的组合导航信息融合问题，研究了组合导航系统的非线性滤波方法、粒子滤波、H^∞ 滤波等算法。此外，将多尺度理论与卡尔曼滤波相结合，提出多尺度滤波框架等诸多方法，已为更好地解决多源信息处理与融合中存在的问题提供了实用化思路。

（三）复杂条件下的自主决策、规划与控制

1. 机载智能自主控制

目前，无人系统的智能程度和自主水平还比较低，控制方式以操作员遥控和预编程控制为主，无法应对高度不确定的任务环境变化。以无人机系统为

例,美军"捕食者"无人机、"全球鹰"无人机的自主控制等级属于2~3级,联合无人空战系统、后续的 X47-B 无人机自主控制等级可达到 5~6 级。我国对无人机系统自主控制技术的研究尚处于初级阶段,平台缺乏较强的自主能力,无法执行诸如基于高密度防空体系的大纵深精确打击与突击等相对复杂的任务。提高无人系统的自主性和智能化水平,使其具有全面的感知、分析决策,以及与其他自主系统协作等能力,以实现减轻人力负担,降低高带宽通信需求和缩短决策周期的目标将势在必行。

2. 实时规划、重规划与监督控制

实时规划、重规划与监督控制主要解决无人系统执行任务过程中的任务计划实施,并根据突发状况进行动态任务重规划的问题,对提高无人机系统作战响应的实时性十分重要。重规划作为一个独立自主的动态决策过程,需要无人系统在收到新的传感器信息、命令、情报或遇到不可预料事件发生时,可实时动态重规划,生成新的任务计划。目前,迫切需要重点解决的问题包括:自动任务规划、快速动态任务重规划、任务管理和监督、状态监视与告警等。解决上述问题对无人系统全面环境感知能力,重规划智能判断、决策能力,以及监督控制中的通信能力等提出了更为严苛的要求。

(四)协同与交互

1. 互操作系统架构

目前,无人系统的互操作能力主要集中于报文发送层,具备实现基于标准的互操作能力。美国已提出了无人系统联合架构、4D/RCS 参考架构、自主协同和组队架构、基于 AS5684 协议的模块化架构、导航用智能架构等架构概念,其中无人系统联合架构是无人系统标准化信息架构,用于提高无人系统中子系统之间的互操作性。国内在互操作系统架构方面的研究缺乏。为实现真正即插即用级互操作能力,亟须建立一种可整合应用程序的通用开放架构模型,包括通用的接口和服务、相关的数据模型、鲁棒的/标准的数据总线、共享的信息方式,从而摆脱技术制约,可升级、互换和增加部件。

2. 多无人系统协调规划与控制

为促进多无人系统协同作战技术的发展,美国无论是在基础研究还是在实战应用经验方面都处于领先地位。美军现役无人系统在实战运用中已逐渐表现出"随从协同"特点。我国在多机协同领域也取得了较多的理论研究成果，北京理工大学开展了陆用多无人系统协同的控制与优化相关研究，但针对多平台协同作战技术的专项研究和演示验证依然较为缺乏。由于多无人系统协调规划与控制在实际环境中将面临感知、执行、通信、环境动态变化等非理想情况，因此未来将针对协同侦察、伴随保障、协同打击等任务，开展对有人/无人系统平台协同技术、领航-跟随控制技术、多无人系统平台协同技术等关键技术研究。

3. 人机智能融合

随着无人系统智能化、信息化水平的提高，人机智能融合的交互控制逐渐处于主导地位。美国已对脑电、肌电、手势、姿势、语音等交互模式开展研究，如密歇根大学运用管理控制，设计了一种智能交互设备，可理解人的意图，并将其翻译成机器命令。我国在语音控制，基于姿势的控制，以及作战命令语言控制等操控技术方面都有研究。随着语音操控技术、手势操控技术、脑机接口技术、多模式人机交互集成技术的日趋成熟，未来将可实现无人机平台间交互、无人机系统间交互、人机功能动态分配，以及战术态势、平台状态、任务协同综合显示。

二、前沿与重点发展方向

通过分析国内外的发展现状和未来趋势，并结合我国自身的技术优势、国情特点等，建议从以下 4 个方面考虑未来我国控制与无人系统的重点发展方向。

（一）新型无人系统平台

1. 新型无人机平台

解决变体无人飞行器耗油率高、载弹量小、操纵性差、起飞环境要求高、维护频繁等问题，研究气动设计、制导导航与控制一体化、姿态和位置控制、飞行模态转换控制技术，开发宽域实用型垂直起降变体无人机平台，研制新型的临近空间无人飞行器、空天往返无人飞行器、水空两栖无人飞行器也是重要的发展领域。

2. 新型陆上无人系统平台

研究复杂地形、震动、冲击载荷、灰尘、高低温下的系统结构设计与集成、高适应行走系统、针对越野环境的感知、扰动环境和高速情况下的快速规划和精确控制、自组网络通信技术，研发使用方式更加灵活多样的仿生陆上无人系统平台、面向复杂气候和危险任务的陆空两栖无人系统平台，以及具有符合多系统协同指挥与控制规范的无人平台。

3. 新型海上无人系统平台

突破恶劣海洋环境下的自主导航与定位、远距离水下通信、复杂未知环境感知和建模、智能使命和任务规划、智能健康管理与自主生存等关键技术，研制面向复杂海洋环境探测的智能海上无人系统平台。

（二）全面环境感知

发展传感器数据决策级融合技术，非结构化环境感知技术，复杂环境认知与学习技术，态势感知及评估对知识的表达、组织和利用技术，资源和时间约束下的多任务态势评估技术，以使无人系统具备传感器权重可重构能力、对失效传感器和错误数据的自适应能力、智能和自适应多源数据关联能力，进而实现无人系统的环境理解和适应。

重点研究模拟果蝇、鹰、蝙蝠等自然界中的生物视觉系统感知机理，突破新型光电成像技术和图像处理技术，开发模块化和集成化的仿生视觉弱小目标智能检测系统；重点突破基于跨平台信息共享的信息获取与信息融合技术，赋予无人系统自主式、协同式环境感知能力，以及可自重构融合集群的可伸缩性和资源优化能力，实现大规模无人系统集群在复杂多变的环境中具备灵活性、适应性的全面环境感知。

（三）复杂条件下的自主决策、规划与控制

1. 机载智能自主控制

研究自主飞行控制（包括自主起降、自主空中加油、自主返航等）、感知与回避、自主行为决策、故障预测与自修复控制、任务自适应控制技术，提高无人系统不依赖外界指令和设备支持，在不确定的环境中仅依靠自身控制设备完成规定任务的能力，实现无人系统本体高可靠智能运动。

2. 实时规划、重规划与监督控制

重点发展对抗环境下自动任务（包括航线、传感器、武器载荷、通信）规

划、快速动态任务重规划（包括控制策略选择和实时航迹规划）、智能任务管理和监督控制、任务状态监视与告警管理技术，突破无人系统执行任务过程中的任务计划实施问题，以及突发状况下的动态任务重规划问题，提高无人系统任务的响应实时性，以及无人系统高品质智能任务的执行能力。

（四）协同与交互

1. 互操作体系架构

重点研究开放式实时协同体系结构（包括通用的接口和服务、相关的数据模型、鲁棒的/标准的数据总线，以及共享信息方式、面向任务的无人系统自组织配系、冗余抗毁体系结构等）、分系统模块化、跨平台信息分发、多平台多源数据时空一致、资源管理调度技术，建立模块化、通用化、系列化与标准化的无人系统体系架构，实现跨域（包括空域、地域和海域）实体（包括无人系统、有人系统、控制单元、载荷等）间的互联互通互操作，支持有人/无人系统协同执行各种任务。

2. 多无人系统协调规划与控制

开展多无人系统任务分配与协调、多任务冲突检测与消解、多无人系统复杂任务的形式化描述与自主指令生成、多无人系统协同航路规划、容错协同控制技术、多无人系统在认知和决策层面的人工干预、编队运动协调规划与控制、集群自组织、人在回路的主动干预控制、未来网络化协同作战模式，以及以最小信息流为基础的分散化编队协同控制律研究，以低成本、高分散的组织形式满足功能需求，以去中心化自组网提升无人系统高效信息共享、抗故障与自愈能力，以功能分布化提高体系生存率和效率交换比。

3. 人机智能融合

突破人机交互技术、人机功能动态分配技术、平台状态、战术态势、任务协同综合显示技术、脑机接口技术等，研发更加方便、自然、可靠、高效和通用化的人机接口设备，促使人和计算机二者的智能有效融合，实现高效的人机协同，提高无人系统的可用性和整体作战效能。

三、发展战略与对策

无人系统具有"平台无人、系统有人"的属性和环境适应能力强、自主程度高、非接触、零伤亡、可长时间工作的特点，在军事和民用领域具有广阔的应用发展前景，是世界各国高度重视的新技术、新方向。控制技术是无人系统发展的根本基石，也是无人系统发展的重要推动力。我国未来控制与无人系统技术的发展战略建议考虑以下6个方面。

（一）借鉴国外军事强国无人系统与技术的研发模式

从宏观层面加强无人系统发展战略规划，并将其纳入装备体系中进行整体规划；持续增加投资额度，以使无人系统呈现出快速发展的态势；重视标准化和模块化，增强灵活性和通用性，提高无人系统的效率和效益；鉴于各类无人系统的成熟度不尽相同，可将最成熟的无人系统技术改进以适用于其他无人系统。

（二）依托国家大力推进的新兴技术发展规划

2017年7月，美国情报高级研究计划局发布《人工智能与国家安全》，强调"人工智能技术是国家安全的颠覆性技术"。2017年7月21日，我国国务院发布了《新一代人工智能发展规划》，规划中指出，应借助人工智能重点突破自主无人系统相关共性技术、核心技术，支撑无人系统应用和产业发展。

（三）重视系统协调发展，提高无人系统整体水平

无人系统发展涉及多个领域、多个学科中的各项相关技术，其中，平台、通信、载荷是发展无人系统的关键。需借鉴国外先进设计思想，以任务为中心，采用先进控制理论，重视平台、通信、计算、有效载荷协调发展，各方面、各环节、各因素协调联动，拓展无人系统的复杂任务功能，提高我国无人系统自主控制的整体水平。

（四）着眼交叉学科，研究颠覆性技术

无人系统是一个多输入多输出、高非线性、快时变系统，涉及控制论、人工智能、机器人学等多个学科。通过模拟自然界中的生物行为机制，突破基于仿生学的无人系统自主控制技术，无疑会给无人系统带来颠覆性的技术突破，必将引领我国无人系统自主控制技术由"跟跑"者向"并跑"者甚至"领跑"者迈进。

（五）注重系统国防应用研究，提高无人系统实战性

在安全局势日益复杂和国防战略更趋积极主动的背景下，随着国防信息化装备水平的提高，多兵种协同作战、训练推进，国防指挥调度市场规模将迎来爆发性增长，应充分利用"陆海空天电网"六位一体作战模式下的国防布局，以推进无人系统及其控制行业的增长。

（六）加强市场培育与转化，扩大无人系统的民用领域

我国民用无人系统的应用刚刚起步，主要处于项目论证和前期小规模可行性试验阶段。应加强市场培育，与用户积极沟通交流，向用户推广无人系统产品，并及时了解用户需求，尽快研制出安全、可靠、实用、价廉的无人系统，打破无人系统进入民用领域的坚冰。

第八节　微纳电子技术子领域

刘　明
（中国科学院微电子研究所）

一、国内外研究与实践进展

以微纳电子技术为基础的集成电路产业是信息社会的基石，是国家核心竞争力的体现，本文将从 7 个方面探讨微纳电子技术的国内外研究进展与发展趋势。

（一）传统 CMOS 技术

集成电路技术一直遵循摩尔定律，按比例缩小器件特征尺寸，以提高集成电路的性能和集成度。自 90nm 技术节点开始，应变硅技术、high-k 金属栅技术、鳍式场效晶体管（FinFET）和极紫外光刻等新材料和新结构已经陆续引入硅基 CMOS 集成电路产业。目前，台积电、三星、英特尔等都已开始量产 10nm CMOS 产品。在我国，中芯国际于 2017 年已经宣布投入 14nm CMOS 工艺制程的研发。台积电认为，现有的硅基 CMOS 集成电路技术发展到 3nm 不存在根本

性困难。然而，芯片设计、掩模制作成本、量子效应和光刻精度等将是传统 CMOS 技术面临的极大挑战。从国际器件与系统路线图（IRDS）可以看出，一直到 2021 年，5nm 节点 FinFET 工艺都会存在，但是从 2019 年开始就会应用新的环绕栅极晶体管结构，2024 年的 4/3nm 节点则会完全取代 FinFET 结构。扩展摩尔（more Moore）、超越摩尔（more than Moore）和超越 CMOS（beyond CMOS）的发展将成为集成电路技术的必然趋势。

（二）化合物半导体

化合物半导体具有优异的物理和电学性能，基于 GaAs、InP、GaN 和 SiC 等化合物半导体的元器件使得芯片的应用从最早的逻辑运算，逐步扩展到射频元件、激光光源和电源管理等应用领域。GaAs 基 HBT 和 HEMT 器件在移动终端的无线功率放大器和射频开关领域占据主导地位，以垂直腔面发射激光器为基础的接近传感器更适合应用于各种三度空间的感测，对于虚拟现实、增强现实的发展相当关键。InP 基器件具有高频率、低噪声等优点，是 W 波段及更高频率毫米波电路的首选。基于 GaN 的蓝绿光 LED 产业发展成熟，GaN 基 HEMT 功率器件是当前国内外极其重要的研究方向。SiC 单晶衬底制造以 4 英寸[①]为主流，并正向 6 英寸过渡，同时 8 英寸也已问世。SiC 肖特基二极管技术已成熟，并在光伏发电等领域开始替代 Si 器件，SiC-MOSFET 性能突出，可大幅降低模组中电容电感的用量。SiC-IGBT 未来将在舰船引擎、智能电网、高铁和风力发电等大功率领域得到应用。

（三）下一代光刻技术

纳米光刻是集成电路制造工艺流程中技术难度最大、成本最高的环节。随着分辨力增强技术的不断进展，浸没式 193nm 步进扫描投影光刻机的单次曝光分辨力已经达到理论极限 40nm。为了进一步缩小特征尺寸，需要采用多重图形曝光技术。通过四重图形曝光手段，集成电路特征尺寸可以达到 10nm。通过八重图形曝光手段，集成电路特征尺寸可以达到 5nm。但是，多重图形曝光导致工艺复杂（多块掩模版、多次曝光、多次刻蚀、更为复杂的图形布局拆分算法等），制造成本急剧上升，并对套刻精度提出极为苛刻的要求。为此，下一代光

---

① 1 英寸=2.54 厘米。

刻技术的发展逐渐引起集成电路制造商的兴趣。下一代光刻技术包括极紫外投影光刻、无掩模光刻、纳米压印和定向自组装技术等，预计未来 10~20 年，下一代光刻技术分辨率将突破 2nm 并投入商业应用。其中，极紫外投影光刻将克服光源功率、掩模缺陷和光刻胶灵敏度三大技术障碍，投入商业运行。结合离轴照明等分辨力增强技术，极紫外投影光刻单次曝光分辨力极限将逼近 7nm，进一步采用多重图形曝光技术，曝光分辨力极限将达到 2nm 及以下。无掩模光刻和纳米压印等其他光刻技术也将在光电子、纳机电系统等领域获得广泛应用。

（四）异质集成

采用高迁移率化合物半导体材料替代硅材料延展摩尔定律，已经成为全球微电子领域的前沿和热点，而在硅基上实现高质量化合物半导体材料一直是国内外研究的重点，这将极大降低化合物半导体器件的成本，以及实现多功能器件和电路的融合。而未来 2.5 维（2.5D）、三维（3D）、硅通孔技术（TSV）及系统级封装（SiP）等先进封装技术的引入，让晶体管级异质集成工艺成为可能，有望实现先进化合物半导体器件、其他新兴材料器件、高密度硅互补金属氧化物半导体技术的紧密结合，将复杂信号处理及自校正架构与高性能化合物半导体电子器件相结合集成到共同的衬底平台上，从而在带宽、动态范围和功耗等方面获得巨大的性能提升。国内外在单晶衬底上外延生长化合物半导体方面已经取得很多研究成果，而晶体管级异质集成则处于起步阶段。

（五）新型逻辑器件

随着集成电路特征尺寸的进一步缩小，单纯靠器件微缩来提高器件性能和集成度的技术路线已经受到基本物理原理和高功耗的限制。以新材料、新结构和新原理为特点的新型逻辑器件开始受到学术界和工业界的广泛关注。从工作原理上划分，可以分为两类：一类是基于电荷传输的新型逻辑器件，如负电容器件、原子开关器件、基于新材料（如石墨烯、碳纳米管、有机材料、二氧化钼、二硒化钨）的器件等；另一类是基于非电荷传输的新型逻辑器件，如自旋电子器件、量子器件、光子器件、极化器件、等离子器件、纳米磁畴器件、分子态和声子器件等。以自旋电子器件为例，它采用电子自旋矢量的上下两个方向来表示 0 和 1，对应传统数字集成电路中的开和关两个态。目前最先进的 10nm 技术晶体管实现足够开关比的电压为 750mV，而实现自旋反转（开关）的电压仅在 10mV 量级，这意味着芯片工作耗能将大幅减少。另外，设计出纯自旋流而不是电流的器件，从根本上解决了传统芯片中电流发热的问题。目前，自旋电子学器件在自旋注入、传输、调控、探测等环节中还有很多科学和技术难题有待解决。但是随着摩尔定理接近终结，国际各大公司和研究机构不断加大了在自旋电子学器件领域的研发力度。

（六）新型存储器件

目前的计算机系统普遍采用寄存器、内存、外存的三级存储架构，重要原因是存储器件的速度无法与逻辑器件相一致，即"存储墙"的问题。因此，发展高速、高密度、高可靠性和低成本的储存型内存（storage class memory，SCM），同时实现内存和外存的功能，是当前存储技术的发展趋势。基于非电荷存储机制的新型非易失存储技术是目前国内外的研究热点，如自旋转移力矩随机存取存储器（STTMRAM）、相变存储器（PCRAM）和阻变式存储器（RRAM）等。STT-MRAM 具有速度快、可重复性好的特点，有望取代 SRAM 和动态随机存储（DRAM），其相关研发企业包括东芝、三星、海力士等；PCRAM 的性能介于 DRAM 和 FLASH 之间，有望取代 DRAM 和 FLASH，相关研发公司包括海力士、IBM、三星等；RRAM 由于材料与 CMOS 工艺兼容，结构简单易于三维集成，以及可微缩性好，被期望成为未来高密度、大容量非易失性存储器的主流技术，因此，众多公司（如三星、美光、索尼、松下、闪迪等）均在进行相关的研发工作。除此之外，由于 RRAM 计算和存储为一体的特点，还被期望应用在类脑计算方面，是当前国内外的一个研究热点。预计通过 15 年左右的研究，阐明新型存储技术的工作原理，发展材料、结构、工艺和集成的挑战，将实现高性能的 SCM 芯片，推动计算机存储架构的变革。

（七）基于忆阻器的类脑计算系统

人脑的神经系统中，信息的存储和计算是在同一位置完成的，与基于存、算分离的传统计算系统相比，其能效具有极大的优势。虽然最近几年基于传统 CMOS 技术的类脑计算系统取得了较大的突破，但在集成规模和功耗上存在较大的挑战。忆阻器是结构简单的两端器件，在外加电激励下，其电阻具有连续可调的特性，是理想的神经突触仿生元件，为实现高密度、低功耗的类脑计算芯片提供了潜在解决方案。预计通过 15 年左右的研究，阐明忆阻器的工作原理和性能调控机制，实现忆阻器大规模集成，建立适用于忆阻器的类脑神经网络处理机制和体系架构，完善相关计算模型及算法开发，将实现基于忆阻器的类脑计算系统。

二、前沿与重点发展方向

通过分析国内外的发展现状和未来趋势，并结合我国集成电路的发展现状，建议从以下 5 个方面考虑未来我国微纳电子技术的重点发展方向。

（一）传统 CMOS 技术

重点研发基于 FinFET 和环绕栅极晶体管结构的硅基 CMOS 集成技术，形成具有自主知识产权的 10nm 及以下技术节点硅基 CMOS 集成技术。

重点研发硅基高迁移率沟道材料构建新一代低功耗 CMOS 技术，为 5nm 及以下技术节点 CMOS 技术的发展提供综合解决方案。

（二）化合物半导体

重点开展 GaN、SiC、Ga_3O_2、金刚石等新型化合物半导体材料的大面积制造技术及其应用技术。

重点开展毫米波器件与收发模块、太赫兹电子器件与成像系统、宽禁带电力电子器件与模块、垂直腔面发射激光器等方面的研究。

（三）下一代光刻技术

重点开发极紫外投影光刻三大关键技术，即功率大于 250W 且低碎屑的极紫外光源，"零缺陷"且低损伤的极紫外光刻掩模（尤其是防止颗粒污染的极紫外防护膜薄膜）和高分辨率、低线边缘粗糙度且灵敏度小于 $20mJ/cm^2$ 的极紫外光刻胶，研究高洁净低污染、长光学元件寿命、短整机维护时间的极紫外步进扫描投影光刻机集成技术。在此基础上，研发多重极紫外投影光刻工艺，满足 5nm 及以下技术节点集成电路的光刻需求。

针对化合物半导体、微纳光学、纳机电系统、光电子等领域对高分辨力光刻技术的需求，研究基于复杂衬基的多样性高分辨光刻技术，满足 10nm 及以下光刻分辨率的生产需求。

（四）异质集成

重点发展与硅 CMOS 相兼容的三维异质集成电路技术，实现高能效微系统集成。

重点发展晶圆级三维封装技术，推动毫米波通信与雷达技术的集成与小型化。

（五）新原理器件

重点发展新原理逻辑器件，包括隧穿场效应晶体管、负电容场效应晶体管、纳机电逻辑器件和自旋电子器件等。

重点发展新型存储器件，包括自旋转移力矩磁存储、相变存储器、阻变式存储器及其大规模集成技术，特别关注新原理存储器件的三维高密度集成技术。

开展忆阻器件的神经仿生功能的研发，发展研究适用于忆阻器的类脑神经网络计算的处理机制和体系架构，开发类脑计算系统的计算模型及相关算法，以此实现大规模类脑神经网络计算系统。

三、发展战略与对策

随着物联网、大数据、人工智能等信息技术的蓬勃发展，人们对高速、低功耗、高密度信息处理和存储技术的需求越来越高。然而，集成电路工艺进入亚 10nm 技术节点以后，传统逻辑和存储器性能难以通过尺寸微缩继续提升，无法满足未来信息技术的需求，集成电路产业正处于重大技术革新时期，这为我国集成电路产业的换道超车提供了难得的机遇。我国未来微纳电子技术的发展战略建议考虑以下 3 个方面。

（1）加强基础研究，鼓励原始创新。后摩尔时代，集成电路技术的发展越来越多地依靠新技术的融入和新材料的应用，加强在新材料、新结构、新原理器件的关键技术和基础问题上的投入，为我国发展具有自主可控的集成电路产业提供技术基础和智力支持。

（2）从国家层面对集成电路技术进行系统、科学的规划和布局，加大集成电路关键材料、核心装备的研发和工程化的支持力度，完善我国集成电路产业链。

（3）瞄准未来 20 年中国微电子产业的发展，建设具有世界一流的微纳电子技术研究基地，培养一支技术过硬、创新意识强的人才梯队，加强战略性、前瞻性的先进微纳电子技术和行业共性关键技术的研究，支撑我国新一代集成电路产业实现重大跨越。

第四章
信息领域关键技术展望

根据两轮德尔菲问卷调查结果和各子领域专家意见，在信息技术领域技术课题的重要程度[①]、预计实现时间、技术水平领先程度、制约因素等方面凝练专家共识，形成对信息领域的整体认知，由此遴选出 11 项对未来 2030 年我国信息领域发展至关重要的技术课题（对该 11 项技术课题的详细描述见附录 3）。具体技术课题名称和所属子领域如表 4-0-1 所示。

表 4-0-1　信息领域 11 项关键技术课题

序号	技术课题	子领域
1	智能健康监测与医疗会诊技术得到广泛应用	人工智能与智能社会
2	人工智能技术在金融管理领域得到广泛商业应用	人工智能与智能社会
3	基于多源传感融合和智能网联的无人汽车协同感知与控制得到实际应用	控制与无人系统
4	以密码技术为核心的数据安全保护方案得到广泛应用	信息安全
5	安全数字货币得到广泛应用	信息安全
6	高密度超高速无线通信技术实现广泛应用	网络与通信
7	先进机器学习技术得到突破和实际应用	人工智能与智能社会
8	1 纳米集成电路制造工艺实现量产	微纳电子技术
9	可穿戴感知计算技术与群智化感知方法得到广泛应用	计算系统与软件
10	柔性电子技术得到广泛应用	信息材料与器件
11	开发出面向智能机器人的自然交互技术	虚拟现实与交互

---

① 本项目中根据各个专家对技术课题的熟悉程度赋予不同权重，然后根据各专家对技术课题的重要度打分计算对促进经济发展、提高生活质量和保障国家安全三个维度的重要度得分，并按照三个维度等权计算综合重要度得分。在参考综合重要度得分与专家意见的基础上，遴选出信息领域在未来 2030 年至关重要的 11 项技术课题。

各子领域专家结合技术发展趋势和对应用前景的分析，对 11 项关键技术课题名称进行了部分修改，各技术课题及未来展望具体如下。

第一节　智能健康监测与医疗会诊技术得到广泛应用

王海峰

（北京百度网讯科技有限公司）

一、引言

健康是关乎国计民生的重要议题。2016 年 10 月，《"健康中国 2030"规划纲要》正式发布，并提出了"立足全人群和全生命周期两个着力点，提供公平可及、系统连续的健康服务，实现更高水平的全民健康"。随着我国人口老龄化加剧、慢性病蔓延、亚健康常态化，人们的医疗健康需求激增。而优质医疗资源紧缺且分布不平衡，医生诊疗水平参差不齐，是实现"健康中国"目标面临的严峻挑战。这就需要全面提升医疗健康发展水平，促进人民群众的健康发展和社会的全面进步。人工智能是引领这一轮科技革命和产业变革的战略性技术。"智能+医疗健康"将是人工智能在社会生活中的一个重要应用，是解决我国医疗健康问题的重要手段。

智能健康监测与医疗会诊技术是一个复杂、系统性的课题，需要连续对个体数据进行全方位和全周期采集，并对多模态数据进行整合与分析，使用疾病筛查、辅助决策等技术手段，更快、更便捷、更准确地帮助医生进行决策会诊。智能健康监测与会诊技术的发展可以为连续、精准监测多维度健康数据带来便捷，早期发现疾病风险，让"疾病治疗"到"疾病预防"成为可能，对于保障居民医疗健康、提升就医体验与居民生活幸福感，有非常重大的意义。

数据自动化的收集与预警分析将极大地提升医生的工作效率，医生将能够从繁杂的日常监测、分析等工作中抽身出来，把更多的精力专注于更有意义的领域。利用人工智能技术为会诊提供实时辅助决策依据，将提升医生尤其是基层医生的决策准确率，医生整体的水平将得到大幅提高。

通过在全社会推广智能健康监测与医疗会诊技术，能够让优质的医疗资源在基层变得更加可及，区域间医疗水平差异将被弥合。同时，全生命周期健康管理的实现，将能够让大部分疾病在早期就得到控制，极大地节省全社会的医疗支出。

二、国内外研究现状

近几年，全球各国纷纷提出"大健康""医疗大数据""智能医疗"等概念，将医疗健康提升到国家战略地位，也促进了人工智能在医疗领域的发展。2016 年 10 月，美国发布《国家人工智能研究和发展战略计划》，并于 2019 年 6 月再次更新，其中提到已制订计划推动生物医学界获得数据科学和深度学习、人工智能的技术能力，从而实现数据驱动的医疗研究。2017 年 3 月，日本发布《人工智能技术战略》，提出以医疗健康和护理作为人工智能的突破口。2017 年 10 月，英国发布《在英国发展人工智能》报告，强调辅助诊断、潜在流行病的早期发现和疾病发生率追踪、图像诊断是人工智能医疗的三大潜力领域。2018 年 5 月，法国发布《法国及欧洲人工智能赋能战略研究报告》，将医疗健康作为优先支持发展的人工智能四大领域之一，要发展个性化、预防性、预测性的医疗健康。

我国作为世界第二大经济体，于 2017 年 7 月发布了《新一代人工智能发展规划》，特别提出要在医疗健康领域发展便捷高效的智能服务。该规划指出，要"加强群体智能健康管理，突破健康大数据分析、物联网等关键技术，研发健康管理可穿戴设备和家庭智能健康检测监测设备，推动健康管理实现从点状监测向连续监测、从短流程管理向长流程管理转变""推广应用人工智能治疗新模式新手段，建立快速精准的智能医疗体系。探索智慧医院建设，开发人机协同的手术机器人、智能诊疗助手，研发柔性可穿戴、生物兼容的生理监测系统，研发人机协同临床智能诊疗方案，实现智能影像识别、病理分型和智能多学科会诊"。2019 年 6 月，《健康中国行动（2019—2030 年）》发布，其中提出"发挥市场机制作用，鼓励研发推广健康管理类人工智能和可穿戴设备，充分利用互联网技术，在保护个人隐私的前提下，对健康状态进行实时、连续监测，实现在线实时管理、预警和行为干预，运用健康大数据提高大众自我健康管理能力"。

可以看出，世界各国纷纷制定与自身国情相适应的人工智能战略，并将医疗作为其中的重点应用领域发展，尤其是智能健康监测与医疗会诊技术等是重要的技术研究领域。

（一）健康监测技术朝着便携式、多维度和智能化方向发展

随着各种监测技术的发展，个人健康数据越来越多、越来越复杂，这些数据汇聚在一起，利用人工智能技术进行分析，可以对潜在健康风险做出提示，实现前瞻性健康管理。

来自斯坦福大学的团队表示，利用可穿戴设备收集的个人数据可以检测出莱姆病、炎症甚至是胰岛素相关的重要生理指标异常[1]。此外，麻省理工学院研发了一种运用无线电波监测睡眠治疗的 AI 算法，对患者睡眠阶段分类的准确率可达 79.8%，优于基于射频信号估算方法 64% 的准确率[2]，可有效辅助睡眠失调的患者在家中安心地接受治疗和医疗观测。

在国内，兆观科技研发的无线睡眠呼吸监护仪"梦加"已经于 2017 年 4 月获得国家食品药品监督管理总局（CFDA）认证。搭载有心电记录仪功能的华米智能手表在 2018 年年初也获得了 CFDA 认证，依托其 RealBeats AI 生物数据引擎，可在设备端对心电图信号进行处理，实现心律不齐的本地识别，及时为用户发出预警，提高心脏健康监测的时效性和精确性。

（二）基于人工智能的疾病筛查趋于全面化和精确化

疾病筛查是疾病防控的有效方法之一。目前基于人工智能的疾病筛查覆盖病种逐步增多，筛查结果的准确率也在进一步提高。

在乳腺癌筛查方面，Alantari 等[3]基于 YOLO 目标检测算法[4]，先后对乳腺 X 射线图像数据进行识别正常、良性和恶性乳腺组织的研究。在基因测试与筛查方面，Zeng 等[5]使用 DNA 序列信息特征训练卷积神经网络模型对 CpG 位点的甲基化状态进行预测，并开发出工具 CpGenie 预测基因异常。Zhou 等[6]开发了一个基于深度学习的框架 Expecto，可以从 DNA 序列中精确预测已知罕见的或尚未观察到的突变，实现基因突变筛查。此外，人工智能算法在宫颈癌、肺部结节和肺癌、前列腺癌等影像筛查领域均取得了令人瞩目的成果[7-10]。目前，基于人工智能的疾病筛查工具已从技术变为现实。美国食品药品监督管理局（FDA）于 2018 年 4 月批准了世界上第一款人工智能医疗设备 IDx-DR，该设备可通过拍摄患者眼底彩照，在无专业眼科医生辅助的情况下，使用算法实现对糖尿病视网膜病变风险的评估。

国内在相关领域也开展了前沿探索和实践。在眼科疾病筛查方面，百度公

司与中山大学眼科中心合作研发了一种 AI 循证算法[11]，实现三种致盲眼底疾病（糖尿病视网膜病变、青光眼、黄斑区病变）的早期筛查，筛查性能与三甲医院眼科医生相当。Wang 等[12]开发了一种基于序列的深度学习模型，可以准确地预测给定 DNA 序列的转录因子（TF）结合强度，有望应用于检测破坏 TF 结合并导致人类疾病的变体。

（三）面向专病专科的智能医疗辅助决策逐渐接近人类医生水平

目前，人工智能技术在医疗领域的应用，主要集中在医疗辅助决策方面。

在国外，人工智能公司 DeepMind 与摩菲（Moorfields）眼科医院等机构共同研发了基于深度学习的眼科疾病诊断软件，对眼部光学相干断层扫描（OCT）图像进行分析，给出 50 种以上的眼科疾病诊断及治疗建议，准确率高达 94%，优于人类眼科专家水平[13]。2018 年，谷歌与加利福尼亚州立大学旧金山分校、斯坦福大学、芝加哥大学等知名机构联手对电子病历建模[14]，在住院病历上构建加权循环神经网络、前馈神经网络及基于时间的决策树三种模型，综合对住院患者的死亡风险、再住院风险、住院天数及出院诊断等进行预测，相比于临床传统方法，AUC 普遍提高了 0.1。

在我国，百度研究院提出"神经条件随机场"的全新病理切片分析算法，在公开数据集 Camelyon16 上，肿瘤定位 FROC 分数达到 0.8096，超过专业病理医生水平[15]。广州妇女儿童医学中心与依图科技等研究团队对儿科电子病历进行自然语言处理，并基于深度神经网络学习诊断逻辑，实现了 55 种儿科疾病的自动诊断技术，达到儿科主治医生水准[16]。2018 年 11 月，乐普医疗自主研发的心电图人工智能自动分析诊断系统 AI-ECG Platform 成为国内首项获得 FDA 批准的人工智能心电产品，其诊断项目覆盖主要的心血管疾病。

（四）新一代移动通信技术将重构诊疗与服务模式

5G 网络高速率、低时延、大连接的能力，将使人们享受到便利的智能医疗服务，如远程手术、远程实时会诊、5G 智能移动车载医疗等。Soldani 等[17]提出，针对远程手术，5G 网络要保证端到端服务（QoS）质量，即高可靠性（失败率低于 10^{-7}）和高速率（每视图原始比特率需 30～50Mb/s，或全息显示经编码后约需 1Gb/s）。

在国外，诺基亚与芬兰奥卢大学合作启动 OYS TestLab 项目，将 5G 网络运用在移动急救场景中，通过为救护车和急诊部门之间的实时数据提供通信支持，医院能够监控运送中的患者，并根据患者的患病情况提供相应的远程急救指导[18]。2019 年 2 月，沃达丰与巴塞罗那的 Clínic 医院合作成功实施了基于 5G 技术进行远程辅助的手术。

我国也启动了 5G 医疗相关的试点工作。2019 年 2 月，北京移动联合华为完成了中日友好医院 5G 室内数字化系统部署，为移动查房、移动护理、移动检测、移动会诊等应用提供了 5G 网络环境。2019 年 2 月，成都市第三人民医院专家通过 5G 与近百千米以外的蒲江县人民医院医生共同为患者进行了一场远程超声会诊，远程超声诊断系统与近端超声检查图像质量高度一致，极大提高了会诊的准确率。2019 年 3 月，全国首例基于 5G 的远程人体手术成功，医生为身处 3000km 以外的患者植入了脑起搏器。

三、待解决的关键技术问题

我们看到，人工智能在为健康监测与医疗会诊技术带来巨大的发展机遇的同时，在发展海量健康数据融合技术、完善智能医疗影像技术、通过分析和挖掘多模态健康数据帮助医生辅助决策等方面仍然有待突破。同时，医疗健康大数据还面临安全和隐私方面的挑战。

（一）健康数据融合技术

健康数据具有分散、多源异构、时序性、大规模等特点，为了更便捷、高效、可靠地运用这些数据进行分析决策，需要对其进行处理，并进行融合分析。

在健康数据的统一表示与表达标准上，关键是数据交换标准及数据融合表达模型两个方面，在保证足够轻量化并可动态扩展的条件下，面向医疗领域的语义网技术已成为研究重点。健康数据的质量直接决定基于此构建出的 AI 模型的可靠性，因此，面向大规模健康数据的自动化质控技术成为重要且极具挑战的研究方向。在数据结构化上，由于医疗很强的专业性，研究面向医疗的自然语言理解技术对健康数据中的医疗要素进行识别、属性分析和规范化处理，并将不同来源同一用户的数据映射并按时序进行聚合，仍然具有很大挑战。在统一医疗知识体系的构建上,以医疗标准术语体系为基础,面向医疗专业领域的知识图谱构建技术仍处于初级阶段,大量权威医学出版物、用户健康数据尚未经过知识化形成大规模的医疗语义网络,在此基础上构建基于知识的推理决策引擎在可解释性、效果稳定性方面尚待突破。另外,以该医疗语义网络为核心,需要突破多模语义归一技术,将异构数据向该核心进行语义链接,进一步支撑多维、多模的上层分析。

(二)智能医疗影像技术

相较于传统视觉问题,智能医疗影像分析有其特殊性,在小样本学习、可解释性探索、微小目标检测与识别等方向上仍有待突破。

随着更多智能医疗应用场景的涌现,我们越来越面临着样本数量不足且不平衡的问题。在小样本学习方面,如何利用不平衡的小样本数据设计出准确的算法是需要面临的关键挑战之一。

在可解释性方面,由于在医疗诊断流程中,临床医生需要为疾病阳性判断给出依据,而传统的深度学习算法依赖于大量的数据,驱动端对端的特征学习,这种黑盒模型缺乏可解释性,给算法的实际落地带来巨大阻碍。在可解释性算法的研究探索中,深度网络可视化热力图和领域特征融合可解释性算法是两个热点方向。

针对微小目标的检测/识别也是智能医疗影像的难点与重点。在医疗影像中,很多早期的关键病灶在整图中的分辨率占比极小,如病理图像中的肿瘤细胞、眼底彩图中的微动脉瘤等,这些病灶的占比一般都小于十万分之一[19, 20]。这些微小物体远远小于当前主流的目标检测算法所处理的目标,检测/识别这些微小目标具有重要意义。

(三)基于多模态健康数据的医疗辅助决策技术

目前,基于人工智能的医疗辅助决策技术研究主要针对文本类数据或图像数据分别建模,随着智能健康监测技术的发展,对多模联合推理分析技术的依赖也会越来越迫切。针对多模联合推理,多模态数据异构鸿沟融合和多模态知识交互推理是当前的研究热点。

多模态数据异构鸿沟是指不同模态数据特征处于不同空间,无法直接度量其间的相似性及对应关系。目前学界提出了采用子空间学习[21-23]及度量学习[24]等思路来解决该问题。但是，这些方法的学习效率受到数据规模的严重制约。另外，现阶段健康数据尚未标准化带来的不同模态间数据对应关系稀疏问题，也给多模特征融合带来巨大挑战。

多模态知识交互推理涉及两个层面：模态间知识相关性分析及高效协同推理。但是基于概率图模型的方法推理效率低[25]，而且很难建立完备的医疗知识图谱，而端对端的多模态推理中存在难以解释的问题[26]，因此，如何得到一个高效且可解释的多模态推理模型仍然任重道远，值得深入探索。

（四）数据安全和隐私保护技术

医疗健康数据具有普遍的真实性和隐私性，且具有很高的价值，所以，在共享和流通中面临着很多现实挑战。随着《健康医疗数据信息指南》《健康医疗数据安全指南》等标准的陆续制定，医疗健康数据的安全管理和隐私保护日益受到重视。

医疗健康数据因其特殊性，对安全和隐私保护的要求也有别于其他系统。为了在确保安全和隐私的前提下获取标准化、场景全面的数据支持临床科研和全民健康管理，标识隐私匿名保护、医疗数据分级保护、基于访问控制的隐私保护等技术都有待进一步发展，并且需要在存储、访问、应用等环节形成系统性的保护。如何在保护数据隐私和数据安全的前提下，利用分散在不同地方的数据来训练机器学习/深度学习模型，也成为一个迫切需要解决的问题。

四、应用前景

预计到 2030 年，智能健康监测与医疗会诊技术能够大规模应用于快速预警、精准医疗、临床决策辅助、疾病全流程管控、疾病成因量化分析、疾病暴发预测与提前干预、医疗标准修订等多个方面。

该技术将可以做到个体疾病的快速预警，实现更快速的疾病预警和预防，而不是事后的治疗；基于全面的个体数据，进行精准化的医疗方案定制，更符合患者本身的需求。

人工智能技术辅助医生诊疗，能够实现对患者的更快速、更准确治疗。特别是低年资的医生，能够真正借助人工智能的力量，提升临床决策的标准化和规范化。基于完整数据及决策分析，医生能够对患者的疾病进行全流程管控，包括诊前信息收集、诊后随访及跟进，都能够顺利实现。基于统计意义的健康大数据，能够实现疾病成因的量化分析，更好地助力新的疾病治疗方案的推出。

支持智能健康监测与会诊技术的科研与发展，并进行大规模推广，将能够大规模降低社会整体的医疗支出，减少医保浪费，还能够对疾病暴发进行提前预测，并进行提前干预，应对规模化的突发性疾病。同时，借助更全面的人工智能分析技术，可以不断修订现有医疗标准，完善医疗体系。

五、结语

人工智能与医疗健康的结合能够产生改善健康结果、提高医疗服务质量、提升患者就医体验、节约医疗成本、强化医院运营管理等多方面价值，在医疗和健康各个环节具有重要的应用价值。未来，医院服务将打破院墙与家庭和线上融合，医疗服务将由当前的重视治疗拓展到未来的主动式健康管理，各级医疗机构能够提供规范化的、精准的、体验良好的医疗服务，真正实现无处不在的全生命周期健康管理，提高全民健康水平。

参 考 文 献

[1] Li X, Dunn J, Salins D, et al. Digital Health: Tracking Physiomes and Activity Using Wearable Biosensors Reveals Useful Health-Related Information [J]. PLOS Biology, 2017, 15（1）: e2001402.

[2] Zhao M M, Yue S C, Kababi D, et al. Learning Sleep Stages from Radio Signals: A Conditional Adversarial Architecture [C]. International Conference on Machine Learning, 2017.

[3] Alantari M A, Al-masni M A, Park S U, et al. An automatic computer-aided diagnosis system for breast cancer in digital mammograms via deep belief network [J]. Journal of Medical and Biological Engineering, 2018, 38（3）: 443-456.

[4] Redmon J, Divvala S, Girshick R, et al. You Only Look Once: Unified, Real-Time Object Detection [C]. Proceedings of the IEEE Conference on Computer Vision and Pattern Recognition, 2016: 779-788.

[5] Zeng H Y, Gifford D K. Predicting the impact of non-coding variants on DNA methylation [J]. Nucleic Acids Research, 2017, 45（11）: e99.

[6] Zhou J, Theesfeld C L, Yao K, et al. Deep learning sequence-based ab initio prediction of variant effects on expression and disease risk [J]. Nature Genetics, 2018, 50（8）: 1171-1179.

[7] Bi W L, Hosny A, Schabath M B, et al. Artificial intelligence in cancer imaging: clinical challenges and applications [J]. CA: A Cancer Journal for Clinicians, 2019, 69（2）: 127-157.

[8] Asiedu M N, Simhal A, Chaudhary U, et al. Development of algorithms for automated detection of cervical pre-cancers with a low-cost, point-of-care, Pocket Colposcope [J]. IEEE Transactions on Biomedical Engineering, 2018, 66（8）: 2306-2318.

[9] Hu L, Bell D, Antani S, et al. An observational study of deep learning and automated evaluation of cervical images for cancer screening [J]. Obstetrical & Gynecological Survey, 2019, 74（6）: 343-344.

[10] Ardila D, Kiraly A P, Bharadwaj S, et al. End-to-end lung cancer screening with three-dimensional deep learning on low-dose chest computed tomography [J]. Nature Medicine, 2019, 25（6）: 954-961.

[11] Yang Y H, Yang D L, Xu Y W, et al. AI and retinal image analysis at Baidu [M]// Emanuele T, Tom M, Xu Y W. Computational Retinal Image Analysis, Tools: Applications and Perspectives. Salt Lack City: Academic Press, 2019: 405-427.

[12] Wang M, Tai C, Weinma E, et al. DeFine: deep convolutional neural networks accurately quantify intensities of transcription factor-DNA binding and facilitate evaluation of functional non-coding variants [J]. Nucleic acids Research, 2018, 46（11）: e69.

[13] De Fauw J, Ledsam J R, Romera-Paredes B, et al. Clinically applicable deep learning for diagnosis and referral in retinal disease [J]. Nature Medicine, 2018, 24（9）: 1342-1350.

[14] Rajkomar A, Oren E, Chen K, et al. Scalable and accurate deep learning with electronic health records. npj Digital Medicine, 2018, 1（1）: 18.

[15] Yi L, Wei P. Cancer Metastasis Detection with Neural Conditional Random Field [J]. 2018, arXiv preprint arXiv: 1806.07064.

[16] Liang H Y, Brian Y T, Xia H M, et al. Evaluation and accurate diagnoses of pediatric diseases using artificial intelligence [J]. Nature Medicine, 2019, 25: 433-348.

[17] Soldani D, Fadini F, Rasanen H, et al. 5G Mobile Systems for Health-care [C]. 2017 IEEE 85th Vehicular Technology Conference（VTC Spring）. Sydney, 2017: 1-5.

[18] 互联网医疗健康产业联盟. 5G时代智慧医疗健康白皮书 [R]. 2019.

[19] Zhang Z Z, Xie Y P, Xing F Y, et al. MDNet: A Semantically and Visually Interpretable Medical Image Diagnosis Network [C]. Proceedings of the IEEE Conference on Computer Vision and Pattern Recognition, 2017: 6428-6436.

[20] Dashtbozorg B, Zhang J, Huang F, et al. Retinal Microaneurysms Detection Using Local Convergence Index Features [J]. IEEE Transactions on Image Processing, 2018, 27（7）, 3300-3315.

［21］David R H，Sandor S，John S T. Canonical correlation analysis：An overview with application to learning methods［J］. Neural computation，2004，16（12）：2639-2664.

［22］Roman R，Nicole K. Overview and Recent Advances in Partial Least Squares［M］. Berlin：Springer，2005：34-51.

［23］Abhishek S，Kumar A，Daume H，et al. Generalized multiview analysis：A discriminative latent space［C］. 2012 IEEE Conference on Computer Vision and Pattern Recognition，2012：2160-2167.

［24］Roostaiyan S M，Imani E，Baghshah MS，et al. Multi-Modal Deep Distance Metric Learning. Intelligent Data Analysis［J］. Intelligent Data Analysis，2017，21（6）：1351-1369.

［25］Srivastava N，Salakhutdinov R. Learning Representations for Multim-odal Data with Deep Belief Nets［C］. International Conference on Machine Learning Workshop. 2012.

［26］Yusuf A，Carl V，Antonio T. See，Hear，and Read：Deep Aligned Representations［J］. 2017，arxiv preprint，arxiv 1706.00932.

第二节 人工智能技术在金融管理领域得到广泛商业应用

刘成林[1] 肖 京[2]

［1 中国科学院自动化研究所；2 平安科技（深圳）有限公司］

一、引言

1956年人工智能（artificial intelligence，AI）的提出标志着一个技术领域的诞生。在60多年的发展过程中，人工智能经历了三次发展高潮，分别是1956年至20世纪70年代、1980年至20世纪90年代和2006年至今。带动第三次发展高潮的主要技术是深度学习[1]，基于深度神经网络［典型的如深度卷积神经网络（CNN）[2]］结构和学习算法的创新，结合大数据和并行计算技术，带动了多数人工智能应用任务的性能大幅提升。首先是在语音和图像识别任务中取得了巨大成功，然后推广到自然语言处理、知识工程、博弈对抗等方向。人工智能技术的发展和性能提升推动了应用的发展，传统的应用（如文字识别、人脸识别、车牌识别等）由于性能提升从"不好用"变得"好用"，一些新的应用（如语言翻译、复杂开放环境的识别）从"不能用"到能被用户接受。随着人工智能理论技术的进一步发展，在社会经济和日常生活中的应用将越来越广泛。

人工智能技术在金融管理领域的应用空间巨大。金融领域在交易信息处理、客户信息管理和服务、交易预测、保险、投资风险防控等方面，由于业务模式复杂量大、数据海量且多模态混杂，需要人工智能技术的支撑。随着人工智能理论和技术的发展，视听觉感知、推理、自然语言理解、大数据分析等技术将在金融领域得到越来越广泛的应用。传统金融机构、大型互联网公司和人工智能公司纷纷布局金融领域，将人工智能技术越来越多地应用于风控、营销、运营、服务等环节，作用于银行运营、投资理财、信贷、保险和监管等多个业务场景，达到解决行业痛点、实现场景落地的目的。

二、国内外研究现状

自20世纪80年代多层神经网络学习算法成熟以来，由于其优异的数据预测能力，已开始被用于金融领域的趋势预测和风险预测[3]。近年来，随着深度学习发展和人工智能多个方向能力的快速提升，在金融领域的应用也扩展到多个方面[4]，包括文档数字化和摘要、客户服务、ATM维护、身份认证等。

下面就人工智能技术在金融管理不同环节（风控、营销、运营、服务）的应用分别介绍主要技术和应用情况。

（一）智能风控

人工智能技术通过金融大数据分析，进行智能信用评级和风险定价，可有效提升投资风险控制能力。利用神经网络和机器学习技术，能够通过数据分析处理，构建预测模型，将相关风控要素集成分析，提供更加快速、可信、客观、可靠的投资方案，与人工处理相比具有显著优势。这种基于大数据的风控技术在理财、保险、汽车金融、现金贷等金融场景中得到了广泛应用。以信贷场景为例，大数据覆盖信贷领域各个流程，贯穿获客、身份验证、关联分析和授信环节。获客环节建立用户画像，跟踪用户完整生命周期；身份验证环节通过活体识别等技术，判断申请人是否是本人；关联分析则利用图关联技术，找出欺诈团伙；授信环节汇聚多方数据源，通过建模进行风险定价，金融科技服务商输出信用评分给机构使用。

在投资风控方面，数据显示，花旗银行2012～2015年的智能投资顾问管理资产规模从0发展到290亿美元，未来将高达5万亿美元[5]。2016年下半年，全球最大的资产管理公司——贝莱德基金（BlackRock）花费 1.5 亿～2 亿美元收购理财初创公司"未来顾问"（Future Advisor）。2015 年 12 月，德意志银行推出了机器人投资顾问 Anlage Finder 等。随着互联网金融的快速发展，融资贷款欺诈成为金融风险之一。通过对目标用户的网络行为数据、授权数据、交易数据等进行行为建模和画像分析，开展风险评估分析和跟踪，进而推测融资的风险点，可及时有效地识别和防范金融风险。

近年来，智能风控中越来越多地使用微表情分析技术[6]。微表情分析通过深度学习捕捉人们在微秒瞬间发生的细微面部变化，能预警欺诈或诱骗案例，防范资金风险。平安集团金融壹账通加马（Gamma）智能微表情面审辅助系统，利用微表情识别技术，可通过远程视频实时抓取客户微小的表情变化，智能识别贷款欺诈风险，全面提升金融机构的风控水平。目前，该系统已实现十万量级 54 种微表情视频资料库的覆盖，以 30 万真实贷款面审案例为基础，确保欺诈识别准确率达到 80% 以上。

（二）智能营销

通过机器学习和数据挖掘技术，如分类、聚类、关联规则挖掘、个性化推荐、预测、神经网络、深度学习等，对营销中的大数据进行分析，挖掘有效的价值信息，可为金融服务与营销提供决策与数据支持。例如，基于语音和语义分析技术，可自动将电话银行海量通话和各种用户单据内容结构化，打上各类标签，挖掘有价值的信息；同时根据金融行业客服与客户的通话情况，可进行业务咨询热点问题梳理统计，生成知识问答库，作为后续机器自动回复客户问题的参考依据[7]。

通过对金融客户数据进行画像和关键因子分析，建立可视化模型，可以准确实现客户洞察，进行智能推荐和精细化运营。营销场景中常用的建模方法有客户画像、生命周期和推荐系统，其中客户画像和生命周期都是基于客户的历史数据，利用聚类和评分卡的方式，将客户划分为不同人群和营销阶段，从而建立多个子模型。推荐系统通过多分类模型和协同过滤，可以综合考虑用户的购买习惯和产品特性，为客户推荐最大概率购买的金融产品。基于机器学习算法，智能营销千人千面、精准触达的特性得到了广泛推崇和验证。例如，京东金融旗下的"借钱"和"银行+"平台业务，都利用京东侧的电商数据和营销渠道,帮助金融机构更好地营销贷款和理财产品,找到目标客户。

(三)智能运营

在金融业务运营中,通过多模态身份认证、票据识别、自动定损等技术,可以有效提升服务水平和业务效率。

多模态身份认证通过深度融合人脸、声纹、虹膜、掌脉等多重生物特征[8],为金融领域提供安全、高效、便捷的智能身份认证解决方案,优化金融服务流程,提高风险甄别防范能力,并且降低人工成本,提高业务效率。该技术广泛应用于银行柜台联网核查、远程视频柜员机(VTM)自助开卡、远程开户、支付结算、反欺诈管理等业务领域中,可提高银行柜台人员约 30%的工作效率,缩短客户约 40%的平均等待时间。对用户而言,多模态身份认证提高了身份信息安全、交易安全等级和业务办理便捷性。例如,招商银行推出 U-Bank X 智能客户服务产品,帮助对客户和员工等进行身份认证,全天候对各种情况进行监控;广发银行 VTM 引入人脸识别系统,辅助远程客服审核客户身份,保障业务办理的准确度和安全性;平安科技深度融合人脸、声纹识别能力,研发出一种多模态生物特征识别方法,已应用于平安集团旗下多家子公司的金融业务,如平安普惠的远程视频贷款业务、平安银行的大额资金操作业务和电话中心业务等。

金融、保险机构和企事业单位财务系统的大量票据的电子化对数据录入的精度要求很高,工作量极大。随着模式识别技术的发展,20 世纪 90 年代以来已有通过文字识别(OCR)[9,10]技术对票据自动录入的尝试。近年来,深度学习带来了 OCR 技术的升级,自动票据识别越来越受到重视和用户认可。通过票据识别,将票据图像中的文字信息自动录入系统,可节约多达 90%的人工重复工作时间。国内研发票据识别技术的机构包括汉王科技、平安科技、百度、阿里巴巴等公司,如百度 iOCR,可 5 分钟定制识别模板,一步完成票据结构化;蚂蚁金服为支付宝的证件审核系统开发的基于深度学习的 OCR 系统,使证件校核时间从 1 天缩短到 1 秒,同时提升了 30%的通过率。由于票据样式繁多且不断变化,格式自由(无模板)识别技术成为新的趋势。另外,OCR 技术还可用于一般纸质文档的电子化和自动检索、摘要等,可大幅提升办公效率。

随着移动互联网的渗透和普及,客户越来越倾向于线上服务,如何借助互联网创新科技做好理赔，赢得客户的支持和信任，已成为行业亟须解决和发展的重点。作为专业技术性较强的车辆事故理赔定损作业，平安科技已开发图片定损技术，利用深度学习技术分析车损图片，在风险可控的前提下，自动计算损失项目、损失程度、损失价格，实现一键定损赔付。目前，该项技术已覆盖99%的乘用车型、100%的外观钣金部件、23种损失形态，识别精度高达90%以上。

（四）智能服务

智能金融服务的技术形式包括智能客服、智能投顾、银行的大堂服务机器人等。同时，基于生物特征识别的自动身份认证技术用于金融服务可提升交易安全。

智能客服通过实时语音识别和语义理解，掌握客户需求，快速解决客户问题，打造个人金融助理形象，不仅能提升客户服务效率，提供24小时不间断服务，提升用户体验，而且能大幅降低支出。在国外，摩根大通采用了虚拟助理技术，该技术整合了自然语言界面，能够对员工技术服务请求作出回应。在国内，以招商银行信用卡公司为例，通过智能客服，每天为客户提供200万次以上的在线人机交互，能够解决99%的用户问题。随着人工智能技术的进步，人工客服有可能被完全取代。

智能投顾指基于大数据和机器学习技术，根据历史经验和新的市场信息来预测金融资产的价格波动趋势，并以此构建符合客户风险收益的投资组合。数据显示，2017年全球智能投顾管理资产达2264亿美元，年增长率高达78%。美国作为智能投顾的起源地，2018年智能投顾管理资产的规模达2662亿美元[11]。国内智能投顾始于2015年，目前整体智能化程度还不高。国内银行开展智能投顾的主要有招商银行"摩羯智投"、浦发银行"财智机器人"、兴业银行"兴业智投"、平安银行"智能投顾"、江苏银行"阿尔法智投"等。招商银行于2016年12月推出智能投顾产品"摩羯智投"，截至2017年6月其申购规模累计达到45亿元。广发证券"贝塔牛"截至2017年9月累计交易达17亿元，注册用户数47万。

银行大堂的服务机器人（智能前台）对客户进行咨询答疑、辅助分流，采集客户数据，完成业务办理，已在越来越多的网点得到应用。已有众多机器人公司开发银行服务机器人。微众银行打造了"微金小云"智能客服机器人，一个机器人可替代400位人工客服，如今98%的客服均由智能云客服完成，极大节约了人工成本。交通银行推出智能网点机器人"交交"，采用语音识别和人脸识别技术，可以人机进行语音交流，还可以识别熟悉客户，在网点进行客户指引，介绍银行的各类业务。

三、待解决的关键技术问题

金融领域业务处理和客户服务对人工智能技术有巨大的应用需求，然而目前由于智能技术性能的局限，只有少部分的业务需求得到了满足，大部分的业务和服务仍然需要人工处理。面向未来的应用推广，人工智能领域在感知技术、认知推理、智能人机交互等方面还有一系列关键技术问题有待解决。

（一）感知技术

目前在金融领域应用比较成功的主要是基于大数据深度学习的预测和模式（图像、语音）识别技术。基于深度学习的感知技术存在以下几个明显的不足。①依赖大量标记数据训练。当标记样本较少时，泛化性能（在未训练数据上的预测性能）不能得到保证，甚至明显低于人工识别水平。②鲁棒性较差。当训练后的神经网络模型遇到异常数据（新类别数据、干扰噪声）输入，会产生异常识别结果，影响系统稳定运行。③可解释性不足。深度神经网络的内在处理机制不透明，产生的结果不好解释，因而在高可靠性应用场合难以被用户接受。④自适应能力差。深度神经网络只对与训练数据相似的输入预测能力较好，如果等数据特性变化（如从室内图像变为室外图像），预测性能会明显下降。这些问题是目前人工智能领域的前沿研究问题，也是金融智能中感知技术要着力解决的问题。典型地，对于金融领域常用到的人脸识别和文字识别技术，当图像成像条件和视角变化，图像内容越来越复杂（混杂背景干扰）时，现有技术的识别性能下降非常明显。

（二）认知推理

基于大数据深度学习的智能技术能给出预测结果却难以作出解释，对于训练样本有限、数据结构变化复杂的场合预测性能不佳。因此，需要基于知识的结构分析和推理技术来提高预测能力和数据理解能力。基于知识图谱的知识表示和推理方法在金融领域开始受到重视。该项技术采用自然语言处理、语义理解、关系推理、机器学习、图分析等人工智能技术，通过自动更新获取互联网公开信息，自动提取非结构化数据中的关联信息，构建复杂的企业知识图谱。基于知识图谱，通过推理可衍生潜在的企业间、企业与个人间的商务交易模式，实现全方位多角度立体金融分析与风控的作用。目前，大规模知识图谱的自动构建、大规模知识推理、开放域知识推理与问答等仍是人工智能领域的前沿研究问题。

（三）智能人机交互

智能客服和智能大堂机器人应用中有大量人机交互的过程，其中涉及三种主要的智能技术：①机器通过视听觉感知来理解客户的意图和需求；②基于积累的知识，结合对客户提问的理解，通过推理产生准确的回答和服务反应；③通过对话的方式，逐步深入地理解客户需求，提供精准的回答与服务。其中，智能人机对话是最大的技术难点，也是目前人工智能领域的一个前沿研究方向。主要研究问题包括：建立对话过程的知识表示和推理模型，充分利用上下文和知识使对话流畅地持续下去；通过多模态感知，结合图像、语音、文字、表情、手势等多模态信息，提高客户意图感知的精度。

四、应用前景

随着传统金融机构、大型互联网公司和人工智能公司纷纷布局金融领域，智慧银行、智能投顾、智能投研、智能信贷、智能保险和智能监管是当前人工智能在金融领域的主要应用，分别作用于银行运营、投资理财、信贷、保险和监管等业务场景。但整体来看，人工智能在金融领域的应用仍处于初级阶段，整体运用尚不成熟。

目前应用在金融领域的人工智能相关技术主要包括机器学习、生物特征识别、自然语言处理、语音识别、文字识别和知识图谱等，仍处于起步阶段，大部分提供辅助决策的服务。但金融业务场景和技术应用场景都具有很强的创新潜力，人工智能技术的应用发展仍有很大潜力。

长远来看，人工智能技术将在金融营销、智能风控、智能投顾、智能客服等应用方面产生颠覆性影响。在金融营销方面，结合知识图谱与用户画像技术，针对用户进行精准推荐；在智能风控方面，通过对用户交易行为、信用状态、社交关系等多维度数据进行综合评判，展现用户关系网及资金流转全貌，从而完善银行整体风险管理能力，提升风控效率；在智能投顾方面，可以自动分析客户财务状况，并利用大数据分析提供量身定制的建议，还可以管理投资组合投资优质产品；在智能客服方面，通过人机交互解决用户关于产品或服务的问题。自然语言理解和多模态人机交互技术在智能客服领域有着较高的价值，未来在技术研究和应用上都有巨大的发展前景。预计到 2020 年，85%的客服工作将依靠人工智能完成。

从应用模式来看，人机混合模式将成为金融行业的主要应用模式之一，运营过程中机器智能的比例会持续增大。人工智能和人类智能各有所长，人机混合智能模式取长补短，两者相互适应、协同工作，进行双向信息交流与控制，构成"1+1＞2"的增强智能形态。在金融业务场景中，未来可利用人机混合智能进行各类投资策略、金融政策的实施效果仿真模拟，提升决策效率，提高政策落实力度。

从技术实现来看，硬件技术的发展与算法的提升，将为金融领域人工智能技术的普及应用提供更强大的基础。未来由于硬件技术的发展，可能出现多种多样的计算终端，而不仅仅局限于计算机、手机等通用设备，在芯片领域将逐步出现为特定场景定制的具有低功耗、低成本、高性能优势的专用芯片，算法芯片化、产品化将成为一种趋势。在金融领域，"数据+平台"的云服务模式将逐渐升华，"云端+终端"的计算模式将逐渐普及。

由于金融领域在数据安全、数据合规方面的特殊要求，人工智能技术在金融领域的应用也将建立行业标准，行业监管力量将逐渐形成。随着人工智能技术在金融行业的广泛应用，在探讨解决技术维度难题的同时，也要注重其社会维度的安全与平衡。未来，金融领域需要建立明确的规则，以保证人工智能技术应用的透明性和可归责性，特别要防范利用人工智能技术危害金融领域道德准则的事件发生。另外，行业还需要就如何合理限制、管理和控制人工智能所需金融数据来保障公众数据安全和隐私权进行重点研究。

五、结语

人工智能技术由于在视听觉感知、推理、自然语言理解、大数据分析预测等方面的能力，已经在金融领域得到越来越广泛的应用，应用环节包括风控、营销、运营、客服等。然而，当前以"大数据+深度学习"为主的技术在性能、鲁棒性等方面还存在很多不足，在智能感知、认知推理、人机交互等方面还有一些关键技术问题需要解决。未来预计在智能技术、计算模式、应用模式等方面将不断创新，在金融营销、智能风控、智能投顾、智能客服等应用方面产生颠覆性影响。在人和机器共存的业务与服务系统中，机器发挥的作用将越来大，大部分的重复性人工工作将被机器代替。

参 考 文 献

［1］LeCun Y，Bengio Y，Hinton G. Deep learning［J］. Nature，2015，521：436-444.

［2］LeCun Y，Bottou L，Bengio Y，et al. Gradient-based learning applied to document recognition［J］. Proc. IEEE，1998：86（11）：2278-2324.

［3］Trippi R R，Turban E. Neural Networks in Finance and Investing：Using Artificial Intelligence to Improve Real World Performance［M］. New York：McGraw-Hill Inc.，1992.

［4］Dylan A. Artificial Intelligence in Finance—a Comprehensive Overview［EB/OL］［2019-05-20］. https://emerj.com/ai-sector-overviews/artifi-cialintelligence-in-finance-a-comprehensive-overview/.

［5］花旗银行.2016年第二季度花旗银行行业研究报告［R］. 2016.

［6］Huang X，Zhao G，Hong X，et al. Spontaneous facial micro-expression analysis using Spatiotemporal Completed Local Quantized Patterns［J］. Neurocomputing，2016，175：564-578.

［7］杨涛. 人工智能在金融领域应用的初步思考［J］. 国际金融，2016（12）：24-27.

［8］Jain A K，Ross A，Pankanti S. Biometrics：a tool for information security［J］. IEEE Transactions on Information Forensics and Security，2007，1（2）：125-143.

［9］Fujisawa H. Forty years of research in character and document recognition—an industrial perspective［J］. Pattern Recognition，2008，41（8）：2453-2446.

［10］Suen C Y，Liu K，Strathy N W. Sorting and Recognizing Cheques and Financial Documents［M］//Lee S W，Nakano Y.（eds）Document Analysis Systems：Theory and Practice. Berlin：Springer，1999：173-187.

［11］埃森哲.智能投顾在中国［J］.软件和集成电路，2019，（4）：66-77.

第三节 复杂环境下的高度自主无人驾驶技术得到大规模应用

郑南宁　徐林海　孙宏滨　陈仕韬　魏　平　辛景民

（西安交通大学）

一、引言

汽车在促进经济繁荣、给人们生活带来方便的同时，也带来了日益严重的能源消耗、环境污染和交通安全等问题。世界卫生组织在《道路安全全球现状报告 2015》[1]中指出，道路交通事故是全球人类意外死亡的重要原因之一，并且是 15～29 岁人群的主要死亡原因，2013 年因全球道路交通事故死亡 125 万人。联合国《2011—2020 年道路安全行动十年全球计划》[2]指出，机动车事故造成的经济损失估计占世界各国国民生产总值的 1%～3%，总计达 5000 多亿美元。因此，利用自动化、信息化与人工智能技术增强交通运输安全和道路使用者安全受到极大关注。大力发展无人驾驶智能技术，不仅能在很大程度上减少交通事故和降低拥堵成本，而且有利于缓解能源消耗和环境污染带来的压力，并从根本上改变交通运输的形态[3]。比如，在道路安全方面，90%的交通事故是由人为因素导致的，应用无人驾驶智能技术可以极大降低人为因素带来的交通事故。在节能减排方面，如采用公路汽车编队行驶，可以降低队列中车辆的风阻，进而使车辆油耗降低 20%。通过车-车通信和智能规划，还能够极大地提高道路使用率。

美国、日本、欧盟等汽车产业发达国家和地区都将无人驾驶汽车作为汽车产业未来发展的重要方向，大力推动汽车产业的转型升级。目前，主要汽车制造企业大多采取由辅助驾驶到部分自动驾驶的路线，以特斯拉为代表的部分车企已经实现部分自动驾驶汽车的批量生产；而以谷歌为代表的一些新兴企业和创业公司则在尝试用高度自主无人驾驶汽车改变交通出行方式；公共道路的全自主无人驾驶汽车测试验证正在世界各地展开。

计算与存储能力的指数增长、人工智能、5G 移动通信等技术与汽车产业的深度融合，特别是云机器人和深度学习的出现，促进了无人驾驶汽车的交通环境感知、类人路径规划与行为决策、多智能体协同控制、测试与验证等关键技术的发展[4]。

二、国内外研究现状

（一）推动研究与产业发展的政策引导

20 世纪 80 年代，美国、日本、欧盟等发达国家和地区就启动了以提高交通安全和效率为目标的无人驾驶技术的相关研究计划，带动了自动化公路系统与无人驾驶智能技术的研究热潮。随后，受制于资金和技术的不足，自动化公路系统的研究趋于沉寂，而基于机器智能的高度自主无人驾驶智能技术成为研究热点。特别是，美国国防部高级研究计划局于 2004 年、2005 年和 2007 年连续组织了三次智能车挑战赛，之后又大力资助了一批基于无人驾驶技术的军事应用项目，推动了美国相关高等院校、科研机构和企业在该领域的研究[5]。

在政策引导和规划层面，美国、日本、欧盟等汽车产业发达国家和地区支持无人驾驶技术研究与产业发展的布局相对较早。近年来，随着无人驾驶智能技术的不断成熟和移动通信技术的迅速发展，各国竞相出台相关战略规划，资助无人驾驶汽车技术与产业发展。美国于 2014 年发布了以网联化和无人驾驶为重点的《ITS 战略规划 2015—2019》[6]，日本也同时将无人驾驶汽车作为其"战略性创新创造促进计划"（SIP）的优先发展主题之一[7]。欧盟于 2015 年成立了"欧盟汽车产业竞争力与可持续发展高级别小组"（GEAR 2030）[8]，重点任务就是在欧盟层面制订行动计划，以促进无人驾驶汽车的发展。

中国政府也一直高度重视无人驾驶汽车相关技术及产业发展。2008 年，国家自然科学基金委员会启动了"视听觉信息处理的认知计算"重大研究计划[9]，该重大计划自 2009 年开始举办每年一届的中国智能车未来挑战赛，有力地推动了我国无人驾驶智能汽车的研究[10]。2015 年发布的《中国制造 2025》中明确提出汽车低碳化、信息化、智能化的发展方向[11]。同年，科技部启动国家重点研发计划"新能源汽车"试点专项，将智能化作为专项重点支持方向之一。2017 年，工业和信息化部、国家发展和改革委员会、科技部联合发布了《汽车产业中长期发展规划》，确立了我国发展智能网联汽车的总体思路[12]。目前，全国已经有一大批智能网联或无人驾驶试验场建成或即将建成。工业和信息化部、交通部、公安部、国家发展和改革委员会也在积极出台政策推动无人驾驶汽车产业的发展。

（二）无人驾驶技术的现状与进展

1. 目前技术的局限性

自 2004 年以来，无人驾驶技术取得了显著的进展，形成了以环境感知与理解、地图构建与定位、智能驾驶行为决策与规划为核心的无人驾驶的基本技术框架[13, 14]。近年来，谷歌在这一基本框架上引入了更先进的感知算法和定位技术，通过对环境的大量数据描述，生成场景的近似模型，从而相应地调整智能驾驶的决策，实现一般交通场景或特定驾驶任务下的无人驾驶。然而，现有的基于感知、定位、规划、决策、控制的数据驱动计算框架存在计算效率低、环境适应性差、自学习能力不足等问题，降低了无人驾驶车辆的预警能力和驾驶行为的可靠性。

应用数据驱动的计算框架能够在特定的环境中安全地实现无人驾驶，但它依赖于定位系统和预定路线，不具有高度自主无人驾驶性能，只能被视为能完成特定任务的无人驾驶系统。这种计算框架无法适应高动态、强随机性的开放交通场景，甚至会导致交通事故等严重后果。因此，有必要探索和发展具有高度自主、可靠、安全的无人驾驶技术的计算框架。

2. 感知技术的进步

近年来，车载毫米波雷达、激光雷达、高清相机等传感器的出现，显著提高了无人驾驶汽车对道路交通环境的感知能力。虽然毫米波雷达无法精确地给出交通场景中目标的物理外观参数，但它具有全天候对环境感知的性能，被广泛应用到各类先进辅助驾驶系统（ADAS）中[15]。激光雷达可以获得目标的物理外观的参数和距离的深度信息，利用激光雷达给出的点云数据，可以实现行驶区域和障碍物检测、路上其他车辆的跟踪和识别，并且能够利用反射率识别车道标线等交通基本元素[16]。基于高清相机的视觉信息处理一直是实现智能驾驶的最根本的关键技术，特别是深度学习方法的出现，使得基于视觉的目标识别与交通场景理解的能力得到了显著的提升[17]。但是，应用单一的传感信息无法实现真正意义上的无人驾驶，使无人驾驶汽车具有鲁棒的环境感知能力需要依赖多传感信息融合处理技术。

3. 地图构建与定位

无人驾驶智能汽车的定位导航对地图构建提出了更高的要求。不同于通常的车载导航地图，无人驾驶智能汽车的高精度地图应包含诸如坡度、曲率、航向等各种能够辅助环境感知与定位的先验信息。无人驾驶汽车在交通场景中自身的精准定位也是一项迫切需要解决的难题。尽管差分全球卫星定位系统已经可以使定位精度达到厘米级，但在复杂城市道路交通环境中，多径效应等因素使差分全球卫星定位系统难以可靠工作。惯性与卫星组合定位导航融合的技术是解决方案之一，但是在持续卫星信号缺失环境中，会出现很大的漂移误差。因此，基于激光雷达与视觉融合的地图同步构建与定位技术成为无人驾驶智能汽车定位导航的研究热点[18]。另外,现有地图同步构建与定位技术对驾驶条件与环境条件存在较大依赖性。为解决这一问题,基于语义地图和低分辨率地图的无人驾驶技术开始引起关注[19, 20]。

4. 路径规划与驾驶行为决策

无人驾驶车辆的路径规划与决策系统根据车辆位置和周边交通场景,规划安全舒适的行驶路径。目前用于无人驾驶车辆的规划系统主要包括全局路径规划、驾驶行为决策和运动轨迹生成三个子系统:全局路径规划子系统根据地图生成从车辆当前位置到目的地的全局路径;驾驶行为决策子系统依据全局路径和周边交通场景给出合适的驾驶行为决策;运动轨迹生成子系统根据全局路径规划和驾驶行为决策结果,进而生成安全舒适的期望运动轨迹。近年来,无人驾驶车辆的规划技术进步明显,但驾驶行为决策逐渐成为规划决策系统的性能瓶颈[21]。一些新的规划决策方法,如基于状态机的方法、基于马尔可夫模型的方法、基于强化学习的方法相继应用于自主驾驶决策。但在面对复杂动态交通场景时,这些决策方法依然存在着鲁棒性与可靠性的问题,不能有效应对意外情景的出现,特别是这些决策还需要满足社会伦理的预期[22]。

5. 无人驾驶智能车的环境认知能力测试与验证

研究与开发无人驾驶智能车需要发展一种新的图灵测试方法,以测试和验证无人车对复杂交通场景的理解和行驶决策的能力,进而推动无人驾驶智能技术的发展。中国学者在国际上首次提出一种无人驾驶智能车测试与验证的平行计算框架及其系统[23],该框架构建了人在回路智能测试模型,使系统具有在人类专家指导下自我升级的认知机制。同时引入对抗式学习模型,以自动生成新的任务实例,这些任务实例可以呈现复杂、动态的交通场景,促使无人驾驶车辆进一步提高适应复杂环境的能力。如何对智能系统进行测试是人工智能领域极其重要的研究方向,只有当具有明确的测试任务定义和有效的数据生成方法时,才能实现安全可靠的人工智能系统。

综上所述,无人驾驶智能技术虽然取了令人瞩目的进步,但依然面临着巨大的挑战。

(三)无人驾驶技术的产业应用

目前,无人驾驶相关技术已经在汽车主动安全与辅助驾驶领域获得了广泛的应用，如环车视觉监视、盲区监视、自适应巡航、自动紧急制动、车道线偏离预警、车道保持、半自主泊车等辅助驾驶与主动安全技术已经在中、高端汽车大量配置。围绕汽车产业链，博世、大陆等汽车零部件一级供应商都可以提供高级辅助驾驶的解决方案，而传感与计算技术厂商则定位于二级供应商，比如，Mobileye 凭借其在视觉感知领域的技术优势向一级供应商提供视觉感知解决方案，而 Ibeo 则通过法雷奥（Valeo）等厂商提供车载激光雷达。

当前，推进高度自主无人驾驶智能汽车的产业力量分为两大基本阵营，一个阵营是以传统车企为代表的企业，采用渐进式的技术发展路线，不断提高汽车驾驶的自动化水平，减少驾驶员的关注和干预程度，并注重性能提升与成本的平衡。其代表性路线图是国际自动机工程师学会（SAE）发布的 J3016[24]，根据驾驶过程中需要人工进行干预和注意的程度对无人驾驶汽车进行分级。另一个阵营是以谷歌为代表的科技互联网巨头公司，采取的是较为"激进"的全自主无人驾驶技术发展路线。谷歌公司凭借其在无人驾驶技术领域的领先地位，远远走在传统车企的前面[25]。谷歌的无人驾驶部门 Waymo 在前期大规模公共道路测试的基础上，开始在凤凰城地区开展无人驾驶出租车服务[26]。但是，实现高度或完全自主无人驾驶智能技术的产业应用还需要若干年的时间。

三、待解决的关键技术问题

交通场景有其独特的复杂性和动态性。通常，交通场景包括道路、交通标志、静态和动态物体、气候条件等因素。道路环境和气候往往复杂多变，这就要求无人驾驶智能汽车必须具有学习和预测的能力。利用大量带注释的场景数据训练无人驾驶的计算模型，无法实现完全自主无人驾驶（然而大规模负样本难以得到）。因此，理解人类驾驶员对交通场景的认知过程，将有助于构建一种无人驾驶自主学习和解释世界的计算模型，进而使无人驾驶智能汽车具有记忆、推理和经验更新的能力，使其能应对开放、高动态、强随机的交通场景变化。

实现完全自主智能驾驶系统需要解决以下关键技术问题。

（一）复杂交通场景的周密感知

无人驾驶智能车需要非常可靠地感知周围的场景，无论天气如何变化、路况如何复杂，无人驾驶智能车在所有条件下都应能做出安全的判断。当前应重点解决自主无人驾驶智能车的感知系统对高动态复杂交通与恶劣天气环境感知的鲁棒性和可靠性问题，提高在复杂交通环境中的目标检测、识别、跟踪性能、交通场景理解能力。同时，充分利用车联网的特别并发挥其优势，发展网联协同式多传感器感知技术，实现网联异构传感器优势互补。融合深度学习、基于规则和统计推理、知识图谱和认知计算等方法，实现无人驾驶智能车对复杂交通场景的理解，进而给出安全可靠的行驶规划和决策。

（二）行为意图预测与意外情景理解

人类驾驶员根据预行为来传达行驶的意图。比如，前方驶来车辆，驾驶员就可以根据车辆的轨迹及运行状态，判断出前方车辆下一时刻可能的驾驶行为。目前的无人驾驶技术很难解释或理解交通场景中不同目标细微的预行为，以及周围车辆的驾驶意图。另外，无人驾驶智能汽车必须能够进行抽象，抽象是指能够根据环境或其他语境的线索来理解交通情境，目前无人驾驶智能汽车还无法解释异常或意外现象。因此，仅仅基于简单规则的无人驾驶技术不可能为每个场景进行建模。

（三）类人驾驶路径规划与行为决策

随着越来越多的无人驾驶汽车开始公共道路测试，无人驾驶汽车将与人类驾驶汽车共享道路。在这种情境下，无人驾驶汽车的驾驶路径规划与行为决策至关重要，它将直接影响到交通安全和效率。因此，更为智能的驾驶路径规划与驾驶行为决策系统是无人驾驶智能汽车发展的必然趋势，这就需要发展类人的无人驾驶路径规划与驾驶行为决策的方法，学习人类驾驶员如何理解交通场景，以及进行驾驶路径规划与行为决策。

（四）具有事件驱动和自主学习能力的计算框架

探索类似人类驾驶员对交通情景的注意力、推理、学习和决策机制的计算框架是未来无人驾驶智能技术发展的重要方向之一，利用这种计算框架可以实现具有事件驱动和自主学习能力的无人驾驶汽车[27]。现有的基于串行信息处理和计算的感知、定位、规划、决策、控制的数据驱动计算框架存在着计算效率低、环境理解能力差和自学习能力弱的缺点。事件驱动计算框架的基本思想是找出连续时间段中场景的不同感知数据描述之间的内在关系，利用场景中空间目标的关联与状态的语义信息生成对交通情景的理解（抽象），并应用先验知识和规则进行直观推理。具有事件驱动机制的高度自主无人驾驶智能计算框架能够适应更复杂、开放和动态的交通环境。

（五）人机共驾

人机共驾是指驾驶员和智能系统分享车辆控制权，协同完成驾驶任务，这是一种典型的人在回路中的人机协同混合-增强智能系统[28]。人类驾驶员与机器辅助驾驶系统之间存在很强的互补性。虽然人在环境感知方面具有较强的鲁棒性和适应性，但人的驾驶行为容易受生理和心理状态的影响（如疲劳等），人机共驾可以降低人类驾驶员出错的风险，将人从简单重复的劳动中解放出来。另外，人主要依赖视觉感知环境，容易受到光照、天气等因素的影响。而机器辅助智能驾驶系统可以利用多种传感技术，在更宽的光谱范围获得车辆周围环境的信息，在人未能及时注意到危险的时候主动进行驾驶干预。

人机共驾面临的关键问题在于如何实现机器的判断与人类认知、决策信息的交互，以及人机在何种状态下进行驾驶任务的切换。因此，如何通过智能人机协同技术，协调两个"驾驶员"以实现车辆的安全和舒适的行驶，是人机共驾混合智能系统必须解决的基本问题[28]。人机共驾也可为无人驾驶智能系统提供类人驾驶学习训练的途径，系统通过人机共驾的过程学习人类驾驶员的行动和驾驶行为心理。

（六）人-车的自然交互

高度自主无人驾驶智能车必须以自然的方式与人类交流。为了实现车辆与乘客之间的无障碍交流，无人驾驶系统应知晓乘客的目的地，理解并回答乘客提出的问题，自然的人-车交互可以为乘客提供更加舒适、愉快、直观、人性化的体验，而不是一个简单的点到点的行驶。人-车自然交互技术还应包括对路面交警等执法与管理人员的指挥动作的理解。

（七）车-车与车-路协同交互与控制

充分利用车-车和车-路信息交互，实现协同感知与控制，可以极大地提高交通安全，优化交通资源利用率。应重视研究无人驾驶智能车的车-路、车-车通信技术，设计完善的协同感知与控制系统和高安全的通信标准。同时，重点研发交通流量检测、路面状态监测等路侧智能检测技术装备，提高在恶劣天气或复杂场景下路侧处理系统的鲁棒性和可靠性。另外，应构建车路协同系统的测试验证环境，实现关键技术与系统的测试验证，加快关键技术的实用化和标准化过程。

（八）无人驾驶智能车的网络安全技术

通过云端获取和更新地图的无人驾驶智能车将面临更大的风险，未来的智能网联汽车要满足更加苛刻的网络安全要求，以保证智能车具有可靠、安全的网络链接。随着无人驾驶技术的进步，无人驾驶智能汽车中的软件代码数量将会呈现指数增长的趋势，智能车软件受到网络攻击是不可避免的。因此，需要对智能网联汽车实施全面的网络安全测试，并且采取有效的技术措施阻止汽车被接入未授权的网络，防范网络违法犯罪活动，保护关键安全系统和个人数据。同时，智能网联汽车必须具备受到网络攻击后能够快速恢复的能力。

四、我国的发展战略与对策建议

我国应从基础研究、技术研发、产业布局、政策法规等多方面推进无人驾驶智能车技术与产业发展，建议措施如下。

（1）加大无人驾驶智能技术的基础研究与产业发展的支持力度，创造与无人驾驶汽车发展阶段相适应的产业政策环境。

（2）利用5G移动通信技术建立覆盖广泛的车联网及车-路协同基础设施。

（3）推进无人驾驶智能车标准与车辆信息安全标准的制定。

（4）加快无人驾驶智能车测试基地的建设，完善无人驾驶汽车实验验证、测试评价和检测认证。

（5）统筹与平衡自动化公路系统与无人驾驶智能系统各自关键技术的发展。

（6）制定有关无人驾驶和智能交通云的相关法律法规。

（7）无人驾驶的交通出行方式将给城市景观带来巨大的变化，将发展无人驾驶汽车友好型城市作为推动城市发展和改善城市环境的重要驱动力。

（8）汽车生产是一个典型的全球化的产业（无论是产品标准制定还是零部件供应链），建议在产-研-学-政府层面积极推进国际合作，以形成我国良好的无人驾驶技术创新和产业生态。

五、结语

无人驾驶智能车是汽车技术和产业未来发展的方向。当前,无人驾驶智能技术虽然取了长足的进步,但要实现复杂环境下高度无人驾驶仍然面临着诸多技术挑战,还需要付出长期的努力。我国应该从基础研究、关键技术研发、产业布局和政策法规等多方面支持和推进无人驾驶智能车的研发与产业发展,加大 5G 移动通信、人工智能和互联网在汽车产业的应用,促进传统汽车产业转型升级,构建以无人驾驶和智慧网联为基本要素的现代智能交通系统,提升我国汽车产业与交通领域的国际竞争力与可持续发展能力。

参 考 文 献

[1] 世界卫生组织. 道路安全全球现状报告 2015:概要[EB/OL][2018-03-04]. https://www.who.int/violence_injury_prevention/road_safety_status/2015/GSRRS2015_Summary_CH.pdf.

[2] 世界卫生组织. 2011—2020 年道路安全行动十年全球计划[EB/OL][2018-03-04]. https://www.who.int/roadsafety/decade_of_action/plan/plan_ch.pdf.

[3] RAND Corporation. Autonomous Vehicle Technology:A Guide for Policymakers[EB/OL][2018-03-06]. https://www.rand.org/content/dam/rand/pubs/research_reports/RR400/RR443-2/RAND_RR443-2.pdf.

[4] Gill A P. Is a cambrian explosion coming for robotics?[J]. Journal of Economic Perspectives,2015,29(3). 51-60.

[5] Guna S,Arun L,Erik P B. Unmanned Vehicles Come of Age:The DARPA Grand Challenge[J]. Computer,2006,39(12):26-29.

[6] Barbaresso J,Cordahi G,Garcia D,et al. USDOT's Intelligent Transportation Systems(ITS)Strategic Plan 2015—2019[R]. Department of Transportation,Intelligent Transportation Systems Joint Program Office,2014.

[7] Cabinet Office,Government of Japan. SIP-Pioneering the Future:Japanese Science,Technology and Innovation 2017[EB/OL][2018-03-04]. https://www8.cao.go.jp/cstp/panhu/sip_english/sip_en.html.

[8] Publications Office of the European Union. GEAR 2030 Strategy 2015-2017—Comparative analysis of the competitive position of the EU automotive industry and the impact of the introduction of autonomous vehicles[EB/OL][2018-03-23]. https://publications.europa.eu/en/publication-detail/-/publication/24c9ad0e-da38-11e7-a506-01aa75ed71a1/language-en/format-PDF/source-52926290.

[9] "视听觉信息处理的认知计算"重大研究计划官网[EB/OL][2018-03-20]. http://ccvai.xjtu.edu.cn/.

[10] Xin J M, Wang C H, Zhang Z T, et al. China Future Challenge: Beyond the Intelligent Vehicle. IEEE Intelligent Transportation Systems Society Newsletter, 2014, 16(2): 8-10.

[11] 中华人民共和国中央人民政府国务院关于印发《中国制造 2025》的通知[EB/OL][2018-03-20]. http://www.gov.cn/zhengce/content/ 2015/05/19/content_9784.htm.

[12] 中华人民共和国科学技术部. 工业和信息化部 国家发展改革委 科技部关于印发《汽车产业中长期发展规划》的通知[EB/OL][2018-03-20]. http://www.most.gov.cn/tztg/201705/t20170510_132694.htm.

[13] Zheng N N, Tang S N, Cheng H, et al. Toward Intelligent Driver-Assistance and Safety Warning Systems[J]. IEEE Intelligent Systems, 2004, 19(2) 8-11.

[14] Bunyo O, Michael R J, Yusuke K, et al. Challenges in Perception and Decision Making for Intelligent Automotive Vehicles: A Case Study[J]. IEEE Transactions on Intelligent Vehicles, 2016, 1(1): 20-32.

[15] Meinel H H. Evolving Automotive Radar—from the very beginnings into the future[C]. The 8th European Conference on Antennas and Propagation (EuCAP 2014). IEEE, 2014: 3107-3114.

[16] Brent S. LIDAR: Mapping the World in 3D[J]. Nature Photonics, 2010, (4): 429-430.

[17] Sayanan S, Mohan M T. Looking at Vehicles on the Road: A Survey of Vision-Based Vehicle Detection, Tracking, and Behavior Analysis[J]. IEEE Transactions on Intelligent Transportation Systems, 2013, 14(4): 1773-1795.

[18] Sampo K, Saber F, Konstantinos K, et al. A Survey of the State-of-the-Art Localization Techniques and Their Potentials for Autonomous Vehicle Applications[J]. IEEE Internet of Things Journal, 2018: 5(2): 829-846.

[19] Anderson P, Wu Q, Teney D, et al. Vision-and-language navigation: Interpreting visually-grounded navigation instructions in real environments[C]. Proceedings of the IEEE Conference on Computer Vision and Pattern Recognition. 2018: 3674-3683.

[20] Amini A, Rosman G, Karaman S, et al. Variational end-to-end navigation and localization[C]. 2019 International Conference on Robotics and Automation (ICRA). IEEE, 2019: 8958-8964.

[21] Brian P, Michal Čáp, Sze Zheng Yong, et al. A Survey of Motion Planning and Control Techniques for Self-Driving Urban Vehicles[J]. IEEE Transactions on Intelligent Vehicles, 2016, 1(1): 33-55.

[22] Sarah M T, Selina P, Stephen M E, et al. Incorporating Ethical Considerations into Automated Vehicle Control[J]. IEEE Transactions on Intelligent Transportation Systems, 2017, 18(6): 1429-1439.

[23] Li L, Wang X, Wang K F, et al. Parallel Testing of Vehicle Intelligence via Virtual-Real Interaction[J]. Science Robotics, 2019, 4(28): eaaw4106.

[24] SAE International. Taxonomy and Definitions for Terms Related to On-Road Motor Vehicle Automated Driving Systems [C]. SAE International，2014，3016：1-2.

[25] Waymo Safety Report：On the Road to Fully Self-Driving [EB/OL] [2018-03-20]. https：//storage.googleapis. com/sdc-prod/v1/safety-report/waymo-safety-report-2017-10.pdf.

[26] Waymo unveils self-driving taxi service in Arizona for paying customers [EB/OL] [2018-03-20]. https：//www.aol.com/article/finance/2018/12/05/waymo-unveils-self-driving-taxi-service-in-arizona-for-paying-customers/23609450/.

[27] Chen S T，Jian Z Q，Huang Y H，et al. Autonomous driving：cognitive construction and situation understanding [J]. Science China Information Sciences，2019，62（1）：000000. https：//doi.org/ 10.1007/s11432-018-9850-9.

[28] Zheng N N，Liu Z Y，Ren P J，et al. Hybrid-augmented intelligence：Collaboration and Cognition [J]. Frontiers of Information Technology & Electronic Engineering，2017，18（2）：153-179.

第四节　以密码技术为核心的数据安全保护方案得到广泛应用

荆继武

（中国科学院大学）

一、引言

互联的数字世界已经开始发挥控制现实世界的作用。互联网的发展带来了数字化的网络基础设施。多网融合使得多种用途的网络互连在了一起，创造了数字世界巨大的发展空间。物联网的发展使得整个物理世界也连入了这张数据网络，推动着数字世界对现实世界的全面控制和管理。云计算推动了数字世界专业化与规模化的发展，如现实世界的工业革命一样，加速了数字网络的爆炸式发展。智慧工厂、智慧城市和智慧生活依靠人工智能和机器学习技术的发展，加速着数字世界对人类生产与生活的更为精细、准确而有效的管控。银行、商业和现代化的工厂，都已成为网络上的数据处理站，决策和指挥着现实世界的金融、商业和生产。

数字世界自有的资产为数字世界的控制能力增加了更多的砝码。与现实世界毫无关系的数字化资产,如比特币等开始兴起并发挥作用。人类对数字货币的期待,使得数字世界对人类的控制更加有力。数字世界的发展影响到了人们生产、生活的各个方面。科学研究也从过去"假设—实验—观察—修改假设"的实验科学循环,走向现在的"假设—计算—修改假设"的计算科学循环,并逐步走向"数据—计算—结论"的数据科学大道。我们正从"没有计算就没有科学"的时代走向"没有数据就没有科学"的科技新时代。

数字世界已经开始成为现实世界的"大脑",不仅控制着我们的金融、生产和生活,也将成为我们的科研能力的基础。数字世界已经成为未来竞争的主战场。

人类的数字时代已经到来。

二、保护数据安全成为数字时代的重要任务

数字世界的灵魂就是快速流动的数据。这些代表着身份、金钱、行程、情报等的数据在数字世界的流动和存储,决策着现实世界人们的金融、生产和生活[1]。然而,数据假冒、篡改、替代和泄露,无不成为数字世界发展的严重挑战[2]。

数字世界需要确保数据的真实性、完整性、保密性与可用性。数据的真实性即可鉴别性,数据要能够为网上合法的机器和设备提供鉴别能力,使得网络设备能够判断这些数据的来源,能够知晓数据的真实性。数据的完整性也就是说数据是完整的,不是片面的,也不是被局部修改过的。数据的保密性是指数据不应被非法获知,确保不应该知道的人不知道。数据的可用性指当合法用户需要自己的数据的时候,数据会在那里为其所用。

人们常说的其他数据安全需求都可以归并在以上需求中。例如,不可否认需求就是一种符合法律要求的真实性需求;数据的可控性需求就是让合法的人能够看到、应该看到并能看懂、可以看的数据,这可以是另一个层面的可用性需求和保密性需求;数据的可管理性需求与以上多种需求相关,并没有扩张意义。

三、密码技术是数字世界数据安全的核心支撑

数据就是财富,安全才有价值[3]。密码拥有悠久的历史,其含义也在发展过程中不断演变[4]。从法律角度来说,密码是指使用特定变换对数据等信息进行加

密保护或安全认证的物项和技术。其中，加密保护是指使用特定变换，将原来可读的信息变成不能识别的符号序列，从而保护信息的机密性；安全认证是指使用特定变换或编码，确认信息是否被篡改、是否来自可靠信息源，以及确认行为是否真实等，从而保护信息的真实性、数据的完整性和行为的不可否认性。物项是指实现加密保护或安全认证功能的设备与系统，技术是指物项实现加密保护或安全认证功能的方法或手段[5]。

相对于其他类型的安全手段，如人力保护、设备加固、物理隔离、防火墙、监控技术、生物技术等[6]，密码技术是互联互通的数字世界保障数据安全最有效、最可靠、最经济的手段[7]。密码技术通过认证编码或数字签名保护数据的真实性；通过加密保护数据的保密性，确保只有拥有密钥的人才可以解读数据；通过密码校验保护数据的完整性，确保数据未被删节和篡改，通过门限密码支持的分散存储能够保证即使部分设备损坏，数据仍具有可用性。密码通过简单的源鉴别、完整性鉴别、加解密、多方计算和门限密码很好地保护了数据安全的4个安全需求。

数字时代为密码技术的发展带来新机遇。密码技术作为维护数据安全的核心技术和基础支撑，事关国家政治安全、经济安全、文化安全、社会安全和生态安全。构建网络空间安全保障体系，离不开密码对数据的保护。正确有效地实施密码技术，也是保护重要信息系统关键基础设施的基础[8]。支撑数字经济发展、护航数字经济发展，密码将在数字经济发展中发挥核心保障作用[9]。

四、国内外研究现状

我国密码技术的发展与世界同步，产业支撑有待加强。

我国的密码技术标准体系建设得到充实完善。截至目前，我国已发布商用密码行业标准76项，基本涵盖了基础和急需的标准，覆盖了密码算法、产品、技术、检测、应用指南等方面。密码技术标准在推动金融和重要领域密码应用、规范商用密码管理等方面发挥了重要作用[10]。我国自主设计的椭圆曲线公钥密码算法SM2、密码杂凑算法SM3、分组密码算法SM4、序列密码算法祖冲之（ZUC）、标识密码算法SM9等与国际标准算法可以同台竞争，ZUC算法已成为4G通信长期演进国际标准算法，并且正在推进新一代ZUC算法成为5G通信国际候选标准。SM2和SM9数字签名算法已成为国际标准组织/国际电工委员会（ISO/IEC）国际标准，SM4、SM3也正在成为国际标准。

商用密码科技创新成果丰硕，技术实力不断提升。在国家密码发展基金等资助的国家级科技项目引导和支持下，商用密码基础理论研究取得了一系列原创性科研成果。在序列密码设计、分组密码算法设计与分析、密码杂凑算法分析、密码协议基础理论与分析、量子密钥分配等密码基础理论研究方面取得了许多原创性高水平成果，标志着我国密码学术研究在某些细分方向上已跻身世界领先行列。特别是王小云院士提出的密码哈希函数碰撞攻击理论，破解了包括 MD5、SHA-1[11]在内的 5 个国际通用哈希函数算法，引起国际密码界震动。密码芯片设计、侧信道分析[12]等一批密码核心关键技术取得重要突破。商用密码对信息安全的支撑能力显著增强。126 项商用密码科技成果获得了国家级及省部级科技进步奖励，其中国家级一等奖1项，二等奖4项；省部级一等奖14项，二等奖45项，十余项成果达到国际先进水平。

密码产业发展日益繁荣，应用领域进一步拓宽，已有 2200 多款商用密码产品取得了国家密码管理局审批型号，密码芯片达 110 款，一些产品[13]填补了国内空白，部分产品在性能指标、安全防护能力等方面达到国际领先水平，实现了从少到多、从多到优的跨越，已基本形成种类丰富、链条完整、安全适用的商用密码产品体系和产业体系。截至 2017 年 9 月 22 日商用密码从业单位行政许可取消前，商用密码产品生产单位达到 736 家，销售许可单位 975 家，形成了分布合理、竞争有序、创新力强的商用密码产业队伍。2017 年，商用密码产品销售 13.2 亿台（套），销售额 239.3 亿元。基于 SM2 算法构建了以国家电子认证根 CA 为认证源点、辐射全国各地区各行业、连接上亿用户的电子认证服务体系，为全国电子认证可信互认、互联互通提供了基础支撑[14]。在金融领域，商用密码已大规模应用于金融 IC 卡、网上银行、跨行交易等主流银行业务。93 家银行参与的密码应用示范工程，累计发行标准金融 IC 卡 2.34 亿张，完成 POS 终端升级 353 万台，ATM 机升级 58 万台，新发行网银设备 7977 万个。在重要领域，社保、能源、交通、广电、税务、公共安全等行业密码应用试点全面实施。应用商用密码的第二代居民身份证发放 15 亿张，杜绝了伪造、变造身份证违法行为；应用商用密码的智能电表超 4 亿个，输配电和调度系统全部应用商用密码，确保电网持续安全稳定运行；数字证书发放超 20 亿张，以电子认证服务体系为基础的网络信任体系逐步建立健全。中国密码"走出去"态势逐渐显现，在"一带一路"沿线国家中的市场影响力和竞争力不断增强[15]。

然而，相比我国信息化发展，还需要给予密码产业更多的重视，快速发展，为我国在互联互通环境下的数据安全保障提供世界一流的产业基础[16]。

五、待解决的关键技术问题

密码技术属于博弈类技术，需要不断改进成长。不同于其他安全技术，密码技术具有很好的博弈优势。理论上说，当一个算法设计出来后，已知密钥的加解密都是简单的，而未知密钥时，其解密难度非常大，如对目前的高级加密标准（AES）算法，未知密钥的解密可能需要动用全世界的计算机工作 1000 亿年以上。尽管密码技术具有很好的防御优势，黑客仍然能够利用先进的技术，破坏密码技术的安全。密码技术仍旧需要在以下几个方面不断发展。

（一）针对计算技术发展的挑战，发展抗量子密码技术

随着量子计算技术的不断进步，基于经典计算复杂性理论的现有密码算法安全性受到了严重威胁，制定下一代抗量子计算的密码算法标准已经成为保障未来量子计算环境下数据安全的重要任务。目前，量子计算对密码算法最大的威胁是 Shor 算法对基于因子分解和离散对数困难问题的公钥密码算法的破解。国际上对后量子密码算法的研究主要集中在公钥密码领域[17]。目前，在公钥密码领域除了工业界熟悉的 RSA 和 ElGamal 两个类型的密码算法外，还有许多其他的类型，其中有5种类型的公钥密码算法尚未发现有效的量子计算攻击，它们被统一称为后量子密码算法，包括格密码、基于编码的密码、多变量密码、基于散列的数字签名、同源密码[18]。这些密码算法中基于编码的密码和基于散列的数字签名已经有40年的研究历史，多变量密码已经发展了30多年，格密码和同源密码已经发展了20多年。

这些抗量子密码算法的设计与分析理论已经取得了许多成果，尽管在量子计算复杂性分析方面尚未完全成熟，但其经典安全性和效率已经接近实用化需求。在国际标准化需求的大力推动下，有望在未来 3~5 年取得较大发展，最终形成实用化的密码算法标准，为量子计算时代的数据安全保驾护航[19]。

（二）针对 5G 物联网等信息技术，发展新型密码应用技术

未来的 5G 无线网络将具有灵活性、开放性和高度异构性，不仅可以提供传统的语音和数据通信，而且有很多新的应用案例，包括从车辆到车辆、从车辆到基础设施的通信、智能电网、智能城市、智慧医疗等。大规模的设备使用异构无线接入系统进行通信，可能会导致许多互联互通问题，因此需要考虑安全性机制与无缝切换等问题。5G 无线网络进行通信时，庞大的数据流在网络中含有大量隐私和敏感信息，为了确保隐私不被泄露，在终端受限的情况下，还需要考虑高效的数据与隐私保护技术。总之，为了促进 5G 的健康快速发展，有必要将 5G 和密码学知识相结合。针对 5G 接入认证、数据采集、数据存储与共享等环节的安全问题，研究相适应的密码技术。例如，对于接入认证问题，可以采用无证书密码体制、基于同态加密的数据聚合机制，以及基于身份的聚合签密等密码技术来解决。对于数据存储和共享安全问题，可以采用属性基加密和抗密钥泄露技术来解决[20]。

近年来，诸如射频识别（RFID）标签、工业控制器、传感器节点、智能卡等小型计算设备日益广泛部署，在这些设备上直接采用传统的密码标准具有挑战性。许多传统的密码标准是针对计算机和服务器环境，进行安全水平、运行性能和资源需求三者平衡优化后的产物，因此在上述"资源受限"（resource-constrained）设备上运行是比较困难甚至不可能的，即使能勉强运行，其表现也可能不尽如人意[21]。

（三）针对攻击技术进步的挑战，发展密码工程技术

各种硬件技术和分析技术的发展，需要我们研究新的密码系统设计。集成电路的刨片和染色技术，依靠芯片保护密钥的方法就必须改进；错误注入技术要求我们对密码系统有更加严密的保护，不能因为硬件错误而泄露密钥；探针窃听技术要求我们对密码硬件有更好的防护；断电攻击技术要求我们不能将密钥放在独立的动态内存里；基于进程隔离漏洞、休眠内存数据缓存[22]、未清零内存，以及 DMA 内存读取等的攻击，要求我们在设计密码软件时必须加倍处理这些攻击技术，确保密钥安全[23]；能量分析技术、无线辐射能量分析技术等，可以通过密码设备的辐射或能量消耗计算密码设备的密钥，这就需要我们设计抗能量分析和抗辐射泄露的密码模块[24]。

密码模块的设计、生产和使用包括多方面的安全要求。目前，相关国际国内标准都已经非常成熟[25]，我国的密码模块安全要求标准在国际标准的基础上提出了更易于操作的安全要求。统一的密码模块安全要求标准为密码产业的发展提供了一个可互换的、可对比的、可衡量的利于公平竞争的市场空间，为密码产业的发展奠定了更加开放的市场基础。

（四）针对应用系统复杂多变的挑战，发展密码安全应用测评技术

由于迅速发展的应用系统复杂多变，用好合格的密码技术也是数据安全的严峻挑战。以下情况在当前的密码应用中仍广泛存在：密码应用时错误的密码算法选择[26]、不当的密钥长度选择[27-29]、不合适的密码工作模式选择[30, 31]都会严重影响所保护的数据安全；随机数选择不当可直接导致密钥的不安全[32, 33]；密码安全协议，如安全套接层（SSL）、IP 安全协议（IPSec）等有多种，每种又有不同版本[34, 35]，选择不当也会给黑客带来可乘之机[36]；使用了不严格的用户管理，使得网络实体与密钥绑定缺乏有效验证，不合适的用户持有了不该有的密钥；密钥管理中的密钥保护技术还有很多需要跟随攻击技术不断提升[37]；密码模块的访问控制也需要特别注意，确保无关人员不得接触密码设备和密码设备中的关键参数[38]。

让密码技术在计算机和网络系统中充分地发挥安全作用，并不像看起来那么容易和直接，需要综合密码学、系统安全和网络安全的知识体系。从理论层面，要保证算法和协议的不断进步[39-42]；在产品层面，要确保密码实现正确，确保密码模块自身安全[43-45]；在应用层面，要确保选用合适安全等级的密码模块，正确配置密码参数并正确使用[46, 47]。每个层面都需要与时俱进，不断跟上时代发展的步伐。我们要认识到，错误地应用密码技术，就有可能会造成"安全的假象"，进而忽视或放弃了其他方面的安全措施。

六、我国密码技术与产业发展前景

伴随着我国网络欧化发展及对网络安全的高度重视，加上我国商用密码发展的良好政策环境，结合我国多年支持下奠定的商用密码产业发展基础，我国的密码事业一定能够快速发展起来。

一是密码应用将无处不在。随着云计算、物联网、大数据、人工智能等新技

术的发展，尤其是"互联网+"的出现，保障数据安全成为信息产品和信息服务的基本需求，密码技术作为不可或缺的重要手段，密码应用将不断深入和拓展。

二是密码产业将强势发展。随着民间和商业应用需求的日益旺盛，密码产业将形成自主可控的完整产业链及良性的生态环境，产业整体实力将显著增强，将出现一批具有较大产业规模和市场竞争力的商用密码领军企业，影响并引领商用密码产业强势发展。

三是商用密码科技创新能力将显著提升。突破一批商用密码重大基础理论和关键核心技术，在新型密码算法、量子密码、生物密码、可信计算等领域，以及云计算和大数据环境下的密钥管理技术、与生物特征相融合的密钥管理技术、数据安全管理和使用技术、网络身份管理技术等关键技术方面达到国际先进水平。

四是密码标准体系将更加健全。加速编制一批基础共性、重点应用、关键技术标准，有力支持国内重要领域密码应用。全面建成科学先进的密码标准体系和检测体系，建成完备的密码标准评估与验证环境。

五是商用密码管理将更加科学规范。《中华人民共和国密码法》的颁布实施与《商用密码管理条例》的修订出台，必将使商用密码法律法规体系更加系统、完善、合理，为商用密码管理的规范化和科学化注入了新鲜活力。商用密码管理体制将更加科学合理，依法管理能力将进一步提高。

六是商用密码应用安全性评估将更加有力。培育一批素质高、能力强、人才精的测评队伍，形成标准完善、工具齐备、方法科学的测评体系。随着密码法、网络安全等级保护条例的出台实施，商用密码应用安全性评估作为重要信息系统、关键信息基础设施、政务信息系统立项、建设、运行的重要基础，将发挥越来越强有力的保障作用，确保密码使用的合规性、正确性、有效性，助力构建坚实可靠的密码安全防线。

七是商用密码支撑体系将更加完善。在金融等重要领域，通信、能源、资源、交通等基础设施网络，新兴产业和数字经济，政务系统和信息惠民工程中，将构建起以密码为核心技术、底层支撑和信任基础的新网络安全体系、新网络安全环境与新网络安全文明。

七、结语

我们已经进入数字时代，保护数据安全的核心技术就是密码。随着应用的发展和数据应用的加速，密码将发挥越来越重要的作用。

参 考 文 献

[1] 李东风，张文科. 安全金融信息——商用密码应用思考［J］. 信息安全与通信保密，2018，000（005）：43-49.

[2] 霍炜. 持续推动金融领域商用密码应用［J］. 金融电子化，2018，（8）：14-16.

[3] 徐汉良. 推动密码与大数据的融合发展［J］. 中国信息安全，2018，（8）：48-50.

[4] 翟起滨. 密码技术的演化和对信息技术的促进［J］. 中国信息安全，2018，（8）：72-74.

[5] 张平武. 商用密码发展历程与展望［J］. 中国信息安全，2018，（8）：51-53.

[6] Hardaker, Wes, Dukhovni, Viktor. The DNS-Based Authentication of Named Entities（DANE）Protocol: Updates and Operational Guidance［J］. 2015.

[7] 刘平. 密码支撑与密码应用［J］. 信息安全与通信保密，2018，（5）：19-23.

[8] 霍炜. 商用密码应用政策、现状与展望［J］. 信息安全研究，2017，3（10）：958-960.

[9] 霍炜. 推动商用密码应用，护航数字经济发展［J］. 中国信息安全，2018，（8）：54-56.

[10] 田敏求. 我国密码标准体系研究综述［J］. 信息安全与通信保密，2018，（5）：94-101.

[11] Wang X, Yin Y L, Yu H. Finding Collisions in the Full SHA-1［C］. Annual International Cryptology Conference. Heidelberg，2005.

[12] Liu F, Yarom Y, Ge Q, et al. Last-Level Cache Side-Channel Attacks are Practical［C］. IEEE Symposium on Security & Privacy. IEEE Computer Society，2015.

[13] Pan W, Zheng F, Zhao Y, et al. An Efficient Elliptic Curve Cryptography Signature Server With GPU Acceleration［J］. IEEE Transactions on Information Forensics & Security，2017，12（1）：111-122.

[14] 霍炜. 在新的历史起点上推动商用密码创新发展［J］. 信息安全与通信保密，2018，（5）：13-18.

[15] 马奇学. 坚定不移推进密码应用［J］. 信息安全与通信保密，2018，（5）：24-28.

[16] 王永传. 商用密码科技创新和产业发展实践与思考［J］. 中国信息安全，2018，（8）：57-59.

[17] 美国国家标准技术研究所（NIST）. 后量子密码报告［R］. 2016.

[18] 从量子计算到量子安全：什么是"抗量子密码"［EB/OL］［2018-03-12］. https://blog.csdn.net/weixin_33738578/article/details/89726270.

[19] 中科院DCS中心. 后量子密码技术国际进展［EB/OL］［2019-03-26］. https://www.secrss.com/articles/9278.

[20] 郑东，张应辉. 密码技术在5G安全中的应用［J］. 信息安全与通信保密，2019，（1）：50-58.

[21] 杨碧瑶. 美国国家标准技术研究院《轻量级密码报告》内容概览［J］. 保密科学技术，2018，（3）：1，49-50.

［22］Disselkoen C, Kohlbrenner D, Porter L, et al. Prime+abort: a timer-free high-precision L3 cache attack using intel TSX［C］. USENIX Conference on Security Symposium. USENIX Association, 2017.

［23］Guan L, Lin J, Luo B, et al. Protecting Private Keys against Memory Disclosure Attacks Using Hardware Transactional Memory［C］. 36th IEEE Symposium on Security and Privacy. IEEE, 2015.

［24］Genkin D, Pipman I, Tromer E. Get your hands off my laptop: physical side-channel key-extraction attacks on PCs［J］. Journal of Cryptographic Engineering, 2015, 5（2）: 95-112.

［25］Zhou Y, Evans D. SSOScan: automated testing of web applications for single sign-on vulnerabilities［C］. USENIX Security Symposium, 2014: 495-510.

［26］NESSIE Consortium. Portfolio of recommended cryptographic primitives［J］. NESSIE Report, 2003.

［27］Lenstra A K, Verheul E R. Selecting cryptographic key sizes［J］. Journal of Cryptology, 2001, 14（4）: 255-293.

［28］Orman H. Determining strengths for public keys used for exchanging symmetric keys［J］. Bcp Rfc, 2004.

［29］Adrian D, Bhargavan K, Durumeric Z, et al. Imperfect Forward Secrecy: How Diffie-Hellman Fails in Practice［J］. Communications of the Acm, 2015, 62（1）.

［30］Dworkin M. Recommendation for block cipher modes of operation. methods and techniques［R］. National Inst of Standards and Technology Gaithersburg MD Computer security Div, 2001.

［31］Dworkin M. Recommendation for block cipher modes of operation: methods for format-preserving encryption［J］. NIST Special Publication, 2016, 800: 38G.

［32］Kelsey J, Schneier B, Wagner D, et al. Cryptanalytic attacks on pseudorandom number generators［C］. International Workshop on Fast Software Encryption. Berlin, 1998: 168-188.

［33］NIST. Randomness Beacon［EB/OL］［2018-03-12］. https: //beacon.nist.gov/home.

［34］Holz R, Amann J, Mehani O, et al. TLS in the wild: an Internet-wide analysis of TLS-based protocols for electronic communication［J］. Computer Science, 2015.

［35］Szalachowski P, Matsumoto S, Perrig A. PoliCert: Secure and Flexible TLS Certificate Management［J］. 2014.

［36］Aviram N, Schinzel S, Somorovsky J, et al. DROWN: Breaking TLS Using SSLv2［C］. 25thUSENIX Security Symposium（USENIX Security 16）. 2016: 689-706.

［37］Barker E, Barker W, Burr W, et al. NIST Special Publication 800-57 Recommendation for Key Management-Part 1: General［J］. 2012.

［38］林璟锵, 荆继武. 密码实现与应用的安全挑战［J］. 中国信息安全, 2018,（8）: 69-71.

［39］Zhu S, Ma Y, Lin J, et al. More Powerful and Reliable Second-Level Statistical Randomness

Tests for NIST SP 800-22 [J]. 2016.

[40] Zhu S, Ma Y, Chen T, et al. Analysis and improvement of entropy estimators in NIST SP 800-90B for non-IID entropy sources [J]. IACR Transactions on Symmetric Cryptology, 2017: 151-168.

[41] Dorrendorf L, Gutterman Z, Pinkas B. Cryptanalysis of the windows random number generator [C]. Proceedings of the 14th ACM Conference on Computer and Communications Security. 2007: 476-485.

[42] Corrigan-Gibbs H, Mu W, Boneh D, et al. Ensuring high-quality randomness in cryptographic key generation [C]. Proceedings of the 2013 ACM SIGSAC Conference on Computer & Communications Security. 2013: 685-696.

[43] Somorovsky J, Mayer A, Schwenk J, et al. On Breaking {SAML}: Be Whoever You Want to Be [C]. Presented as part of the 21st {USENIX} Security Symposium ({USENIX} Security 12). 2012: 397-412.

[44] Sun H, Sun K, Wang Y, et al. TrustOTP: Transforming smartphones into secure one-time password tokens [C]. Proceedings of the 22nd ACM SIGSAC Conference on Computer and Communications Security. 2015: 976-988.

[45] Zhang N, Sun K, Lou W, et al. Case: Cache-assisted secure execution on arm processors [C]. 2016 IEEE Symposium on Security and Privacy (SP). IEEE, 2016: 72-90.

[46] Krombholz K, Mayer W, Schmiedecker M, et al. "I Have No Idea What I'm Doing" —On the Usability of Deploying [C]. 26th USENIX Security Symposium (USENIX Security 17). 2017: 1339-1356.

[47] Wang R, Chen S, Wang X F. Signing me onto your accounts through facebook and google: A traffic-guided security study of commercially deployed single-sign-on web services [C]. 2012 IEEE Symposium on Security and Privacy. IEEE, 2012: 365-379.

第五节　数字货币研究进展与应用前景

徐　静

（中国科学院软件研究所）

一、引言

数字货币是信息技术与货币的深度融合，是一种完全基于互联网技术的货币形态，支付、结算、储存等都可以在没有人工核准的情况下自动完成，并保存所有无法销毁的路径信息。最早的数字货币源于1982年David Chaum提出的一种具备不可追踪性的电子现金系统[1]，后续数字货币的发展都沿用了这种传统的"银行、个人、商家"三方模式。直到2008年，中本聪发表经典论文《比特币：一种点对点的电子现金系统》[2]，提出了一种全新的电子化支付思路——建立完全通过点对点技术实现的电子现金系统，将David Chaum的三方交易模式转变为去中心化的点对点交易模式。伴随着以比特币为代表的数字货币从鲜为人知变得家喻户晓，目前全球数字货币的种类已超过1000种，市值高达4000亿美元。

二、国内外研究现状

（一）区块链共识机制

以比特币为代表的数字货币使用的核心技术是区块链。区块链是一种全新的去中心化基础架构与分布式计算范式，它解决了传统支付方式中第三方机构的信任问题，让那些彼此互不信任的人在没有权威机构的情况下合作。区块链是去中心化的、可复制的、可公开验证的、防篡改的分布式账本数据库，区块链上的数据不能被删除，任何用户都可以读取并验证这些数据。NIST近日发布报告[3]，重点介绍支撑比特币和其他数字货币的区块链技术及其广泛应用。双重支付（同一笔钱被重复支付）是密码货币必须要面对并解决的核心问题，而预防双重支付完全依靠的是绝大多数节点诚实的情况下的共识机制。实现区块链共识的主要方法包括：工作量证明（proof of work）、权益证明（proof of stake）、拜占庭容错、混合方法。

（1）工作量证明。目前最主要的一种密码货币——比特币，就是采用基于工作量证明的共识协议，其核心思想是通过引入分布式节点的计算能力竞争来保证数据的一致性和共识的安全性，这种共识协议也通常被称为"Nakamoto共识"。在比特币系统中，各节点（即矿工）基于各自的计算机算力相互竞争来共同解决一个求解复杂但验证容易的SHA-256难题（即挖矿），最快解决该难题的节点将获得区块链记账权和系统自动生成的比特币奖励。可调节的难度值是比特币系统的重要参考指标，比特币系统通过设置系统参数来保证区块大约平均每10分钟生成一个。如果两个"矿工"基于同一个前边的块，分别找到了两个不同的后续块，就产生了分叉。由于分叉的可能性，一笔交易只有等到链增长了至少 6 个区块时才能进行确认，因此比特币确认一笔交易需要 1 个小时的时间。

（2）权益证明。基于工作量证明的共识协议存在的最主要问题是能量资源浪费，早期的研究表明，这些协议计算所需要的能量与一个小国需要的能量相当[4]。另外，自私挖矿攻击[5]能够使勾结的矿工获得大于其公平份额的收入，这种攻击可能对比特币产生重大影响，容易造成矿工聚合资源形成挖矿池，最终失去去中心化这一优势。这些局限性推动了对基于权益证明共识协议的研究，其核心思想是通过使用更节能但提供相同安全保证的其他协议取代工作量证明协议，以此来避免浪费能量资源。这类协议的共同特点是以当前区块链账本中记录的每个用户所拥有的权益为比例，在权益持有者之间随机选取一个领导（leader），由领导将数据块加入区块链。

（3）拜占庭容错。实用拜占庭容错算法（PBFT）[6]是最为经典的拜占庭共识协议，该算法是 Castro 等学者于 1999 年提出来的，解决了原始拜占庭容错算法效率不高的问题，将算法复杂度由指数级降低到多项式级，使得拜占庭容错算法可以在实际系统中应用。后续相关的研究都是考虑如何使其容错功能更强，以及如何延展到更多服务器。传统的拜占庭容错协议都是弱同步的，这类弱同步协议的活性依赖于对于网络延迟的假设，并不适合于区块链的应用。拜占庭容错协议 HoneyBadger[7]是第一个完全异步的共识协议，它不依赖于任何关于网络环境的时间假设。该协议的核心部分主要利用了两个密码学原语：门限加密方案和异步公共子集协议（ACS）。

（4）混合方法。Thunderella 共识协议[8]是 Pass 等学者提出的一个优化的、快速确认的混合共识协议。该协议将快速的传统拜占庭共识协议与区块链共识协议（基于工作量证明、基于权益证明等）组合起来，得到了一个简单的共识协议。具体来说，在 3/4 的计算力被诚实的委员会成员所控制且领导也是诚实的情况下，协议仅需执行拜占庭共识协议，该协议的确认速度与网络中实际的消息延迟几乎一样快。但如果领导是恶意的，协议会转向由区块链共识协议产生区块，进入慢速阶段。Omniledger 共识协议[9]是一个具有延展性的共识协议。首先，他们采用并行化处理技巧，分片（sharding）独立进行交易数据的验证；其次，他们提出了一个跨片承诺协议，自动处理多个片之间的交易；最后，他们利用 RandHound 协议周期性，随机地重新配置每个片的成员，使其免受"女巫攻击"（Sybil attack）。实验数据表明，Omniledger 能够达到中心支付系统 VISA 水平的吞吐量。Algorand 共识协议[10]是图灵奖获得者 Micali 团队提出的，该协议结合拜占庭协议与权益证明的优势，使得新的数据块能够在低延迟、分叉概率可忽略的情况下达成共识。

（二）法定数字货币

法定数字货币的研究和发行在世界范围内还处于早期发展阶段，各国政府正积极开展研究，尝试解决法定数字货币研发中的关键问题，利用先发优势，力求在未来各国法定数字货币竞争中取得优势地位。2016 年，英国率先提出可由中央银行调控的 RSCoin 数字货币框架[11]，它是由英格兰银行委托伦敦大学学院的 Danezis 博士设计的。RSCoin 采用双层架构：高层区由中央银行控制，负责货币发行、节点授权和审查、整体账本的维护；低层区节点主要处理用户的交易请求及验证、记录交易及更新账本、相互交叉验证。由于有中心进行整体控制，RSCoin 共识协议采用了高效的两阶段承诺方案。由于每一个节点都有自己的链条，RSCoin 采用了交叉验证的方式确保整个系统的整体性。

2017 年 9 月，日本银行界联合日本金融监管机构共同推出数字化的官方货币 J-Coin。2017 年 10 月，俄罗斯总统普京宣布该国将发行其自有的数字货币"加密卢布"。2017 年 11 月，澳大利亚和乌拉圭也相继提出了本国法定数字货币的研发计划。

我国政府一直高度关注数字货币的发展，重视法定数字货币的建设。我国央行于 2014 年成立专门研究团队，2016 年央行明确提出要早日推行央行数字货币。2017 年 7 月，中国人民银行数字货币研究所正式挂牌成立，并积极开展相关工作。

（三）数字货币交易平台

比特币和以太坊是目前市场规模最大的数字货币。比特币代表了数字货币、区块链思想的诞生，提供了区块链技术应用的原型。以太坊延伸了区块链技术的功能，是一个开源的有智能合约功能的公共区块链平台，设计了合约编程语言 Solidity，提供了执行合约的虚拟机，进一步提升了智能合约的表述能力。比特币和以太坊都是典型的公有链，即"完全去中心化"，任何人都可以参与区块链数据维护和读取，发送可确认交易，竞争记账。

与公有链不同，联盟链只对联盟成员开放，进行商业合作的企业构建成一个联盟，共同维护这个区块链。联盟链有更加切实的场景需求，尤其是在政府和金融行业应用领域。目前，联盟链比较有影响力的技术解决方案是超级账本（hyperledger），这是一个由 IBM 发起、Linux 基金会运作的开源软件。超级账本以模块化架构为基础，提供高度的机密性、弹性、灵活性和可扩展性。超级账本是授权准入机制，额外加入了会员服务，所以不需要耗资巨大的工作量证明，而是通过一组排序服务器进行交易排序与打包。超级账本提供智能合约（chaincode）服务，直接采用 Java、Go 这些传统编程语言编写，功能和权限更加强大。

（四）数字货币的可证明安全研究

在 2015 年欧洲密码年会上，Garay 等学者[12]提炼出比特币协议的核心——比特币骨干协议，证明了它具备两个基本性质：共同前缀和链质量。在此基础上，首次给出了 Nakamoto 共识协议的安全性证明。但是，他们的证明基于完全同步网络的假设，而且没有考虑节点加入或退出的情况，这是与实际不符的。在 2017 年欧洲密码年会上，Pass 等学者[13]基于动态腐化敌手模型证明了异步网络下 Nakamoto 共识协议的安全性，即满足活性和一致性。他们进一步系统分析了动态网络中设计共识协议的难点，提出了一个简化版本的 Nakamoto 共识协议安全性证明。在 2017 年美密码年会上，Garay 等学者[14]分析了工作量证明的难度值随时间改变的情况下 Nakamoto 共识协议的安全性。

三、待解决的关键技术问题

数字货币虽然在近几年发展迅速并得到广泛应用，但仍面临一些亟须解决的关键技术问题。

（1）数字货币的安全与隐私问题。数字货币交易平台安全事件频发，例如，2018 年 4 月基于以太坊的 BEC 代币和 SMT 代币先后因智能合约存在溢出漏洞造成天量代币转出，引发恐慌抛售，导致市值几近归零。比特币等数字货币仅使用假名机制提供有限的隐私保护，交易用户信息可以通过交易记录分析得出。另外，目前数字货币平台使用的密码方案都是基于经典计算理论下的困难问题构造，无法抵抗量子计算机的攻击。

（2）数字货币的效率与互通性问题。目前，数字货币交易吞吐量无法达到大多数金融系统高频交易场景中的应用，如比特币网络每秒最多能处理 7 笔交易，而 VISA 网络每秒最多可处理超过 2000 笔交易。另外，现有的数字货币交易平台多种多样，互通性的问题还远远得不到解决。

（3）现有的数字货币建设方案无法满足法定数字货币的调控和监管需求。以比特币为代表的密码货币机制绕开了组织机构的监管，容易出现过高的币值波动并滋生偷税漏税、洗钱等违法犯罪行为。

（4）数字货币应用与国产密码算法和标准体系不兼容。数字货币的原理及实现机制均严重依赖于密码技术的支撑，我国有自主的密码管理政策、国产密码算法及标准体系。然而，主流的数字货币交易平台均诞生于国外，在国内应用时如何与国产密码算法和标准体系融合是当前亟待解决的一个重要问题。

四、我国的发展战略与对策建议

金融安全关系到国家安全，我国应加快制定数字货币发展规划，正确引导学术界和产业界的研究方向，促进数字货币在我国的健康发展，提升数字金融科技实力。

（1）研究数字货币的基础理论。设计安全高效的数字货币机制和算法，完善数字货币的发行、使用、交易、回收等技术，重点解决监管调控、系统可延展性、节点动态加入退出等需求与隐私保护等安全性质相冲突的关键问题，为我国法定数字货币建设提供一整套从理论算法到软硬件产品的密码技术保障。

（2）研究电子货币安全分析模型。包括电子货币算法攻击分析和防护方法、安全能力测试和评估机制、业务风险分析及安全监管机制等。

（3）研究抗量子计算机攻击的数字货币解决方案。量子计算机的研发进度逐年加快，解决经典计算理论下的困难问题已逐渐成为可能，美国国家安全局在 2015 年就发出了向抗量子公钥密码迁移的通告。积极推动抗量子数字货币算法研究，有助于提升我国法定数字货币及相关密码产品的国际竞争力。

（4）制定数字货币相关技术标准与规范，推动数字货币实际应用，推动国产密码算法和数字货币标准体系融合。积极鼓励数字货币企业交流合作，建立适用于我国国情的、拥有自主产权的联盟链。

参 考 文 献

［1］David C. Blind signatures for untraceable payments［J］. Advances in Cryptology Proceedings of Crypto，1982，82（3）：199-203.

［2］Nakamoto S. Bitcoin：a peer-to-peer electronic cash system［EB/OL］［2018-03-04］. https：// bitcoin.org/ bitcoin.pdf.

［3］NIST. NISTIR 8202 Blockchain Technology Overview［EB/OL］［2018-03-04］. https：// nvlpubs.nist.gov/ nistpubs/ir/2018/NIST.IR.8202.pdf.

［4］Dwyer K J O，Malone D. Bitcoin mining and its energy footprint［C］. 25th IET Irish Signals & Systems Conference 2014 and 2014 China-Ireland International Conference on Information and Communications Technologies，2014：280-285.

［5］Eyal I，Sirer E G. Majority is not enough：bitcoin mining is vulnerable［J］. Financial Cryptography，2014：436-454.

［6］Castro M，Liskov B. Practical Byzantine fault tolerance［C］. Proceedings of the 3rd symposium on Operating Systems Design and Implementation，1999：173-186.

［7］Miller A，Xia Y，Croman K，et al. The honey badger of BFT protocols［C］. Proceedings of the 2016 ACM SIGSAC Conference on Computer and Communications Security，2016：31-42.

［8］Pass R，Shi E. Thunderella：blockchains with optimistic instant confirmation［C］. Annual International Conference on the Theory and Applications of Cryptographic Techniques. Springer，2018：3-33.

［9］Kokoris-Kogias E，Jovanovic P，Gasser L，et al. OmniLedger：a secure，scale-out，decentralized ledger via sharding［C］. 39th IEEE Symposium on Security and Privacy，2018：19-34.

［10］Gilad Y，Hemo R，Micali S，et al. Algorand：scaling Byzantine agreements for cryptocurrencies. Cryptology ePrint Archive［EB/OL］［2018-03-12］. http://eprint.iacr.org/2017/454.

［11］Danezis G，Meiklejohn S. Centrally banked cryptocurrencies［J］. Network and Distributed System Security，2016：1-14.

［12］Garay J A，Kiayias A，Leonardos N. The bitcoin backbone protocol：analysis and applications［C］. Eurocrypt，2015：281-310.

［13］Pass R，Seeman L，Shelat A. Analysis of the blockchain protocol in asynchronous networks［C］. Eurocrypt，2017：643-673.

[14] Garay J A, Kiayias A, Leonardos N. The bitcoin backbone protocol with chains of variable difficulty [J]. Crypto, 2017: 291-323.

第六节　高密度超高速无线通信技术实现广泛应用

张　平　崔琪楣　许晓东　张雪菲　张　治

（北京邮电大学）

一、引言

在过去的 70 多年中，追求高速率和高移动性的通信需求成为无线通信技术革新和移动通信系统持续演进的原动力。1948 年，美国数学家、信息论创始人克劳德·艾尔伍德·香农发表了《通信的数学理论》，提出了信息熵的概念，奠定了信息论和数字通信的理论基础。在香农信息论的指导下，现代移动通信系统从无到有，不断取得突破性的进展，正在迅速而深刻地改变着人类社会的军事、政治、经济和生活。1978 年，美国贝尔实验室成功研制出了第一个移动蜂窝电话系统——高级移动电话系统（advanced mobile phone system，AMPS），标志着第一代移动通信系统（the first generation，1G）正式登上历史舞台。在随后的 30 多年，移动通信系统又分别演进至第二代（2G）、第三代（3G）、第四代（4G）和第五代（5G），移动通信的数据传输速率越来越快、业务类型丰富多样，同时无线设备的传输能力不断增强，部署规模和数量继续扩大。

4G 移动通信网络的峰值传输速率达 100Mbps，支持流媒体等典型业务，它孕育了消费型移动互联网，获得巨大商业成功，改变了人类生活。然而，随着移动互联网和物联网等新技术的迅猛发展，无线数据流量、智能终端设备数量、丰富多样的新型业务呈几何级爆炸式增长，不断冲击无线网络的容量极限和承载能力。同时，以人为中心的通信也逐步向人机物智能互联互通演进，海量大连接、低时延、高可靠通信等新需求对无线网络设计和实现提出了新挑战。4G 网络无法满足上述新需求，以高密度、超高速为特征的 5G 网络拉开序幕，并逐步从理论研究走向实际应用。

基于超密集组网、大规模多进多出（MIMO）天线、毫米波通信传输、多连接

（multiple connectivity，MC）等技术，5G 网络实现了峰值速率、用户体验速率、频谱效率、移动性、时延、连接密度、网络能效、区域业务容量性能的全方位提升[1]。5G 网络的主要特征包括：用户体验数据速率值提升至 1Gpbs 或更高；支持更高速的移动，最高至 500km/h；支持极低延迟要求的服务，延迟时间最低至 1ms；支持更多数量的设备连接，连接密度提升至每平方千米 100 万个设备；具有更好的能量效率等。在此基础上，5G 网络逐渐渗透到垂直行业应用，把支持的传统增强移动宽带业务（enhance mobile broadband，eMBB）场景延拓至大规模机器类型通信（massive machine type of communication，mMTC）场景和超可靠低时延通信（ultra reliable and low latency communication，uRLLC）场景[2]。

二、国内外研究现状

近年，国际上多个国家和研究组织相继开展了面向 5G 的高密度、超高速无线通信技术的研发。2012 年，欧盟正式启动了名为"Mobile and Wireless Communications Enablers for the Twenty-Twenty（2020）Information Society"的 5G 研发项目。中国在 2013 年由工业和信息化部、国家发展和改革委员会、科技部组织成立了"IMT-2020（5G）推进组"，启动了关于下一代超密集无线网络的研究工作。同时，科技部基于国家高科技研究发展计划（"863"计划）启动了第五代移动通信系统前期研究开发（一期）。工业界也开展了该技术的研发，如中国电信集团有限公司（以下简称中国电信）于 2018 年发布《中国电信 5G 技术白皮书》，详细介绍了多网络异构融合技术[3]，并于同年联合华为技术有限公司、中兴通讯股份有限公司等国内主要电信设备商完成了传送软件定义网络（SDN）在多域多厂商异构组网环境下的双栈互通。爱立信公司与美国高通公司合作于 2018 年成功拨出全球第一通 5G 电话。

典型的高密度超高速无线通信技术主要包括超密集网络技术、大规模 MIMO 技术、毫米波通信及组网技术等。

（一）超密集网络技术

超密集异构网络是 5G 移动通信网络容量提升的核心技术，它是在以宏基站为中心的传统蜂窝网络中部署若干个低功率小型基站形成的异构无线网络（heterogeneous networks，HetNets）与超密集组网部署相结合[4, 5]。在超密集网络

（ultra-dense network，UDN）中，通过密集部署基站来获得更高的频率复用效率，局部热点区域可实现百倍量级的系统容量提升，大幅提高流量密度。密集化组网部署使用户与小小区基站间的距离显著减小，提高了链路传输质量，降低了发射功率，但也使得网络干扰更复杂且强度增加，用户接入基站更加频繁。针对以上挑战，国内外在该方向的研究主要集中于超密集无线接入网络架构、超密集网络性能分析和超密集网络下的干扰管理。

1. 超密集无线接入网络架构

在科技部"863"计划重大项目课题"5G 无线网络架构与关键技术研究"的资助下，由北京邮电大学牵头，联合清华大学、华中科技大学、西安交通大学、中兴通讯股份有限公司等 20 家单位，提出了 5G 高密度聚合无线接入网络架构。该架构由 SDN 接口、无线接入网络（radio access network，RAN）和用户组成（图 4-6-1），其中 SDN 接口将数据平面与控制平面分离，使得高密度聚合的异构无线网络实现统一、灵活的资源管控与调度，为接入网和核心网的一体化协同、动态策略，以及弹性业务链的部署提供基础。基于该网络架构进一步提出蜂窝和热点融合基站的解决方案，为热点地区提供蜂窝与热点的动态多连接服务，实现异构网络之间的动态流量卸载、无缝切换，以及保证服务质量的业务一致性，显著提升了热点密集地区的用户体验。

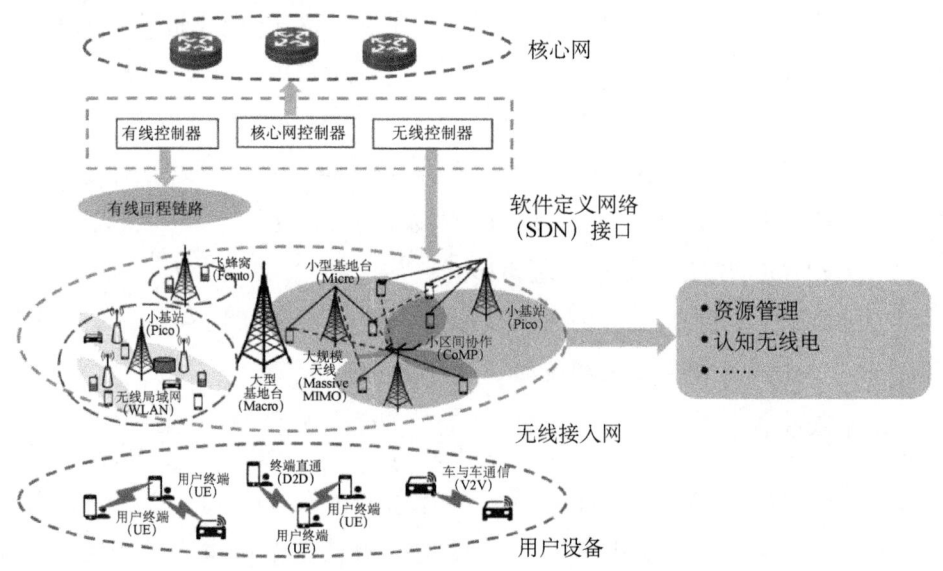

图 4-6-1　5G 高密度聚合无线接入网络架构

搭建了支持动态协作开放虚拟环境的 5G 超密集异构聚合网络原型系统（MORE 5G），并在异构无线网络融合架构下支持单用户多链路的基础上，针对当前两种常见的 4G 网络 LTE 和无线局域网（wireless local access network，WLAN）构建了易于扩充的融合网络架构，并进行了试验验证。所搭建的原型系统支持 4G LTE 基站、热点（包括 WLAN、可见光、60GHz 无线接入点、小小区无线接入点、大规模 MIMO）等多种网络融合协作，且可扩展性高。目前，该异构密集融合网络原型系统已在实际无线环境中实现了 12.79Gbps 的数据率。

大唐电信科技产业集团（以下简称大唐）于 2012 年提前启动了 3.5GHz 频段 LTE-Hi（LTE Hotspot/indoor）小基站的研究，提出新型干扰管理、移动性管理、无线接入/回传链路联合设计等关键技术，仿真验证了其组网性能增益，并于 2013 年率先研制出样机。中兴通讯股份有限公司发布了基于动态自适应的 Mesh 5G 架构，该架构支持 5G 网络中多种类型的基站之间的协作。中国联通于 2015 年发布了《新一代网络体系架构 CUBE-Net2.0》白皮书[6]，提出的新架构引入 SDN、NFV、云等新技术，充分体现了云网协作及立体化优势。中国电信在 IMT-2020 的网络组中提出了智能无线接入网架构（S-RAN），包括控制与承载分离、无线接入簇化集中控制和无线网络虚拟化等核心思想。华为技术有限公司于 2017 年提出了全面云化的网络架构，发布了两款分别面向高频和低频的 5G 测试样机，该样机使用高低频混合组网技术，在 6GHz 低频段已达到峰值速率 10Gbps。

2. 超密集网络性能分析

随着移动通信网络业务非均匀分布特征的加剧，传统的蜂窝均匀分布模型无法描述当前网络的超密集基站部署。为解决此问题，美国圣母大学 Martin Haenggi 等将随机几何和随机图理论引入无线网络的分析和部署的研究中[7]。随机几何是结合现代随机过程和测度理论发展而来的，可有效描述无线网络中的节点位置、路损和信道小尺度衰落等一系列随机过程[8]。目前，随机几何已被公认为是进行超密集网络建模和分析的有效工具。其中，异构网络可以被建模为层间相互独立的随机点过程，每一层随机点过程表征一类网络，不同类型网络之间以不同的基站部署密度、发送功率、路径损耗因子等参数表征。在基于上述节点分布独立性的假设下，利用随机几何理论中的典型用户分析法推导出网络的关联概率、覆盖概率和可达速率等网络关键性能指标。

3.超密集网络下的干扰管理

随着基站部署密集的增加，网络中的干扰问题日益严重。基于所采用的关键技术，常见的超密集网络干扰管理研究包括以下几个方面。第一，基于资源分配的干扰抑制对策[9, 10]，主要思想是分配正交资源给不同的小区，实现小区之间的干扰减少。第二，基于功率控制的干扰抑制方案[11, 12]，其对无线时频资源的分配没有限制，可以保证无线时频资源的复用效率，通过调整基站的发射功率使得干扰得到有效抑制。此外，还有基于小区分簇的干扰抑制策略[13, 14]、基于认知无线电技术的干扰抑制方案[15, 16]、基于博弈论和协作的方法的干扰抑制方法[17, 18]等。

（二）大规模 MIMO 技术

为了提高无线资源利用率，改善系统覆盖性能，显著降低单位比特能耗，大规模 MIMO 技术得到了学术界及工业界的广泛关注。大规模 MIMO 无线通信最早于 2009 年由贝尔实验室的 Marzetta 博士提出[19]，主要研究内容包括容量及传输性能分析、预编码设计及信道模型等。大规模 MIMO 技术在基站侧配置大量的天线，通常有几十、几百甚至几千根，是现有 MIMO 系统天线数目的 1~2 个数量级以上，是下一代移动通信中提高容量和频谱利用率的关键技术[20]。

根据当前的最新研究进展，大规模 MIMO 技术可以显著提高系统的空间分辨率，深度挖掘空间维度资源，提升频谱资源在多个用户之间的复用能力。大规模 MIMO 技术可以形成更窄的波束[21]，集中辐射于更小的空间区域内，构建高效通信系统。大规模 MIMO 技术在部署时，当基站侧天线数目远大于用户侧天线数目时，系统将具有很高的空间自由度、抗干扰能力，可以提高系统的鲁棒性能[22]。

应用大规模 MIMO 技术后，在假设各用户信道矢量服从独立同分布的条件下，所得到的基本结论是：随着基站天线个数趋于无穷大，多用户信道趋于正交，高斯噪声、互不相关的小区间干扰消失，用户发送功率可以任意低，单个用户的容量仅受限于其他小区中采用相同导频序列的用户的干扰（即导频污染）[23]，应用大规模 MIMO 技术的移动通信系统容量可以达到 4G 系统的数十倍。

2018 年，全球主要的设备生产商在大规模 MIMO 研发上均有较大的提升，相比 2017 年普遍采用 128 振子，目前 5G 试验网中普遍采用 64T64R（192 振子）的大规模 MIMO 天线[24]，振子规模的提升除了可提升天线增益以外，还可提升并发数据流，进而提升整体小区吞吐量。2018 年 6 月 21 日，中国信息通信研究院公布了由工业和信息化部组织的 IMT-2020 第三阶段非独立组网（NSA）外场测试结果，64T64R 设备（32 流）的设备最高可提供单用户 3.0Gbit/s、小区吞吐量 10.3Gbit/s 的设备能力，依靠多天线空间分集，可实现 24dB 的高天线增益，一定程度上弥补因 3.5GHz 高频引起的路径损耗[25]。除了工业和信息化部组织的测试外，三大运营商也积极开展 5G 技术跟踪与测试工作，在多个城市开展规模试点建设与外场测试。对大规模 MIMO 系统重点进行大规模 MIMO 的覆盖提升、波束赋形等方面的相关测试与研究，测试内容包括大规模 MIMO 波束赋形增益、用户分布对吞吐量的影响、波束跟踪切换、波束鲁棒性等。

然而，当前各个设备商主要提供原型机进行测试，与实际商用设备仍有一定差距，而且不同厂家的基站在 MIMO 编码方面差别较大，所展现出来的波束赋形增益、用户移动过程中信号的稳定性等均存在一定差异。目前的 5G 终端仍属于原型机阶段，体积较大，垂直移动性测试仍有一定难度，针对以上测试情况，各生产厂家正在持续对大规模 MIMO 设备进行优化升级，重点提升大规模 MIMO 设备的能化效率，实际商用设备的功耗较原型机有望降低 20%～30%。同时，针对不同的应用场景优化 MIMO 的算法配置。

（三）毫米波通信及组网技术

为了提升无线网络的传输能力，毫米波通信技术已逐步成为提升 5G 系统传输速率的关键技术之一[26, 27]。当前 6GHz 以下频段已十分拥挤[28]，而毫米波频谱具有大量的原始频谱[29]，波长短、频带宽的毫米波通信可有效解决高密度超高速无线通信面临的一系列难题，有着广泛的应用前景。全球国际移动通信产业链都在共同推动全球一致的毫米波频段规划，以实现最大的规模经济。2015 年世界无线电通信大会（WRC-15）和美国联邦通信委员会（FCC）从 24GHz 到 86GHz 选择了一些许可和未许可的 5G 毫米波候选频谱，推动了 5G 毫米波商业部署的进展[30, 31]。欧盟重点推动 26GHz 频段，美国、日本、韩国重点推动 28GHz、39GHz 频段。2017 年 7 月，工业和信息化部批复 24.75～27.5GHz 和

37～42.5GHz 用于我国 5G 技术研发测试。第三代合作伙伴计划（3GPP）5G 需求报告（TR38.913）确定了 12 个 5G 部署场景，与 6GHz 以上频段相关的共有 4 个场景，即室内热点、密集城区、城市宏蜂窝与高速铁路。

毫米波通信主要涉及以下关键技术。

（1）波束赋形。波束赋形是补偿毫米波传播路径损耗的关键技术，包括数字域波束赋形和数模混合波束赋形。利用波束赋形可以降低对每个天线和射频电路的性能要求，也可以显著抑制带内干扰[32, 33]。

（2）波束对齐和管理。由于毫米波的波束窄，多天线波束赋形传输与低频段相比存在较大差别，波束赋形传输数据需要对波束的搜索、配对、反馈、跟踪、恢复等进行处理。

（3）高频帧结构。毫米波频段的无线帧结构设计需要具有足够的灵活性，以适配大带宽和高频谱传播特性。

（4）同步和初始接入。毫米波的窄波束在初始接入过程与低频段相比有显著不同。例如，5G 新空口（NR）中同步信号和随机接入信号以波束扫描的方式发送，以补偿高频段的路径损耗。

（5）高频段组网。如何将高频段与低频段相结合，为用户提供连续一致性的良好体验是高频段组网的重要目标。高频段通信的组网方案主要包括独立组网、高低频共站址组网、高低频非共站址组网、毫米波中继链路与前向链路同频联合设计。

当前毫米波通信研发已经取得了初步成果。例如，东南大学移动通信国家重点实验室和毫米波国家重点实验室成功实现了 60GHz 毫米波系统的关键模块，主要包括功率放大器、压控振荡器、分频器、低噪声放大器和混频器等，并已完成实物测试。在上述构建模块的基础上，又使用 65nm CMOS 工艺实现了 60GHz 接收器，在 60GHz 4 信道中系统可获得 -20dB 的误差向量幅度增益[27]。电子科技大学通信抗干扰技术国家级重点实验室和中国电子科技集团公司第五十四研究所等联合研发实现了一套符合 IEEE 802.11ad 标准的 60GHz 毫米波短程无线通信演示系统，在载波同步、相位噪声补偿、频域均衡和基于概率计算的低密度奇偶校验（LDPC）解码器等多项重要基带技术研究上取得突破[34]。在国际标准 3GPP R15 定义了 eMBB 与 FWA 业务之后，毫米波通信产业链迅速被催熟。华为技术有限公司在 2018 年年初推出首个基于 3GPP 毫米波的 5G CPE 芯片——巴龙（Balong）5G01。2018 年 10 月，华为技术有限公司打通全球首个基于 3GPP 的 5G 毫米波商用电话，标志着基于 3GPP 的 5G 毫米波通信网络与相关产业链已成熟，全球 5G 毫米波应用开始起航。此外，毫米波通信在轨道交通中已有较为广泛的应用，如上海磁悬浮轨道交通系统采用西门子车地无线系统，其工作频率为 38GHz，采用频分双工技术，支持运行控制系统数据、牵引系统数据、诊断数据和旅客信息等实时传输。日本山梨磁悬浮列车示范线采用了基于 45GHz 的毫米波通信方式。德国西门子公司和 AEG 公司分别为本国轨道交通研制了 36GHz 和 40GHz 两种类型的毫米波通信系统。

三、待解决的关键技术问题

（一）超密集网络技术

超密集网络的密集化部署尽管能大幅缓解数据流量激增的难题，但是仍然面临着密集网络部署所带来的计算复杂度高、移动性管理、用户关联等方面的挑战。

在 UDN 中，资源分配被视为高复杂度大规模优化问题，从计算复杂性的角度来看，可用的分配机会随着网络密度和多维资源的组合呈指数增长，因此找到最优决策方案是非常具有挑战性的[35]。现有的方法（如随机优化等）能够在一定程度上降低复杂度，但该问题仍需要深入探讨。

在密集组网场景中，终端游牧式移动或高速移动所产生的 QoS 需求不同，这个给移动性管理带来了极大的挑战。为了保证 UDN 中异构用户和应用程序的无缝连接，实现高灵活性、高可用性、高可靠性和高资源效率，需要新的移动性管理协议。

此外，用户关联虽然在传统蜂窝网络和异构网络中得到了广泛研究，但在 UDN 中仍存在着一些特殊的挑战。首先，密集部署提供了丰富的站点资源，且回程资源更加灵活，需要进一步探索新的用户关联规则；其次，站点的密集部署更易导致用户，特别是移动用户在小区间的频繁切换。因此，如何实现快速、稳定和高效的用户关联是一个需要继续研究的问题。

（二）大规模 MIMO 技术

未来的高密度超高速无线通信系统将面临真实与虚拟共存的多样化通信环

境，业务速率、系统容量、覆盖和移动速度的变化范围将进一步扩大，大规模MIMO 技术将面临性能、复杂度和效率的多重挑战。针对未来高密度超高速无线信号传输特征，大规模 MIMO 技术需要进一步解决多域信号联合调制与解调、广义大规模 MIMO 联合设计及优化等难题。

高频段覆盖小、信号指向性强，考虑到超密集组网密度极高，大规模MIMO 波束间的干扰协调与消除是关键问题。人工智能技术的引入可提供额外的信号处理域，用户的实际业务数据与人工智能分析提供的额外业务数据将具有深层相关性。利用多维相关性，进一步挖掘空间维度，设计多域信号的联合调制与解调方案，提升链路传输效率是待解决的难题。在人工智能技术的辅助下，进一步研究基于深度学习的多用户大规模 MIMO 波束成形技术，具有通用性与普适性。另外，针对多用户大规模 MIMO 接收机，人工智能技术可以辅助实现基于深度学习的检测算法，优化整个接收机性能。

考虑到大规模天线及射频通道数目、射频通道高线性度要求、大带宽器件成本、基带处理复杂度与功耗等因素，需要采用数模混合结构的大规模天线阵列等实现方式。大规模天线阵列可弥补高频信号传播特性的缺陷，充分发挥高频段通信系统在通信定向性及频谱资源等方面的优势，降低对功放等高频器件等性能要求（如输出功率等）。但极高的工作频率、大规模天线阵对高频器件、射频前端系统产生新的需求，加大了射频收发系统实现的复杂度。

（三）毫米波通信及组网技术

尽管频谱资源丰富的毫米波段可实现高速率无线传输，但是在毫米波通信的实现过程中仍存在一系列关键难题[27]。例如，采用定向传输的毫米波收发机时，如何在建立有效链路之前进行精确快速波束对准或波束扫描；在终端用户密集区域，如何设计有效的多用户毫米波通信提升毫米波通信系统容量；毫米波通信系统需充分利用超密集组网、大规模天线部署等 5G 关键技术弥补毫米波空间传播的大损耗缺陷，如何有效地认知与建模大规模天线系统的无线信道以获取所需的训练序列及信道状态信息。毫米波通信系统的收发机硬件结构体系完全不同于现有低频段通信系统，针对未来无线通信系统超低时延需求，如何设计高效的基带信号处理算法是毫米波基带信号处理待解决的关键问题。此外，由于高频大带宽、信号传播损耗大等，高频段通信系统的实现还受限于高频器件，需针对高频器件、射频前端系统及其实现工艺特点，开展高频段通信系统架构、高频芯片与天线一体化集成、测试研究，以最终实现高性能、低成本、可维护的 5G 高频段通信系统。

四、应用前景

以高密度、超高速为特征的 5G 移动通信即将规模化、商用化，基本上满足了陆地通信系统面向个人终端的移动数据通信需求。然而，按照无线摩尔定律预测，2020~2040 年，全球移动数据业务将继续增长 1000~1 000 000 倍。同时，通信网络将朝陆、海、空、天一体化融合方向发展，其泛在化、社会化、智慧化、情境化等新型应用形态与模式，导致现有的 5G 网络技术在信息广度、速度及深度上难以满足网络资源随需即用的需求。

延续线—面—体的演进趋势（图 4-6-2），移动通信系统从 1G~4G 演进至 5G，未来将进入 6G 时代。6G 的"体"包括速率、空间、智慧三个维度，旨在进一步提高通信速率，由 5G 的 1Gbps 达到 1Tbps 量级以上；进一步拓展通信空间，由目前的陆地覆盖拓展至海洋、天空、太空的多域和广域覆盖；进一步加强和完善通信智慧，由目前单一设备的智能处理发展至多设备、多网络之间的协同跨域联动智能处理，并且从信息传输、处理及应用层面进一步加强和深化通信智慧，最终实现从"人-机"到"人-机-物-灵"的全面突破。

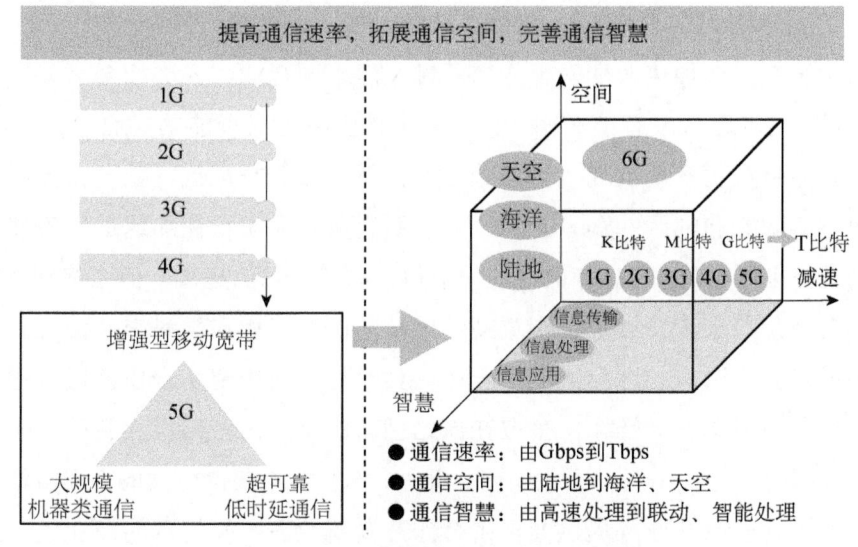

图 4-6-2 线—面—体的演进趋势示意图

6G 时代，网络与用户将被看作一个统一整体，用户的智能需求将被进一步挖掘和实现，并以此为基准进行技术规划与演进布局。6G 的早期阶段将是 5G 的扩展和深入，以人工智能、边缘计算和物联网为基础，实现智能应用与网络的深度融合，实现虚拟现实、虚拟用户、智能网络等。在人工智能理论、新兴材料和集成天线相关技术的驱动下，6G 的长期演进将取得新突破，甚至构建新世界。

为了满足上述需求，需要在信息理论、传输和组网方面实现 6G 的理论和技术突破。在基本信息理论方面，6G 将拓展传统信息理论，从理论上保证基于语义信息度量、压缩、传输和网络优化。在传输关键技术方面，将挖掘太赫兹通信相关理论，获取极化编解码、广义 MIMO 等关键技术突破。在组网技术方面，将采用"人-机-物-灵"的全新网络架构，满足认知增强与决策推演的智能定义网络需求，保证安全可靠的网络传输，乃至实现意念驱动网络。

五、结语

全球移动通信已逐步进入 5G 网络的商用时代，5G 技术会不断渗透到智慧城市、工业互联网、智慧医疗、智慧农业等广泛的垂直行业应用领域，也将催生出更多新兴的业务和商业模式，更深刻地改变人类社会，但是在此过程中仍有诸多的技术问题需要解决。此外，在大数据、新型算法和超级计算的推动下，人工智能正在加速改变乃至颠覆所触及的不同行业，人类社会正从"互联网+"时代逐步迈入"智能+"时代，移动通信和人工智能的融合会产生新机遇，但也会带来更多新挑战。为了抢占科技新领域的制高点，欧洲、美国、韩国、日本等国家和地区的众多强势企业、研究所和大学正在加速进行研究。我国移动通信虽然在过去 30 年的发展中取得了举世瞩目的进步，但在基础创新方面仍存在不足。未来发展应特别重视基础性的研究工作和学科交叉融合创新，加强与技术先进国家的国际交流与合作，大学与企业更密切合作，通过优势互补加速研究成果向产品转化，争取在原始创新成果方面获得重大突破，在移动通信国际标准化进程中发挥更大作用。此外，5G 技术获得巨大成功还将依赖于通信企业、运营商和业务提供商携手合作开发新业务，发掘新的商业模式推动产业链的繁荣发展。

参 考 文 献

[1] 张平，陶运铮，张治. 5G若干关键技术评述［J］. 通信学报，2016，37（7）：1-15.

[2] Shafi M, Molisch A F, Smith P J, et al. 5G: A Tutorial Overview of Standards, Trials, Challenges, Deployment, and Practice［J］. IEEE Journal on Selected Areas in Communications, 2017, 35（6）: 1201-1221.

[3] China Telecom. China Telecom 5G Technology White Paper［EB/OL］［2018-06］. Available: http://www.chinatelecom.com.cn/2018/ct5g/201806/P020180626325685163826.pdf.

[4] Zhang T, Zhao J, An L. Energy Efficiency of Base Station Deployment in Ultra Dense HetNets: A Stochastic Geometry Analysis［J］. IEEE Wireless Communications Letters, 2016, 5（2）: 184-187.

[5] Wu Y, Qian L P, Zheng J, et al. Green-Oriented Traffic Offloading through Dual Connectivity in Future Heterogeneous Small Cell Networks［J］. IEEE Communications Magazine, 2018, 56（5）: 140-147.

[6] 中国联合网络通信有限公司. 新一代网络架构白皮书（CUBE-Net 2.0）［R］. 2015.

[7] Haenggi M, Andrews G A, Baccelli F, et al. Stochastic geometry and random graphs for the analysis and design of wireless networks［J］. IEEE Journal on Selected Areas in Communications, 2009, 27（7）: 1029-1046.

[8] Chiu S N, Stoyan D, Kendall W S. Stochastic Geometry and Its Applications［M］. Berlin: John Wiley & Sons, Ltd, 1987.

[9] Soret B, Pedersen K I, Jørgensen N T K, et al. Interference coordination for dense wireless networks［J］. IEEE Communications Magazine, 2015, 53（1）: 103-109.

[10] Zhang H, Chen S, Li X, et al. Interference management for heterogeneous networks with spectral efficiency improvement［J］. IEEE Wireless Communications, 2015, 22（2）: 101-107.

[11] Yang L, Wen P P. Location Based Autonomous Power Control for ICIC in LTE-A Heterogeneous Networks［J］. IEEE Globecom, 2011.

[12] Hatoum A, Aitsaadi N, Langar R, et al. FCRA: Femtocell Cluster-based Resource Allocation Scheme for OFDMA Net-works［C］. 2011 IEEE International Conference on Communications（ICC）. IEEE, 2011: 1-6.

[13] Abbas H, Rami L, Nadjib A. QoS-based Power Control and Resource Allocation in OFDMA Femtocell Networks［J］. IEEE GLOBECOM, 2012.

[14] Liu J, Sun S, Liu J. Clustering-based interference management in dense small cell networks with backhaul constraints［J］. Electronics Letters, 2015, 51（25）: 2153-2154.

[15] Ismail G, Moo-Ryong J, Mustafa E S, et al. Interference Avoidance in 3GPP Femtocell

Networks Using Resource Partitioning and Sensing [C]. 2010 IEEE 21st International Symposium on Personal, Indoor and Mobile Radio Communications Workshops. IEEE, 2010: 163-168.

[16] Khawer M R, Tang J, Han F. usICIC—A Proactive Small Cell Interference Mitigation Strategy for Improving Spectral Efficiency of LTE Networks in the Unlicensed Spectrum [J]. IEEE Transactions on Wireless Communications, 2016, 15 (3): 2303-2311.

[17] Zhang H, Wang Y, Ji H. Resource Optimization-Based Interference Management for Hybrid Self-Organized Small-Cell Network [J]. IEEE Transactions on Vehicular Technology, 2016, 65 (2): 936-946.

[18] Zhang H, Jiang C, Cheng J. Cooperative interference mitigation and handover management for heterogeneous cloud small cell networks [J]. IEEE Wireless Communications, 2015, 22 (3): 92-99.

[19] Marzetta T L. Noncooperative Cellular Wireless with Unlimited Numbers of Base Station Antennas [J]. IEEE Transactions on Wireless Communications, 2010, 9 (11): 3590-3600.

[20] Lu L, Li G Y, Swindlehurst A L, et al. An Overview of Massive MIMO: Benefits and Challenges [J]. IEEE Journal of Selected Topics in Signal Processing, 2014, 8 (5): 742-758.

[21] Larsson E G, Edfors O, Tufvesson F, et al. Massive MIMO for Next Generation Wireless Systems [J]. IEEE Communications Magazine, 2014, 52 (2): 186-195.

[22] 陈勇辉, 汪玉琳, 陈其铭. Massive MIMO 技术 4G 化应用研究 [J]. 电信工程技术与标准化, 2018, 1 (31): 74-78.

[23] Elijah O, Leow C Y, Rahman T A, et al. A Comprehensive Survey of Pilot Contamination in Massive MIMO-5G System [J]. IEEE Communications Surveys & Tutorials, 2016, 18 (2): 905-923.

[24] 程琳琳. 5G 第三阶段测试结束达到预期结果 [J]. 通信世界, 2019, (4): 34-35.

[25] 蒋晓虞. Massive MIMO 测试进展及性能分析 [J]. 通信世界, 2018, (22): 33.

[26] Cisco. Cisco Visual Networking Index: Forecast and Methodology, 2014-2019, White Paper [EB/OL] [2015-05-27]. http://www.audentia-gestion.fr/cisco-2/white-paper_c11-481360.pdf.

[27] Li L M, Wang D M, Niu X K, L et al. mmWave communications for 5G: implementation challenges and advances [J]. Science China Information Sciences, 2018, 61 (2): 1-19.

[28] Cui Q M, Gu Y, Ni W, et al. Effective capacity of licensed-assisted access in unlicensed spectrum for 5G: from theory to application [J]. IEEE Journal on Selected Areas in Communications, 2017, 35: 1754-1767.

[29] Rappaport T S, Sun S, Mayzus R, et al. Millimeter wave mobile communications for 5G cellular: it will work [J]. IEEE Access, 2013, 1: 335-349.

［30］Ericsson White Paper. 5G radio access，2016［EB/OL］［2017-01］. http：//www.ericsson.com/49daeb/assets/Local/reports-papers/white-papers/wp-5g-system.pdf.

［31］Onoe S. Evolution of 5G mobile technology toward 2020 and beyond［C］. Proceedings of IEEE International Solid-State Circuit Conference. San Francisco，2016.

［32］Poon A S，Taghivand M. Supporting and enabling circuits for antenna arrays in wireless communications［J］. Proc IEEE，2012，100：2207-2218.

［33］Gao X Y，Dai L L，Han S F，et al. Energy-efficient hybrid analog and digital precoding for mmWave MIMO systems with large antenna arrays［J］. IEEE Journal on Selected Areas in Communications，2016，34：998-1008.

［34］Yue G R，et al. 60GHz millimeter-wave short-range wireless communication system demonstration at 3.5Gbps over 5m range Guangrong［J］. Science China Information Sciences，2017，（60）：1-7.

［35］Teng Y L，Liu M T，Yu F R，et al. Resource Allocation for Ultra-Dense Networks：A Survey，Some Research Issues and Challenges［J］. IEEE Communications Surveys and Tutorials，2019，21（3）：2134-2168.

第七节　先进机器学习技术得到突破和实际应用

俞　扬

（南京大学计算机软件新技术国家重点实验室）

一、引言

机器学习[1]技术是人工智能的核心。从 1956 年夏天举办的美国达特茅斯会议开始，人工智能正式发展成为一个学科领域，其主流技术的发展经历了推理期、知识期和学习期，即在发展了计算机推理能力、知识的表达与推理结合之后，人们逐渐发现把知识总结出来再教给计算机相当困难，知识工程瓶颈难以突破，于是一些学者希望从数据中自动学习出知识，机器学习取得大发展。机器学习的经典定义是研究利用经验自动提升系统性能的方法，经验往往表示为数据的形式，因此机器学习已成为大数据价值发现的主要手段。20 世纪以来，人类收集、存储、传输和处理数据的能力均获得了飞速提升，大数据亟须能有效地对数据进行分析利用的计算机算法[2, 3]，机器学习恰好顺应了大时代的这个迫切需求，因此受到高度关注，并由此掀起了新一轮人工智能热潮。2015 年 5

月,《自然》首先发表人工智能专辑,同年 7 月《科学》也发表人工智能专辑,它们都不约而同地将机器学习作为关注重点。2015 年 8 月,国务院印发了《促进大数据发展行动纲要》,并明确指出,机器学习是提升数据分析处理能力、知识发现能力和辅助决策能力的核心技术。2016 年 5 月,美国政府发布了《联邦大数据研发战略计划》,将机器学习作为通过利用新兴的大数据基础、技术、流程和策略创造下一代能力。而在近年各国推动的人工智能计划中,机器学习一直占据核心位置。在企业界,Google、微软、IBM、亚马逊等美国巨头,以及华为、阿里、腾讯等国内标志性企业,均投入巨资研发机器学习系统,以满足公司对机器学习技术的迫切需求。可见,机器学习技术的发展和应用已成为企业、国家抢占人工智能制高点的关键所在。

二、机器学习的发展趋势

回顾机器学习发展过程,经典的机器学习通常是在封闭静态环境下展开研究的,研究者通常假设用于构建模型的数据样本分布(即训练样本分布)与模型实际应用时面临的数据分布(即测试样本分布)相同、数据类别和属性恒定、学习目标明确且唯一、对领域背景知识需求少。封闭静态环境下的机器学习技术在手写识别、人脸检测等一些任务上获得了成功,促使机器学习走进越来越多的应用领域。然而,在更多的具体应用中面临开放动态环境,在这样的环境中,样本分布不断演变、样本类别可能增加、属性可能增加/失效,甚至严重依赖领域背景知识。例如,在基于传感器网络的环境监测应用中,由于环境变化,训练和测试样本的分布会有显著不同;随着人们对环境质量关心的内容增加,需预警的事件种类会增加;由于传感器可能失效、增加投放,样本属性会减少/增加;环保部门、生产企业、一般人群所关心的方面也会有显著不同。此外,以往研究较多的一些机器学习应用任务,在今天来看,也需从封闭静态转变为在开放动态环境进行研究。例如,传统基于内容的图像检索(CBIR)主要通过电脑在图像库中进行,而今的很多图像检索应用是在移动互联网上完成的,显然,训练、测试样本分布不同、图像类增加、终端设备变化导致属性变动、用户偏好不同,这些因素全都存在。总的来看,随着机器学习技术逐渐走向实用,机器学习技术必将面向开放动态环境发展,逐步突破各种经典条件限制。

三、国内外研究现状

目前，深度神经网络由于在语音、图像等数据集上取得的性能突破，已成为机器学习领域最受关注的模型之一。Krizhenvsky 等[4]将深度网络模型用于图像中物体识别，其准确度远超计算机视觉领域近 20 年来的其他方法；Hinton 等[5]通过使用网络学习模型，错误率比传统技术降低了 23%；2011 年，微软基于深度学习技术大幅降低语音识别错误率；2012 年，"谷歌大脑"项目基于深度学习技术在图像识别方面取得巨大成功；2013 年，FaceBook 创建了以深度学习为焦点的人工智能实验室；2014 年 4 月，《麻省理工科技评论》将深度学习列为十大突破性技术之首。而深度网络在 AlphaGo 等博弈系统中的使用带来了突破性的性能提升，广泛掀起了基于深度神经网络模型的机器学习研究热潮。从技术内容来看，针对实际应用的局限，对于机器学习的研究焦点有生成对抗模型、神经网络鲁棒性、元学习、自动机器学习、图神经网络等，同时可以看到大量对于机器学习应用的研究。

生成对抗网络（generative adversarial networks，GAN）学习是一类无监督学习方法，即它的训练数据没有标记，学习的目的是得到能够输出训练数据的模型。数据生成任务可为后续的学习过程提供数据增广、分布建模等帮助，在数据不充分时提高学习性能。GAN 的总体框架包括训练数据、噪声分布、生成器、判别器四个部件，生成器输入噪声分布的采样，输出生成的数据集，判别器以真实训练数据为正类、生成数据为负类，按照指定的分类损失学习分类模型，同时生成器以判别器损失的相反方向学习模型，最终达到判别器无法区分真实与生成数据的目的。Goodfellow 等[6]2014 年最初提出的生成对抗网络训练方法在生成高维数据、训练稳定性、生成数据分布的吻合性上存在不足。WGAN[7]使用了 Wasserstein 最优传输距离作为分布度量准则，提高了 GAN 训练的稳定性。更多的工作从引入正则项、结合自编码器等方式更好地逼近训练数据的分布。为了取得更好的生成效果，英伟达公司提出的渐进生长式生成对抗网络（progressive growing of GANs）首次实现了 1024×1024 分辨率的人脸图像生成，Google 公司提出的 GigGAN 使用了更大的数据集，生成了更加逼真的自然场景图像。

在生成对抗网络研究中,研究者发现,深度神经网络模型虽然在特定数据集上能够取得很高的精度,但往往鲁棒性很差,在图像识别、自然语言理解等任务中,专业研究者都轻易构造出了神经网络的对抗样本[8, 9]。对抗样本是对于人类而言与普通样本没有明显区别但会被神经网络识别错误的样本。为了探究神经网络模型的鲁棒性,研究者一方面研究如何攻击神经网络,使得在原本识别正确的样本上加上少量的扰动攻击,神经网络便会识别错误。攻击手段分为白盒与黑盒攻击。白盒即神经网络模型的内部结构暴露给攻击者,攻击者从而可以使用梯度方法,从一个普通样本出发,在样本的邻域中发现被神经识别为不同的类别。黑盒攻击[10]则假设攻击者无法获得神经网络内部结构,但仍然可以使用无梯度搜索、代理模型梯度搜索等方法,实现相同的目标。当搜索的邻域领域被设置为很小的范围时,图像等领域的样本变化很难被人眼察觉,从而构造出了人眼看似没有区别但神经网络的输出改变巨大的攻击样本。研究表面攻击样本对于当前神经网络模型广泛存在,这对深度学习在高代价领域的应用埋下严重的隐患。另一方面,研究者在对神经网络的抗攻击方法方面开展了研究,通过不断将对抗样本加入训练过程、引入间隔最大化等正则项方法、在图像等特定领域使用低通滤波等手段,在一定程度上增强了神经网络的鲁棒性。

研究者注意到,训练数据的静态性难以满足应用环境多变性的需求,元学习(meta-learning)希望能够构建"学会学习"的方法,实现可跨环境的学习。早期的元学习方法[11]试图从训练数据集中抽取领域特征,从而对于多种不同领域的数据集进行学习时,可在数据集之上构造元数据集,元数据集中的元样本即是一个领域数据集抽取的特征。当在多个数据集上获得了良好的性能时,通过构造元数据集训练元学习模型,便可将以往数据集上导致良好性能的因素,如归纳偏执、学习率、模型结构等,泛化到新的领域数据集上,从更少的数据获取更好的性能。近期,元学习又得到重视,在深度学习时代帮助深度神经网络适应环境的变化。一部分工作关注如何提取有效的领域特征[12],同时,学习"平均模型"受到了很大的关注,如基于模型的梯度更新步数作为"距离"[13],学习梯度意义上的平均模型,可以在环境变动时获得更好的起点性能与较少的更新步数。

深度神经网络包含网络结构、目标函数、优化方法、更新步长等一系列超参数,在具体的应用中,虽然在一定程度上免去了人工构造特征的劳动,但也带来了人工调节超参数的麻烦。模型性能对超参数通常较为敏感,不同的人可能调出不同的结果。自动机器学习[14](automated machine learning)旨在免去或缓解人工调参的劳动,由学习系统自动寻找较好的超参数。这部分研究集中在模型搜索方面,特别针对深度神经网络模型,网络结构搜索[15](neural architecture search)成为关注焦点。演化算法、强化学习算法被用于在离散的网络结构空间中进行搜索,而搜索空间的设计,成为不同工作的一个主要关注点,设计更小但更合适的搜索空间能够帮助快速搜索良好的网络结构。

经典基于向量表示的样本难以刻画对象之间的关系。事实、对象、关系等离散知识更适合用图的形式来表达。近年来,如何利用擅长处理向量的神经网络来处理离散的图数据这一研究方向的关注度迅速上升[16, 17]。在图神经网络方向上,图的嵌入(graph embedding,即用向量来表示图)、图的生成学习(graph generative model)成为研究热点。图嵌入网络考察点、边与临域的关系计算嵌入表示,因此,在计算过程中可以实现网络信息的传播,完成一定程度的训练时推理任务。

四、待解决的关键技术问题

虽然机器学习技术正在迅速变化,热点不断转移,但距离开放动态环境下的实用技术还有相当的路程,亟待解决的关键技术难点包括以下 6 个方面。

(一)弱监督学习

监督学习任务需要大量的标记训练数据,深度学习为了训练更大的神经网络模型,还需要更多的标记数据。然而在许多任务中,由于数据标注过程的成本极高,很难获得强监督信息,因此,研究者十分希望获得能够在弱监督[18]前提下工作的机器学习技巧。弱监督学习可包含:①不完全监督,如图像数据只有一个很小的训练子集有标签,其他数据没有标签;②不确切监督,如图像只有粗粒度的标签;③不准确监督,如图像标注者不小心或比较疲倦时打错标签。有效利用小样本和非监督信息,有效利用不完备标记信息的学习,有效利用不精确标记信息的学习等方法与理论的完善,将助力机器学习技术用于现实问题数据低质的情况。

（二）开放动态环境元学习

虽然元学习的目标是实现模型、经验的跨环境复用，但现有方法在环境特征的提取、特征的利用方面还存在诸多不足，往往只适用于环境变动有限的条件下；平均模型只能实现提供较好起点的作用，没有解决如何针对性地复用经验等问题。面向更广范围的学习任务，如何实现学习经验的多层次多粒度表示、多层次经验的高效定位与复用、适应不同维度的环境变化等问题，是解决真实任务时实现环境自适应的关键技术难点。

（三）鲁棒机器学习

深度神经网络面对对抗攻击的脆弱性，是其进入关键应用领域的瓶颈。目前的研究表明，神经网络模型易攻难守，防守也往往只针对一些特定的攻击手段，对于实现鲁棒学习模型缺乏能够提供一般性指导的基本原理。理解神经网络模型对抗样本存在的根本原因、避免模型在极端情况下产生极端错误的输出、保持在未知环境中模型仍然具有一定的泛化能力，不仅是应用需求，而且可推动深入理解学习模型。

（四）真实环境强化学习

强化学习在 AlphaGo 系统中占据重要分量，近期 DeepMind 训练星际争霸游戏智能体的 AlphaStar 系统、OpenAI 训练 Dota II 游戏智能体的 OpenAI Five 系统，都是强化学习系统。然而除游戏以外，强化学习很难在实际应用中加以使用，其原因在于强化学习依赖低成本的采样，而开放动态环境无法提供游戏环境一般的模拟器。如何增加强化学习效率、构造可与现实世界打通的模拟环境，是在开放动态环境中应用强化学习解决实际问题的关键技术难题。

（五）富知识机器学习

目前，基于统计原理的机器学习方法，由于缺少领域知识和常识，无法承担涉及知识类的任务。虽然从 20 世纪 80 年代人们就开始往计算机中输入知识，形成知识库，但离散的知识库很难应用于擅长连续任务的神经网络模型。基于知识进行推理,是破除统计限制从而获得更好泛化能力的有效途径。能够自然融合知识的表达、知识的推理与基于统计机理的学习模型,是构建富知识学习系统的关键技术。

(六)非可微学习模型

目前,深度神经网络已经成为机器学习模型的首选之一。深度神经网络每一层由可微函数构成,可微使得深度神经网络可以基于梯度下降方法有效优化其权重,方便学习。但可微层也给模型带来很多缺陷,如在表格数据集上深度神经网络的性能往往不如基于决策树的非可微模型[19]。深入理解可微性对于模型泛化的作用、自然的结合离散与连续模型、设计高效的非梯度优化方法等,是构建新型非可微模型的关键技术。

五、结语

先进机器学习技术虽然已经引起广泛关注,并在某些应用领域取得初步成效,但是相关研究才刚刚开始。当前的机器学习技术仍存在着数据需求大、环境适应弱、可解释性差、经验分享难等技术局限。从应用需求和技术发展看,机器学习技术必将逐步突破经典条件限制。预计未来5~20年,突破经典条件限制的先进机器学习技术,如联机深度学习系统(OLDP)、开放世界决策系统、富有领域知识的学习系统等,将得到广泛应用,并深刻影响社会经济产业的智能化升级。在重视理论基础研究的同时,还应着力推动先进机器学习的实际应用,加强企业合作,做到优势互补,加速研究成果向产品转化。同时,大学应与企业加强人才合作。中国人工智能市场规模和发展潜力巨大,但在人工智能基础研究和创新方面,高端人才储备仍然存在很大缺口。

参 考 文 献

[1] 周志华. 机器学习[M]. 北京:清华大学出版社,2016.
[2] 徐宗本. 关于大数据研究下的若干问题[R]."科学与中国"科学前沿系列报告会. 北京,2015.
[3] Zhou Z H, Chawla N V, Jin Y, et al. Big data opportunities and challenges:Discussions from data analytics perspectives[J]. IEEE Computational Intelligence Magazine,2014,9(4):62-74.

[4] Krizhenvsky A, Sutskever I, Hinton G. ImageNet classification with deep convolutional neural networks [M]//Pereira F, Burges C J C. Bottou L, et al. (eds) Advances in Neural Information Processing Systems 25 (NIPS2012). Cambridge, MA: MIT Press, 2012, 1097-1105.

[5] Hinton G, Deng L, Yu D, et al. Deep neural networks for acoustic modeling in speech recognition [J]. IEEE Signal Processing Magazine, 2012, 29: 82-97.

[6] Goodfellow I J, Pouget-Abadie J, Mirza M, et al. Generative Adversarial Nets [M]// Ghahramani Z, Welling M, Cortes C, et al. (eds) Advances in Neural Information Processing Systems 27 (NIPS2014). Cambridge, MA: MIT Press, 2014, 2672-2680.

[7] Arjovsky M, Chintala S, Bottou L. Wasserstein Generative Adversarial Networks [C]. Proceedings of the 34th International Conference on Machine Learning (ICML2017). Sydney, Australia, 2017: 214-223.

[8] Goodfellow I, Shlens J, Szegedy C. Explaining and harnessing adversarial examples [C]. Proceedings of the 3rd International Conference on Learning Representations. San Diego, CA, 2015.

[9] Jia R, Liang P. Adversarial Examples for Evaluating Reading Comprehension Systems [C]. Proceedings of the 2017 Conference on Empirical Methods in Natural Language Processing (EMNLP'17), Copenhagen, Denmark, 2017: 2021-2031.

[10] Papernot N, McDaniel P D, Goodfellow I J, et al. Practical Black-Box Attacks against Machine Learning [C]. Proceedings of the 2017 ACM on Asia Conference on Computer and Communications Security. 2017: 506-519.

[11] Vilalta R, Drissi Y. A Perspective View and Survey of Meta-Learning [J]. AI Review, 2002, 18 (2): 77-95.

[12] Yu Y, Chen S Y, Da Q, et al. Reusable Reinforcement Learning via Shallow Trails [J]. IEEE Transactions on Neural Networks and Learning Systems, 2018, 29 (6): 2204-2215.

[13] Finn C, Abbeel P, Levine S. Model-Agnostic Meta-Learning for Fast Adaptation of Deep Networks [C]// Proceedings of the 34th International Conference on Machine Learning (ICML'17). Sydney, Australia, 2017: 1126-1135.

[14] Yao Q M, Wang M S, Escalante H J, et al. Taking human out of learning applications: a survey on automated machine learning [J]. 2018, arxiv preprint arxiv: 1810.13306.

[15] Zoph B, Vasudevan V, Shlens J, et al. Learning Transferable Architectures for Scalable Image Recognition [C]. Proceedings of the 2018 IEEE Conference on Computer Vision and Pattern Recognition (CVPR'18). Salt Lake City, UT, 2018: 8697-8710.

[16] Zhou J, Cui G Q, Zhang Z Y, et al. Graph Neural Networks: A Review of Methods and Applications [J]. 2018, arxiv preprint arxiv: 1812.08434.

[17] Zhang Z W, Cui P, Zhu W W. Deep Learning on Graphs: A Survey [J]. IEEE Transactions on Knowledge and Date Engineering, 2020.

第八节 1纳米集成电路制造技术展望

刘 明

（中国科学院微电子研究所）

一、引言

集成电路制造技术融合了半导体、材料、光学、精密仪器、自动控制等40多个工程科学技术领域的最新成就，代表当今世界微纳制造的最高水平，其技术水平和产业规模已成为衡量一个国家信息产业竞争力和综合国力的重要标志。集成电路产业处于电子信息产业链的上游，是一个有巨大市场规模且持续增长的行业，以2017年为例，集成电路产业对全球GDP的直接贡献高达4086.91亿美元[1]。近年来，得益于物联网、云计算、大数据、人工智能等领域的快速发展，集成电路的应用范围正在不断扩大。

与此同时，集成电路是电子信息产业的基础和核心，一直在推动信息化和工业化深度融合中发挥着重要作用。比如，利用集成电路芯片对传统机床进行智能改造，形成了数控机床的新兴产业。汽车电子化是提高汽车安全性、舒适性和经济性等性能的重要措施，引发了汽车工业的新革命。面向传统行业定制的处理、控制、存储相关集成电路，不仅将重构传统行业发展生态，而且将驱动集成电路产业的发展。

二、国内外研究现状

自1958年集成电路问世以来，以硅CMOS技术为基础的集成电路一直遵循摩尔定律不断向前发展，即集成电路上可容纳的晶体管数量每隔18～24个月增加一倍，性能提升一倍，而价格保持不变。在CMOS工艺中，通常用特征尺寸来表征栅长，即沟道长度，通过缩小特征尺寸来提高芯片工作速度，增加集成度及降低成本。当前特征尺寸已经从1971年的10μm缩减到10nm左右，先进集成电路容纳的晶体管数量已经超过10亿个。

近年来，得益于制造技术的进步，相对于前一个技术节点，新技术节点的电路性能提升30%，功耗下降50%，面积缩减50%，可靠性基本保持不变[2]。但是随着集成电路工艺进入 7nm 技术节点（对应沟道长度约 20nm），传统逻辑和存储器性能的继续提升遇到技术瓶颈，集成电路发展正处于重大技术革新时期。未来 5～10 年，集成电路产业将沿着扩展摩尔（more Moore）、超越摩尔（more than Moore）和超越 CMOS（beyond CMOS）三个技术路线向前发展[3]。

（1）扩展摩尔。通过器件结构、沟道材料、集成工艺等方面的创新，微缩特征尺寸，继续提升集成电路密度，相关技术路线已经规划到近 1nm 技术节点，这正是本文讨论的重点。

（2）超越摩尔。以价值优先和功能多样化为目标，不强调特征尺寸的缩小，而是通过功能扩展及多功能集成，发展新功能器件与系统集成，实现应用层面的系统性能提高。

（3）超越 CMOS。通过新材料、新结构、新原理器件的研发推动集成电路的发展，从物理工作机理与技术实现方式上突破传统硅基 CMOS 场效应晶体管技术限制。

扩展摩尔技术路线是实现更小、更快、更廉价的逻辑与存储器件的重要技术路径。表 4-8-1 是电气和电子工程师协会（IEEE）给出的国际器件与系统路线图（international roadmap for devices and systems，IRDS）[4]。

表 4-8-1 IRDS2017 版公布的逻辑器件工艺技术路线图

年份	2019	2021	2024	2027	2030	2033
逻辑器件技术命名	P48M28	P42M24	P36M21	P32M14	P32M14T2	P32M14T4
技术节点	7	5	3	2.1	1.5	1
系统级芯片（SoC）金属半周期/nm	14	12	10.5	7	7	7
物理栅长/nm	18	16	14	12	12	12
动态随机存取存储器（DRAM）半周期/nm	17.5	17	14	11	8.4	7.7
非易失闪存技术（NAND Flash）半周期/nm	15	15	15	15	15	15

短沟道效应是 CMOS 工艺技术向更小尺寸和更高集成度方向发展面临的主要问题，当沟道长度缩小到纳米量级时，即使不施加栅极电压，也无法完全关断 MOS 晶体管，源与漏之间会存在漏电流，使电路静态功耗增大。为此，需要

通过新工艺、新结构与新器件的不断创新实现更先进的技术节点。总体上来说，逻辑器件的发展呈三个重要趋势：从结构上看，将由平面转变为立体，三维晶体管技术（如 FinFET 等）成为主流器件技术；从材料上看，沟道构建材料将由硅转变为非硅，非硅成为主流；从集成上看，类似平面 NAND 闪存向三维 NAND 闪存演进，未来的逻辑器件也会从二维集成技术走向三维堆栈工艺。从功耗和性能两个维度来看，有两条比较清晰的技术发展主线：采用新结构增加栅控能力，以实现更低的漏电流，降低器件功耗；采用新材料增加沟道的迁移率，以实现更高的导通电流和性能。10nm 及以下逻辑工艺将引入 Ge/Ⅲ-Ⅴ族高迁移率沟道材料、GeSi 源/漏应变材料等，结构上将采用纳米场效应晶体管和隧穿场效应晶体管（TFET）等。而存储器件，DRAM 尺寸缩小到 1x 技术节点遇到工艺复杂、良率下降、成本上升、功耗增加等挑战，DRAM 在容量增加的同时刷新功耗增加，其容量扩展性遭遇巨大挑战。新兴非易失存储技术，特别是基于非电荷存储机制的两端器件，避免了电荷型 MOS 结构尺寸缩小过程中器件可靠性的严重退化问题，有望成为未来非易失存储的主流技术。同时，三维集成是高密度存储器发展的方向和核心技术。

近 20 年来，美国英特尔公司一直是逻辑集成电路技术发展的领头羊，分别于 90nm（2003 年）、45nm（2007 年）和 22nm（2011 年）技术节点上率先研发出晶体管沟道应变、高 K 金属栅和三维 FinFET 技术，不断推动着扩展摩尔技术的进步。但是，随着制造工艺复杂度和制造成本的不断攀升，只有极少数集成电路厂商能够承受 7nm 节点以下集成电路的研发费用。目前，格罗方德半导体股份有限公司和联华电子股份有限公司均已退出先进节点集成电路的研发。目前，全球只有英特尔公司、三星公司、台积电公司有能力研发 7nm 及以下集成电路技术。三星公司、台积电公司于 2016 年年底领先研发成功 10nm 集成电路技术，2018 年台积电公司的 7nm 集成电路开始量产。中国中芯国际公司 14nm 工艺制程芯片 2019 年实现量产，并将于 2021 年正式出货。目前来看，考虑到技术复杂度的不断增加和应用需求有所放缓，技术节点升级的周期将可能放缓至 30 个月以上。

三、待解决的关键技术问题

1nm 集成电路对应的特征尺寸将达到 7nm，硅集成电路技术在速度、功耗、集成度、可靠性等方面将受到一系列基本物理问题和工艺技术问题的限制，面临的关键技术挑战包括：①晶体管结构：如何重新定义底层设计；②沟道材料：如何获取兼容 CMOS 工艺的高载流子迁移率材料；③极紫外投影光刻技术：如何提高分辨率和产率；④互连：如何开发新材料和新集成方法，以降低 RC 延迟时间；⑤设计与工艺联合优化技术：如何寻找制造技术和设计电路图形的关联性。

（一）晶体管结构

当集成电路进入 22nm 节点，传统的平面场效应晶体管由于栅极不能完全控制沟道，从漏极到源极的亚阈值泄漏增大，无法进行进一步的缩微，被三维结构的 FinFET 取代。FinFET 结构类似鱼后鳍的叉状 3D 架构，由衬底上的硅体薄（垂直）翅片组成，通过在鳍片的三个面上施加栅极，可以有效控制沟道漏电流，降低沟道掺杂，提高载流子迁移率[5]。高 K 金属栅新材料、FinFET 新器件结构和沟道倒掺杂新工艺的引入，可以降低工作电压，减少器件与电路的功耗，这对于低功耗要求较为严格的消费类芯片尤为重要。但是当集成电路进入 3nm 节点后，栅控与漏电问题将再次凸显，再加上阈值平坦化和翅片上的热耗散等难题，三栅 FinFET 不再适用，有可能被围栅（gate-all-around，GAA）纳米线器件取代[6]。GAA 在结构的四个面都施加一个栅极，从而保持沟道静电完整性，实现更好的漏电流控制和载流子一维弹道输运。为了进一步克服物理缩放比例和性能限制，需要发展三维集成技术，形成类似 3D-NAND 闪存的垂直 GAA 结构，或者通过逐层堆叠的方法形成堆叠纳米线晶体管，从而提高单位面积的电路集成度。尽管如此，对于未来的 1nm 集成电路制造技术，如何重新从底层设计具有超陡亚阈值斜率、超小亚阈值摆幅的低功耗器件结构，增强栅极控制能力，仍然是有待解决的难题。

（二）沟道材料

当集成电路进入 90nm 节点后，集成电路产业界开始引入应变硅材料，并寻求更高载流子迁移率的新型沟道材料。在硅衬底上外延应变 SiGe 或 Ge 沟道可以提高空穴迁移率来增大驱动电流。主要问题是需要严格控制外延层厚度和外延层与基底层之间的界面粗糙度。当应变层厚度超过临界值时，应力弛豫会导致载流子能带分布与波谷散射增加，从而造成迁移率退化。由于需要在前道工序中引入 Ge，后续工艺需要防止 Ge 沾污和采用低工艺温度。Ⅲ-Ⅴ族化合物半导体，如铟镓砷、砷化镓和砷化铟等具有很高的载流子迁移率，与 FinFET 和 GAA 器件的集成在 7nm 节点集成电路表现出优异的性能，其挑战在于和硅材料之间存在大的晶格失配，导致晶体管沟道的缺陷，尤其是在硅材料上生长铟镓砷材料更为严重。当前利用选择性外延技术集成Ⅲ-Ⅴ族化合物的研究正在进行中，其他技术如硅上键合技术也在探索之中。为了有效避免短沟道效应，通常要求场效应晶体管沟道厚度小于沟道长度的 1/3，1nm 节点集成电路的沟道长度小于 10nm，受量子效应限制，传统三维半导体材料很难将沟道厚度减小至 3nm 以下。具有原子层厚度的二维半导体材料具有比硅更小的介电常数、更大的带隙和载流子有效质量。将这种新型材料应用于短沟道晶体管正在成为一个前沿探索方向。1nm 物理栅长的 MoS_2 场效应晶体管已经被报道[7]，其结构是以直径 1nm 的单臂碳纳米管作为栅电极，并以 ZrO_2 包裹碳纳米管形成背栅电容，以 Ni 作为源漏电极，晶体管亚阈值摆幅 65Mv/dec，开关比 10^6，漏致势垒降低至 290mV/V。但是载流子迁移率仍低于理论预期值，目前使用的微机械剥离等方法无法应用于集成电路生产。

（三）极紫外投影光刻技术

光刻是集成电路制造中技术难度最大、成本最高的技术环节，成本占集成电路制造成本的 35%以上，在每一代集成电路技术更新中都扮演着技术先导的角色。透射式浸没式 193nm 步进扫描投影光刻机的单次曝光分辨力理论极限为 38nm，无法通过单次曝光形成22nm 节点及以下集成电路关键图层的目标图形，需要采用多重光刻技术，即把原来一层光刻的图形经过拆分之后放到两个或多个掩模上，采用多次光刻共同形成一层关键图层。通过四重图形曝光手段，集成电路特征尺寸可以达到 10nm。通过八重图形曝光手段，集成电路特征尺寸可以达到 5nm。但是多重图形曝光工艺复杂，如多块掩模版、多次曝光、多次刻蚀、更为复杂的图形布局拆分算法等，导致制造成本急剧上升。为此，需要采用波长为 13.5nm 的反射式极紫外投影光刻技术，当前阿斯麦（ASML）公司商用的 TWINSCAN NXE：3400B 极紫外投影光刻机数值孔径已经达到 0.33，5nm 技术节点逻辑集成电路制造中金属互联层和高密度孔阵列均可以通过单次极紫外投影曝光完成[8]。未来 5～10 年，预计数值孔径将提高到 0.6 以上，光源功率、掩模缺陷和光刻胶灵敏度三大关键技术将取得突破，结合离轴照明等分辨力增强技术，极紫外投影光刻单次曝光分辨力极限将逼近 7nm，进一步采用多重图形极紫外投影曝光技术，分辨力极限将达到 2nm 及以下，满足 1nm 技术节点集成电路光刻需求。

（四）互连技术

随着互连线特征尺寸的不断缩小、布线层数和长度的不断增大，集成电路进入 130nm 节点以后，RC 时间延迟逐渐成为阻碍时钟频率提高的主要因素。通常采用铜互连和低介电常数材料两种方法来降低 RC 延迟时间。相比于铝及其合金互连，新一代的铜互连具有更低的电阻率、更高的熔点和更好的抗电迁移能力，可以降低 RC 时间延迟约 40%，从而提高器件密度和时钟频率，并降低能耗。铜互连通常采用"大马士革"结构的镶嵌工艺，且被铜种子层、衬垫和薄扩散阻挡层所包围。传统的物理气相沉积和扩散阻挡层的方法被原子层沉积方法所取代。但是，当集成电路进入 5nm 以后，铜互连方案变得越发紧凑，将面临铜线电阻过大、铜易扩散、低介电常数材料易击穿等技术挑战，光刻工艺造成的线边缘粗糙度、趋肤效应、过孔错位等因素也会使铜互连可靠性变差。延续传统镶嵌工艺的解决方案可能用钴或钌取代铜进一步降低互连电阻[9]。其他集成制造工艺挑战还包括均方根小于 2nm 的超低线边缘粗糙度光刻工艺、小于 2nm 的扩散阻挡层沉积、无损伤化学机械抛光、无损伤化学清洗等。

（五）设计与工艺联合优化技术

当集成电路进入 22nm 节点及以下，工艺偏差和波动性相比特征尺寸所占比例日益增大，导致缺陷密度急剧上升，传统的工艺和设计规则无法满足产品性能需求，设计和工艺联合优化技术[10]（design technology co-optimization，DTCO）成为必然的发展趋势。其基本思想是集成电路设计工程师与光刻工程师共同深入寻找制造技术和设计电路图形的关联性，既要满足器件性能的要求，又能在芯片工厂内实现制造且具有足够工艺窗口的技术方案，在集成电路生产之前就能有效评估可制造性，对晶体管架构设计、模块级物理实现、材料和关键工艺技术，以及可靠性整个流程进行协同优化。在设计层面，需要在明确的物理设计思路基础上，对电路仿真进行进一步精确化设计，确定晶体管架构，如绕栅极纳米线和纳米板器件结构，仿真范围从测试图形扩展到整个标准单元。综合考虑布线能力、功耗、时序和面积等因素，获取精确的晶体管模型和库架构，建立版图分析和模型验证方法，优化器件图形设计规则，产生适于 1nm 技术节点的友好版图，用于 1nm 技术节点光刻工艺和模型的输入。在制造层面，将晶体管架构、薄膜材料沉积、极紫外光刻和等离子体刻蚀等技术协同优化整合，实现复杂纳米结构的高分辨率和高保真度。其中难度最大的是极紫外光刻协同优化，其流程涉及光源-掩模协同优化、光学邻近效应修正、亚分辨率辅助图形、高精度计量、光刻胶类型、光刻胶反应机理和随机性效应、光刻后处理等，需要设计、工艺、材料和设备等各个领域的工程师紧密合作，以获取合理的分辨率、工艺宽容度、焦深、掩模误差因子和线条边缘粗糙度等参数，并缩小标准库单元区域的面积，降低器件结构和电学性能的偏差，满足功耗、性能、面积、成本（power, performance, area, cost, PPAC）的目标需求。

四、优先发展技术领域

当前集成电路发展正处于重大技术革新时期，1nm 技术节点的推进面临两大基本挑战：一是由于晶体管物理性质限制，缩小特征尺寸越来越困难；二是制造工艺创新步伐放缓。这给我国的集成电路发展带来了新的机遇和挑战。建议优先考虑以下技术领域的发展。

（1）扩展摩尔技术。垂直 GAA 结构、堆叠纳米线等晶体管架构，实现晶体管栅极长度的进一步微缩。异质材料体系的器件集成，突破多种物理失配限制，提高载流子迁移率。极紫外投影光刻设备及工艺，突破光源、掩模及检测方法、光刻胶、多重曝光等技术，提高分辨率。高密度互连，形成新的互联材料和图案成形技术方案。设计与工艺联合优化，实现精确的工艺波动性控制。

（2）超越摩尔技术。发展新功能器件与系统集成方法，通过硅通孔（TSV）三维集成技术将处理器、存储器、传感器、微机电系统、能源、生物芯片等整合成一个整体，实现新功能的应用。

（3）超越 CMOS 技术。新原理逻辑器件，包括隧穿场效应晶体管、负电容场效应晶体管、纳机电逻辑器件和自旋电子器件等。新型存储器件，包括自旋转移力矩磁存储、相变存储器、阻变式存储器及其大规模集成技术。忆阻器的神经仿生功能的研发，发展适用于忆阻器的类脑神经网络计算处理机制和体系架构，开发类脑计算系统的计算模型及相关算法，以此实现大规模类脑神经网络计算系统。

五、我国的发展战略与对策建议

制定技术发展战略时建议考虑如下问题。

（1）加强应用基础研究，鼓励原始创新，突出颠覆性技术创新。增加在新材料、新结构、新原理器件关键技术和基础问题上的研发投入，为我国发展具有自主可控的集成电路产业提供新途径。

（2）加强集成电路关键共性技术研发工作，聚焦围栅纳米线等新器件、极紫外光刻等新工艺研发，打通 1nm 集成电路关键工艺，为高端芯片在国内制造企业的生产提供重要支撑。

（3）从国家层面对集成电路制造技术体系和产业生态建设进行系统、科学地规划和布局，遵循"一代设备，一代工艺，一代产品"的发展规律，加大集成电路关键材料、核心装备、关键工艺和器件工程化的支持力度。

（4）积极推进微电子学科教育建设。针对集成电路制造技术多学科高度融合这一特点，加强具备综合知识背景的集成电路人才培养，支撑我国新一代集成电路产业的重大跨越。

六、结语

集成电路产业是支撑经济社会发展和国家安全保障的战略性、基础性和先导性产业。当前集成电路发展正处于重大技术革新时期，扩展摩尔技术路线离 1nm 技术节点量产还有 4 至 5 代的发展空间。一方面，需要对新材料、新器件结构和新工艺技术进行创新研究，突破集成电路持续微缩的技术瓶颈；另一方面，需要发展系统集成新方法和新原理器件。

参 考 文 献

[1] World semiconductor trade statistics［EB/OL］［2018-03-08］. https://www.wsts.org/.
[2] Borkar S. Design challenges of technology scaling［J］. IEEE Micro，1999，19（4），23-29.
[3] International Technology Roadmap for Semiconductors 2.0（2015 版本）［EB/OL］［2018-03-

［11］http://www.itrs2.net/.

［4］International Roadmap for Devices and Systems（2017 版本）［EB/OL］［2018-03-16］. https：//irds.ieee.org/.

［5］Choi Y K, Lindert N, Xuan P, et al. Sub-20nm CMOS FinFET technologies［J］. IEEE International Elec. Dev. Meeting Tech. Dig., 2001：421-424.

［6］Thirunavukkarasu V, Jhan Y, Liu Y, et al. Gate-all-around junctionless silicon transistors with atomically thin nanosheet channel（0.65nm）and record sub-threshold slope（43mV/dec）［J］. Appl. Phys. Lett., 2017, 110：032101.

［7］Desai S B, Madhvapathy S R, Sachid A B, et al. MoS$_2$ transistors with 1-nanometer gate lengths［J］. Science, 2016, 354（6308），99-102.

［8］Bakshi V, Mizoguchi H, Liang T, et al. Special Section Guest Editorial：EUV Lithography for the 3-nm Node and Beyond［J］. Journal of Micro/Nanolithography, MEMS and MOEMS, 2017, 16.

［9］Vyas A A, Zhou C, Yang C Y, et al. On-chip interconnect conductor materials for end-of-roadmap technology nodes［J］. IEEE Transactions on Nanotechnology, 2018, 17,（1），4-10.

［10］Rashed M, Ahmed S, Jain N, et al, Design and technology co-optimization for exploring power, performance, area and manufacturability trade-offs in advanced FDSOI and FinFET technologies［C］. IEEE Electron Devices Technology and Manufacturing Conference Proceedings of Technical Papers, 2018.

第九节　可穿戴感知计算技术与群智化感知方法得到广泛应用

汪　亮　马晓星　陶先平

（南京大学计算机软件新技术国家重点实验室）

一、引言

习近平总书记在中共中央政治局第二次集体学习时指出，要运用大数据促进保障和改善民生[1]。目前全世界都面临着医疗资源紧缺、人口老龄化、城市快速扩张等带来的一系列挑战，给医疗、养老、城市管理等事业带来了很大的压力，是当前民生领域迫切需要解决的问题。要充分运用大数据技术解决这些问题，需要对大量个体的生理、行为、心理等数据展开精准、持续、实时感知，并汇聚形成面向群体的海量数据；通过综合运用大数据处理和人工智能技术，对数据展开分析；通过建立应急响应机制，实现对突发事件和疾病的实时响应和紧急救护，进而推动实现"政府决策科学化、社会治理精准化、公共服务高效化"[1]。

面对上述国家战略需要和布局，可穿戴感知网络（简称体感网）是一项重要的基础使能技术。体感网由穿戴或植入在人体的具有数据感知、处理、存储、传输和应用能力的微型多功能设备[2]，以及与其相配套的软件和应用系统构成。自20世纪60年代的可穿戴计算机发明以来[2]，目前已经出现了包括可穿戴生理传感器[3]、可穿戴运动传感器[4]、智能手表、智能手机在内的多种专用和通用可穿戴设备。随着新工艺、新材料的不断发展，涌现出了包括柔性可穿戴设备[5, 6]、智能织物[7]在内的多种新型可穿戴设备，能够实现对个人包括生理[3]、行为[8]、心理[9]等数据的持续感知和收集。通过可穿戴设备搭载的蓝牙或紫蜂（ZigBee）等通信模块组成的无线体感网（wireless body area network，WBAN）[10]，可以将感知到的数据以数据流的形式实时传输给智能手机等接收和处理节点，进而提取信息并汇总到中心服务器，以群智方法对大量个体数据进行汇聚处理[11, 12]，从而实现精准分析和实时响应，有效推动和落实信息技术在智慧医疗[12]、智能养老[13]、智慧城市[14, 15]、公共安全[15]等关键民生领域的应用创新。

由于可穿戴感知计算技术在关键民生应用中具有巨大的潜力，因此该技术在我国的需求强烈，并得到了产业界的广泛关注，是未来产业发展的重点领域。调研显示[16]，2017年我国可穿戴设备出货量达5370万台，居全球第一。至2022年，我国的可穿戴设备市场总量预计可达607亿元人民币[16]，届时全球的可穿戴设备生产量可达190亿台[17]，产值超过576亿美元[18, 19]。我国在该领域充分展现出了海量数据和巨大市场应用规模优势，在技术和产业上形成了支撑。该方向因此成为推动我国未来科技发展、产业升级、生产力提升、人民生活质量提高的重要技术方向。目前，国内外在相关技术领域已经积累了一些研究成果并建立了一系列示范应用[3, 11-13, 20]，但面向真实场景的大规模应用系统仍在探索发展过程中。要实现可穿戴群智感知技术的大规模应用，仍需要解决一系列技术难题。

在上述背景下，本文从可穿戴感知计算技术与群智化感知方法的研究现状与进展、关键技术和未来展望三个方面展开具体论述。

二、国内外研究现状

（一）可穿戴体感网相关技术快速发展

目前的可穿戴设备包括但不限于包含加速度、角速度、罗盘、位置、压力等传感器的可穿戴动作感知设备[4, 8]，能够感知心率、血压、皮肤导电率、皮肤温度、心电图、脑电图等数据的可穿戴生理-心理传感器[3, 12]，以及包含温度、光照等传感器在内的环境感知设备[8]。这些传感器能够以较高的采样频率，实时、持续地感知人体与周边环境的数据并进行分析。随着新工艺、新材料、新能源技术的不断发展，目前的主要研究热点集中在柔性传感器[5, 6]、低能耗和自主能量收集可穿戴设备[21]等方面，以期在感知能力、穿戴舒适性、低功耗和免维护等方面取得进一步发展。

在独立感知的基础上，可穿戴设备通过其搭载的蓝牙或 ZigBee 等网络通信模块组成围绕人体的无线体感网[10]，将感知到的数据以数据流的形式传输给智能手机等接收和处理节点，进而汇总到数据中心或云服务器，实现进一步的数据汇聚与处理。目前，随着物联网通信技术的发展，相应的体感网通信技术已经日趋成熟。当前的研究热点在于采用反射式通信[22]等技术，进一步降低体感网通信对能量和通信基础设施的依赖。在感知获取数据的基础上，通过发挥体感网的计算能力，能够实现对人各类状态的持续感知。其中，人体行为识别技术[8]得到了学者的广泛关注，在个人复杂行为[23]和实时行为识别技术[13, 24]等方面展开了深入的讨论。在发展行为识别技术的同时，未来技术的一个重要发展方向是不断深入对个人的生理[3]、心理[9]、情感[25]等隐含状态的建模与识别技术的研究。

在个体感知和状态识别技术基础上，运用大数据处理、人工智能技术，发展基础共性软件平台，通过群智汇聚和智能决策方法，能够建立大规模可穿戴群智感知应用系统，解决关键应用问题。

（二）可穿戴群智感知技术应用广泛、前景广阔

体感网技术的一类重要应用场景是智慧医疗[3, 12]和智能养老[13]系统。面对不断提升的医疗成本和紧急救护需求，体感网技术是实现在可接受的资源投入下，对大量病患和老年人健康进行持续监测和快速响应的一种有

效途径[13]。

总结现有研究工作[3, 12, 13]，图 4-9-1 展示了一个基于体感网的智慧医疗与养老信息系统的典型架构。其中，通过个人可穿戴设备所采集到的各类生理、环境和动作数据，以数据流的形式经体感网传输给以智能手机为代表的移动数据感知、接入与处理设备。该设备通过收集可穿戴设备和设备内置传感器感知到的个人数据，并对个人数据开展包括行为识别[8]、跌倒检测[26]、生理-心理状态识别[3, 9, 25]等处理，最后将数据和处理结果通过移动通信网络传输给远程医疗养老信息中心、呼叫中心。中心对接收到的数据进行汇总分析后，将数据分派给相应的医护人员，从而实现持续健康追踪和诊断，或者通过调度中心安排紧急救护任务。可以预见，通过普及相关体感网设备、建立大规模医疗与养老信息中心，未来的智慧医疗和养老信息系统能够在持续、实时采集个人健康数据的基础上，运用群智汇聚方法收集大量个体的长期健康诊断数据，全面掌握社会健康水平大数据，进而为数据驱动的政策制定、高效公平的医疗资源分配、精准及时的医疗救助服务提供数据和信息技术支撑，全面提高社会的医疗卫生与养老服务水平。

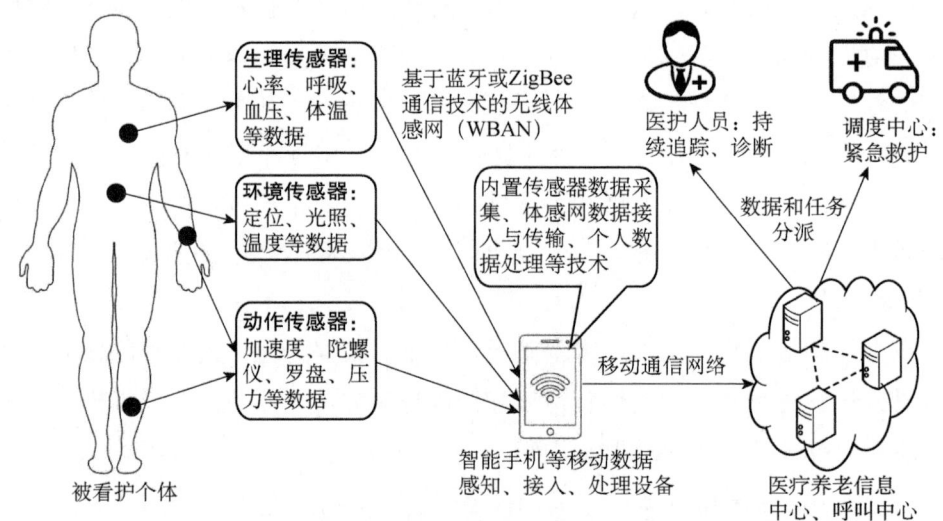

图 4-9-1　基于体感网的智慧医疗与养老信息系统典型架构

除了在医疗领域的典型应用外，体感网技术在公共安全领域也具有重大的应用潜力。借鉴并发展现有工作[27, 28]的思想，如图 4-9-2 所示，在消防领域，针对消防员在火灾现场面临的包括高温、有毒气体、爆炸、坍塌等各种不确定和危险情况,可以使用智能手机内置的动作、气压与定位传感器(同时可以通过该手机连接消防员穿戴的包括心率、呼吸、体温等生理体征传感器)感知消防员个体状态数据[27],通过部署在火场或消防员穿戴的定位、温度、烟雾、有毒气体等环境传感器[28]感知消防员所处环境状态数据,使用无线体感网技术在消防员个体之间、消防员与现场指挥信息中心之间展开实时数据共享和信息汇聚,进而以数据驱动的方式辅助实现协同作业、危险预警、火场态势估计、现场指挥等关键功能[27],为保护消防官兵和人民生命财产安全发挥重要作用。

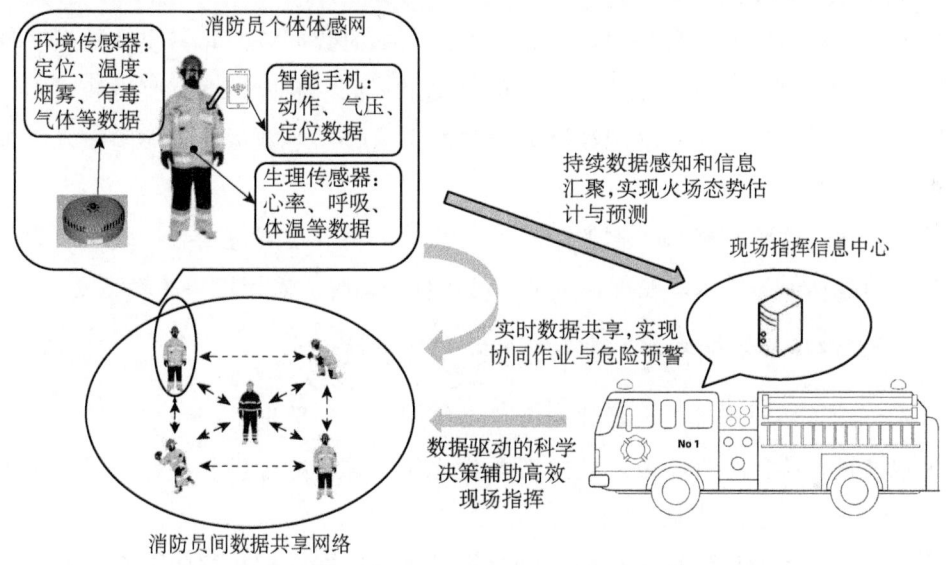

图 4-9-2　基于体感网的一线消防指挥信息系统典型架构

调研发现,目前国内外学者对于体感网相关技术展开了广泛的研究,构建了一批针对灾害防治[29]、智慧城市[14, 15]、公共安全[15]等场景的应用原型系统。但仍缺乏在包括医疗卫生、公共安全、反恐救灾等真实场景中的大规模成熟应用系统,还需要针对一系列关键技术展开重点研究。

三、待解决的关键技术问题和发展方向

通过上述对国内外发展现状的调研,在可穿戴设备和通信技术的推动下,面向重点民生应用,总结关键技术和发展方向如下。

（一）基于新型传感器的体感网及其数据治理技术

在个人体感网方面，在大力发展新工艺、新材料技术以构建新型可穿戴传感器，提高其感知能力、穿戴舒适性与非侵入性和长期免维护性[1, 7]的同时，需要重点对其数据处理和治理技术展开研究。具体而言，包括以下三方面。

（1）针对个人体感网获取的高维多模态数据流，重点研究在体感网端部对原始数据进行处理以提取个体生理[3]、行为[8]、心理[9]等高价值信息的技术。在数据处理的实时性[13, 24]、对用户生理和心理等隐含状态建模与识别[13, 25]的准确性方面实现突破。

（2）针对体感网易受环境、设备影响而产生的数据缺失和错误等数据质量问题，在当前缺失数据补全技术[30, 31]的基础上，深入研究数据完整性和可用性保障技术，发展高效一致性规约检测[32]与冲突消解[33]等数据错误排除技术，提高数据可靠性。

（3）针对体感网感知数据的隐私敏感性[34]，重点发展包括数据匿名、安全计算[35]等隐私保护技术，在保证服务高可用性的同时，确保用户的隐私安全。

（二）群体数据的智能汇聚和智能决策关键技术

在个体感知的基础上，需要对大量个体所产生的数据进行智能汇聚，从而为大规模复杂群体事件检测、整体资源优化配置等智能分析和决策技术提供支撑。具体而言，包括以下三方面。

（1）在群体数据汇聚过程中，针对多种设备所产生的数据的多源异构性问题，研究在数据层面通过适配器等技术实现多源异构数据格式统一的方法[20]；在语义层面统一语义描述框架，研究在动态复杂环境中的数据语义化技术、语义空间维度优化等技术[36, 37]。

（2）汇聚而成的海量群体数据，具有数据量大、信息价值高但密度低[37]的特点，在综合运用大数据分析、人工智能和领域知识建模技术的基础上，重点针对体感网应用发展流式数据处理技术，探讨深度学习技术在体感网中的应用。

（3）在信息提取基础上，研究数据驱动的智能决策技术[38]，通过对业务逻辑进行数字化，充分发挥计算机信息技术的数据处理能力；通过发展人工智能技术及其软件支撑平台，增强面向应用场景构建计算机从而实现精准、智能决策的能力。

（三）基于软件定义的场景计算泛在操作系统、典型应用共性平台等先进软件技术

目前，国内外针对体感网及其应用系统的构建往往以具体应用场景为导向[20, 39]，存在系统缺乏通用性和可扩展性等问题，亟须发展对应的先进软件技术，具体而言，包括以下两方面。

（1）可穿戴设备旨在跟随用户移动并随时提供服务，其应用环境复杂开放，其所承载的应用需求也呈现动态多变的特点。因此，需要重点研究软件自适应[40]、动态更新[41]和质量验证[41]技术，实现并提升体感网及其应用系统保证服务质量、持续满足用户需求的能力。

（2）要实现大规模可穿戴群智感知应用的高效开发和广泛应用，必须提供一套针对典型应用的共性软件支撑平台，用于管理底层设备资源、集成关键技术，并面向应用提供统一的开发接口。其中，中国科学院院士梅宏最新提出的基于软件定义的泛在操作系统概念[42]是未来技术发展的重要方向之一：通过资源虚拟化和功能可编程等"软件定义"方法，实现对体感网软硬件资源的高效集成和管理，为高效开发面向各类场景的体感网应用系统提供有力支撑。

四、我国的发展战略与对策建议

展望未来的 15 年，我国在相关领域需要通过政策与技术配合，大力发展相关技术和产业，构建一批重大典型应用。具体而言，包括以下四方面。

（1）国家战略布局。在国家层面制定可穿戴和群智感知技术发展战略，加强统筹协调，加大政策支持，确立相关领域在我国未来发展规划中的作用和地位。

（2）关键技术攻关。通过设立重大专项和重点研发等科研项目，对关键技术进行集中攻关。重点发展可穿戴感知数据的处理、质量保障与隐私保护技术、群智汇聚和智能决策技术等核心共性技术的理论和方法体系。

（3）构建国家级基础软件支撑平台。构建基于软件定义和泛在操作系统指导思想的可穿戴群智感知国家级基础软件支撑平台，在平台基础上，构建一系列典型示范应用。

（4）响应习总书记"坚持需求导向、市场倒逼的科技发展路径"号召[43]，目标是至 2030 年，在智慧医疗、智能养老、区域反恐、应急抢险救灾、智慧城市和交通应用领域构建一到两个国家级重点示范应用，形成人人拥有至少一件可穿戴设备、参与至少一项可穿戴群智感知项目的局面。

五、结语

可穿戴群智感知技术是实现以大数据、人工智能技术保障和改善民生的一项重要使能技术。本文在总结相关核心技术和典型应用的基础上，对相关核心关键技术及其未来发展方向进行了深入分析和展望。结合我国在高速发展过程中所面临的在医疗、养老、城市管理等领域的挑战，以及在可穿戴设备、移动互联网高速发展的产业优势，对我国发展相关技术，构建重大应用的迫切性和可行性进行了阐述并提供了前景展望。预计到 2030 年，我国能够实现可穿戴群智设备和技术的普及，在医疗卫生和公共安全等重大民生领域建立示范应用，为提高人民生活质量发挥重要作用。

参 考 文 献

［1］央视网.习近平在中共中央政治局第二次集体学习时强调：审时度势精心谋划超前布局力争主动　实施国家大数据战略加快建设数字中国［EB/OL］［2018-03-12］. http：//news.cctv.com/ 2017/12/09/ARTIuAPjZaBjLKOsVqaaQcuj171209.shtml.

［2］Park S，Chung K，Jayaraman S. Wearables：Fundamentals，advancements，and a roadmap for the future［J］. Wearable sensors，2015：1-23.

［3］Majumder S，Mondal T，Deen M J. Wearable sensors for remote health monitoring［J］. Sensors，2017，17（1）：130.

［4］Fong D T P，Chan Y Y. The use of wearable inertial motion sensors in human lower limb biomechanics studies：a systematic review［J］. Sensors，2010，10（12）：11556-11565.

［5］Jian M Q，Wang C Y，Wang Q，et al. Advanced carbon materials for flexible and wearable sensors 碳材料基柔性可穿戴传感器（英文）［J］. Science China Materials，2017，60（11）：1026-1062.

［6］Wang L，Cheng W，Pan L，et al. SpiderWalk：Circumstance-aware Transportation Activity Detection Using a Novel Contact Vibration Sensor. Proceedings of the ACM on Interactive，Mobile［J］. Wearable and Ubiquitous Technologies，2018，2（1）：42.

［7］Cherenack K，Zysset C，Kinkeldei T，et al. Woven electronic fibers with sensing and display functions for smart textiles［J］. Advanced materials，2010，22（45）：5178-5182.

[8] Lara D, Labrador M A. A survey on human activity recognition using wearable sensors [J]. IEEE Communications Surveys and Tutorials, 2013, 15 (3): 1192-1209.

[9] Plarre K, Raij A, Hossain S M, et al. Continuous inference of psychological stress from sensory measurements collected in the natural environment [C]. 10th International Conference on Information Processing in Sensor Networks (IPSN), IEEE, 2011: 97-108.

[10] Otto C, Milenkovic A, Sanders C, et al. System architecture of a wireless body area sensor network for ubiquitous health monitoring [J]. Journal of mobile multimedia, 2006, 1 (4): 307-326.

[11] Guo B, Wang Z, Yu Z, et al. Mobile crowd sensing and computing: The review of an emerging human-powered sensing paradigm [J]. ACM Computing Surveys (CSUR), 2015, 48 (1): 7.

[12] Pantelopoulos, Bourbakis N G. A survey on wearable sensor-based systems for health monitoring and prognosis [J]. IEEE Transactions on Systems, Man, and Cybernetics, Part C (Applications and Reviews), 2010, 40 (1): 1-12.

[13] Wang Z, Yang Z, Dong T. A review of wearable technologies for elderly care that can accurately track indoor position, recognize physical activities and monitor vital signs in real time [J]. Sensors, 2017, 17 (2): 341.

[14] Dutta P, Aoki P M, Kumar N, et al. Common sense: participatory urban sensing using a network of handheld air quality monitors [C]. Proceedings of the 7th ACM conference on embedded networked sensor systems. ACM, 2009: 349-350.

[15] Ballesteros J, Carbunar B, Rahman M, et al. Towards safe cities: A mobile and social networking approach [J]. IEEE Transactions on Parallel and Distributed Systems, 2014, 25 (9): 2451-2462.

[16] 前瞻产业研究院. 人工智能市场迅速升温可穿戴设备行业重新焕发新机遇. [EB/OL] [2018-10-28]. https: //bg.qianzhan.com/trends/detail/506/180906-6e74dee7. html.

[17] IDC Res. Inc. IDC Forecasts Slower Growth for Wearables in 2018 Before Ramping Up Again Through 2022 [EB/OL] [2018-10-28] https: //www.idc.com.

[18] Seneviratne S, Hu Y, Nguyen T, et al. A survey of wearable devices and challenges [J]. IEEE Communications Surveys & Tutorials, 2017, 19 (4): 2573-2620.

[19] Wearable Technology Market—Global Opportunity Analysis and Industry Forecast, 2014-2022 [EB/OL]. http://www.prnewswire.com/news-releases/.

[20] Zhang Y, Qiu M, Tsai C W, et al. Health-CPS: Healthcare cyber-physical system assisted by cloud and big data [J]. IEEE Systems Journal, 2017, 11 (1): 88-95.

[21] Thielen M, Sigrist L, Magno M, et al. Human body heat for powering wearable devices: From thermal energy to application [J]. Energy conversion and management, 2017, 131: 44-54.

[22] Ma S, Ukkonen L, Sydänheimo L, et al. Split ring resonator antenna system with implantable and wearable parts for far field readable backscattering implants [C]. IEEE International Symposium on Antennas and Propagation & USNC/URSI National Radio Science Meeting, IEEE, 2017: 1689-1690.

[23] Gu T, Wang L, Wu Z, et al. A pattern mining approach to sensor-based human activity recognition [J]. IEEE Transactions on Knowledge and Data Engineering, 2011, 23 (9): 1359-1372.

[24] Wang L, Gu T, Tao X, et al. A hierarchical approach to real-time activity recognition in body sensor networks [J]. Pervasive & Mobile Computing, 2012, 8 (1): 115-130.

[25] Marín-Morales J, Higuera-Trujillo J L, Greco A, et al. Affective computing in virtual reality: emotion recognition from brain and heartbeat dynamics using wearable sensors [J]. Scientific Reports, 2018, 8 (1): 13657.

[26] Chen J, Kwong K, Chang D, et al. Wearable sensors for reliable fall detection [C]. 27th Annual International Conference of the Engineering in Medicine and Biology Society (IEEE-EMBS), 2006: 3551-3554.

[27] Feese S, Arnrich B, Troster G, et al. CoenoFire: monitoring performance indicators of firefighters in real-world missions using smartphones [C]. Proceedings of the 2013 ACM international joint conference on Pervasive and ubiquitous computing. ACM, 2013: 83-92.

[28] Wilson J, Bhargava V, Redfern A, et al. A wireless sensor network and incident command interface for urban firefighting [C]. Fourth Annual International Conference on Mobile and Ubiquitous Systems: Networking & Services (MobiQuitous 2007). IEEE, 2007: 1-7.

[29] Bengtsson L, Lu X, Thorson A, et al. Improved response to disasters and outbreaks by tracking population movements with mobile phone network data: a post-earthquake geospatial study in Haiti [J]. PLOS medicine, 2011, 8 (8): e1001083.

[30] Meng C, Xiao H, Su L, et al. Tackling the redundancy and sparsity in crowd sensing applications [C]. Proceedings of the 14th ACM Conference on Embedded Network Sensor Systems, 2016: 150-163.

[31] Wu T, Wang L, Zheng Z, et al. CARMUS: Towards a General Framework for Continuous Activity Recognition with Missing Values on Smartphones [C]. 42nd Annual Computer Software and Applications Conference (COMPSAC). IEEE, 2018: 850-859.

[32] Xu C, Cheung S C, Chan W K, et al. Partial constraint checking for context consistency in pervasive computing [J]. ACM Transactions on Software Engineering and Methodology (TOSEM), 2010, 19 (3): 9.

[33] Li Q, Li Y, Gao J, et al. Resolving conflicts in heterogeneous data by truth discovery and source reliability estimation [C]. Proceedings of the 2014 ACM SIGMOD international conference on Management of data. ACM, 2014: 1187-1198.

［34］Di Pietro R, Mancini L V. Security and privacy issues of handheld and wearable wireless devices［J］. Communications of the ACM, 2003, 46（9）: 74-79.

［35］Ganti R K, Ye F, Lei H. Mobile crowdsensing: current state and future challenges［J］. IEEE Communications Magazine, 2011, 49（11）.

［36］Guo K, Tang Y, Zhang P. CSF: Crowdsourcing semantic fusion for heterogeneous media big data in the internet of things［J］. Information Fusion, 2017, 37: 77-85.

［37］Shi F, Li Q, Zhu T, et al. A Survey of Data Semantization in Internet of Things［J］. Sensors, 2018, 18（1）: 313.

［38］Provost F, Fawcett T. Data science and its relationship to big data and data-driven decision making［J］. Big Data, 2013, 1（1）: 51-59.

［39］Fortino G, Galzarano S, Gravina R, et al. A framework for collaborative computing and multi-sensor data fusion in body sensor networks［J］. Information Fusion, 2015, 22: 50-70.

［40］Yang W, Xu C, Liu Y, et al. Verifying Self-adaptive Applications Suffering Uncertainty［C］. Proceedings of the 29th ACM/IEEE International Conference on Automated Software Engineering. 2014, 199-210.

［41］Zhao Z, Gu T, Ma X, et al. CURE: Automated Patch Generation for Dynamic Software Update［C］. Proceedings of the 23rd Asia-Pacific Software Engineering Conference（APSEC）. 2016, 249-256.

［42］Mei H, Guo Y. Toward Ubiquitous Operating Systems: A Software-Defined Perspective［J］. Computer, 2018, 51（1）: 50-56.

［43］央视网. 习近平: 推动我国新一代人工智能健康发展［EB/OL］［2018-11-06］. http://news.cctv.com/ 2018/10/31/ARTIxAFOePcdY3CfHn4E0B4P181031.shtml.

第十节 柔性电子技术研究进展与应用前景

刘 驰 孙东明 任文才
（中国科学院金属研究所）

一、引言

传统硅基芯片和电子器件由于采用硬质基底，极大地限制了电子产品的延展性、柔韧性、灵活性和应用领域。柔性电子技术是在柔性、可延性塑料或薄金属基板上的电子器件制备技术，以其独特的柔性和延展性，以及高效、低成本的制造工艺，实现电子产品向超轻薄、柔性化、可穿戴、高集成化发展，是当前功能信息器件的发展趋势。基于柔性传感、电路、显示、能源和通信功能集成的柔性电子系统，覆盖了材料体系、器件构架、工艺制程、封装技术等全链条的科学与技术创新，是拓展传统半导体器件应用的潜在技术。柔性电子技术在信息、能源、医疗、国防等领域具有广阔的应用前景，如电子报纸、柔性电池、电子标签、柔性透明显示、电子皮肤等。

据权威机构预测，柔性电子产业2018年的产值为469.4亿美元，2028年为3010亿美元，2011年到2028年年复合增长率近30%，处于长期高速增长态势。世界上许多国家和地区先后制定了发展战略与科技计划，建立研究中心与技术联盟，大力推动柔性电子研发及产业化，如美国FDCASU计划、日本TRADIM计划、欧盟第七框架计划中的Poly Apply和SHIFT计划等。众多高校和研究机构争先加入柔性电子的研究工作中。美国国防部高级研究计划局与国家航空航天局（NASA）也分别启动了针对柔性电子技术的庞大计划。面对上述国际形势，通过政府主导来发展我国具有完全自主知识产权的高性能柔性电子器件与系统，形成自主创新产业链，对形成柔性电子国家战略性新兴支柱产业、推动以物联网和人联网为特质的智能社会变革、提高我国国防实力具有重要的战略意义。

二、国内外研究现状

构建柔性电子器件与系统的关键在于选择性能优异的材料体系，并在柔性器件的设计和构筑中充分发挥材料优势，使多功能系统集成器件的性能达到最佳。石墨烯等二维材料具有丰富的材料体系，金属性和半导体性二维材料同时具有优异的电学、光学、力学和热学性能，展示出其独特的优势和潜力，非常适合构建新型柔性电子器件与系统。柔性电子电路、柔性发光显示、柔性电子皮肤传感器、柔性无源器件及柔性多功能集成系统等是构成柔性电子系统的重要单元，也是亟待突破和解决的主要单元。

（一）柔性电子电路

近年来，以石墨烯等二维材料为基础的柔性晶体管和电路的研究在国内外都备受关注，并不断涌现出创新性研究成果。美国得克萨斯大学将金属有机化合物（CVD）生长的二硫化钼转移到柔性的聚酰亚胺（PI）衬底上，得到的二硫化钼柔性晶体管截止频率达到 5.6GHz；将 CVD 生长的石墨烯转移到柔性玻璃衬底上，制备出的薄膜晶体管截止频率高达 100GHz；使用机械剥离的黑磷制备柔性晶体管，截止频率达到 17.5GHz；使用二硫化钼材料制备了柔性的放大器，实现了 15dB@1.4MHz 的增益[1-3]。法国国家科研中心电子、微电子和纳米工艺研究所、Graphenea 和诺基亚等团队合作制备了柔性石墨烯射频晶体管，截止频率达到 39GHz，在弯折 1000 个周期后仍可以继续工作[4]。在存储方面，华东师范大学和上海交通大学使用还原氧化石墨烯制备了柔性非易失存储器，得到开关比超过 10^5，并且弯曲条件下器件性能几乎不变[5]。新加坡南洋理工大学在聚二甲基硅氧烷（PDMS）上使用六方氮化硼、氧化铟锡（ITO）及石墨烯电极制备的阻变存储器，具有柔性、透明的特点，在可见光范围内透光率达到 85%，器件开关比约为 480，并且能够观察到铟的导电细丝[6]。此外，利用铝纳米线作为自对准模板的 68nm 沟道长度的 MoS_2 射频晶体管截止频率可以达到 100GHz，实现了在柔性衬底上组装截止频率超过 10GHz 的射频器件，并保持较低的关态电流密度[7]。基于 CVD 大面积生长的 MoS_2 晶体制备的 MoS_2 射频晶体管的截止频率也达到了 6.7GHz[8]。

（二）柔性发光显示

石墨烯替代 ITO 透明导电薄膜已获得学术界和企业界的广泛关注。美国休斯敦大学 Wu 等人采用 CVD 法在铜箔上制备了大尺寸单层石墨烯，在波长 550nm 的光照下，光学透过率高达 96.9%，最低方块电阻为 1300Ω/sq[9]。美国密歇根大学 Lee 等人采用相同方法制备了均匀双层石墨烯，方块电阻为 180Ω/sq，光学透过率为 83%，将双层石墨烯转移到塑料基底上后，在 2.14%应力作用下其表面电阻率的减少量小于 15%，抗弯曲性能比 ITO 高 20 倍[10]。韩国 Kim 等人在铜箔上制备了少层石墨烯，与 ITO 相比，石墨烯电极表现出优异的电流扩散性能及紫外光学透过率[11]。Jeong 等人采用导电金属纳米线复合石墨烯薄膜法制备出高导电性和超高透光度电极[12]。韩国成均馆大学的研究人员和三星公司合作，在铜衬底上制备出 30 英寸 p 型掺杂石墨烯透明导电薄膜，其光学透过率达 97.4%，方块电阻低至 40Ω/sq，性能优于常规的 ITO 透明电极薄膜材料[13]。石墨烯在柔性有机发光二极管（OLED）器件中的应用也获得了广泛的关注，2012 年，Han 等人首次得到了效率高于 ITO 器件的石墨烯基 OLED，其最大功率效率达到了 102.7lmW^{-1}，已高于现有商用的 LED 器件效率[14]。2016 年，中国科学院金属研究所任文才研究组设计并制备出一种顶层是氧化石墨烯、底层是石墨烯的叠层异质结构电极,以其为阳极制备出多种发光颜色的 OLED 原型器件,效率均优于 ITO 器件[15];同时,他们在国际上首次制备出发光面积为 4 英寸的石墨烯基柔性 OLED 原型器件,亮度高达 10 000cdm^{-2},远高于照明和显示的实用要求[16],为石墨烯在柔性显示领域的应用奠定了基础。

(三)柔性电子皮肤传感

近年来,基于石墨烯的应变传感器、压力、触觉传感器、生物传感器等一系列原型器件被研制出来,并在灵敏度、响应时间、可拉伸度等方面获得突破,体现了其在未来电子皮肤传感器中不可替代的优势。Lee 等人报道的一种基于石墨烯的应变传感器,其应变系数达到 6.1[17]。Fu 等人展示了一款高灵敏度的基于单层石墨烯的应变传感器[18]。Wang 等人获得了超过 30%应变的石墨烯传感器[19]。Sang-Hoon Bae 等人则获得了透明石墨烯应变传感器,并将其应用到皮肤表面采集皮肤应变信号[20]。B. Zhu 等人利用半导体微加工技术获得具微结构化 rGO/PDMS 薄膜,并成功制备压阻型电子皮肤压力传感器件,达到 5.53kPa^{-1} 的高灵敏度及 0.2ms 的超快响应速度[21]。Tian 等人通过激光划片技术(laser-scribing)法获得了一种泡沫状微结构的基于石墨烯的触觉传感器,此触觉传感器拥有很宽的感应范围,在 50kPa 时仍能达到 0.96kPa^{-1} 的灵敏度[22]。Yong Ju Yun 等人利用还原氧化石墨烯丝线获得的可穿戴气体传感器,在室温下选择性检测 250ppb①的二氧化氮气体,在 1000 次极限弯曲半径至 1.0mm 下仍然保持持续的响应[23]。M. S. Mannor 等人报道了一种生物传感器,将石墨烯与生物相容性丝绸结合,并与无线线圈集成,从而获得了可以贴附于牙釉质表面检测细菌的生物传感器[24]。中国科学院半导体研究所沈国震课题组开发了一种基于聚偏氟乙烯(PVDF)纳米纤维与氧化还原石墨烯复合材料的电子皮肤器件,具有较高的灵敏度和循环稳定性,并能够用于振动传感和语音识别等[25]。南京大学潘力佳团队通过设计导电聚合物、石墨烯的微观形貌与结构,提出了基于导电微囊的电阻型压力传感新机制,实现超快的响应速率(50ms)、超高的灵敏度、低检测阈值(检测<1Pa 的压力)和低电阻-压力回滞,并实现了较好的循环性能和温度稳定的压力传感性能[26, 27]。

---

① 1ppb 为十亿分之一。

（四）柔性无源器件

近几年来，基于二维材料尤其是石墨烯的无源电子器件的研究方兴未艾，主要集中在二维材料互连、无源元件及天线（阵）等。针对石墨烯纳米带互连线，美国佐治亚理工学院 Naeemi 教授团队证明了当其互连线宽度小于 8nm 时，石墨烯纳米带的电阻小于对应铜导线的电阻[28, 29]。佐治亚理工学院 Murali 等人利用实验验证了石墨烯的可靠性[30]，发现石墨烯纳米带的最大击穿电流密度可超过 $10^8 A/cm^2$。斯坦福大学 Chen 等人[31]和麻省理工学院 Lee 等人[32]将石墨烯互连线集成到 CMOS 电路中。英国曼彻斯特大学团队报道了打印在纸上的具有高导电性、高柔韧性、轻薄低成本的石墨烯粉体材料传输线，在弯曲缠绕的情况下，打印的石墨烯传输线仍然保持着通信系统所需的性能要求[33]。瑞士洛桑联邦理工学院的 Juan R. Mosig 团队成功利用 CMOS 兼容的工艺流程实现了电压可调的石墨烯射频量子电容器[34]，实验测得的调谐范围在 10GHz 内达到 34%，Q 值在 1GHz 时为 12。上海交通大学团队与加州大学圣塔芭芭拉分校纳米电子学研究实验室展开合作，于 2014 年成功实现了首款石墨烯片上电感[35]，电感密度高达 1650nH/mm。通过调节石墨烯条带的电导率及堆叠层数，还可实现太赫兹可调滤波器[36, 37]。在石墨烯天线及阵列方面，韩国首尔大学研究组于 2011 年首先在聚对苯二甲酸乙二酯（PET）柔性衬底上应用喷墨技术印刷氧化石墨烯（GO）图案，制备了柔性石墨烯薄膜射频天线阵[38]。另外，基于不同柔性衬底，包括多种纤维编织物、聚合物甚至纸张等，人们实现了多种柔性微波、毫米波和太赫兹天线[39-41]。上海交通大学团队提出电可切换石墨烯高阻表面，并在此基础上进一步提出了波束可重构的石墨烯太赫兹天线[42]。面向可穿戴应用的喷墨打印微带贴片天线技术，成功实现对石墨烯柔性天线的低成本加工[33, 43]。除此之外，浙江大学研究团队在新型高电导率石墨烯纤维方面取得了很多进展[44]，为可编制石墨烯天线的实现提供了材料和工艺保障。

（五）多功能柔性电子系统集成

石墨烯在多功能柔性电子系统集成方面也受到了科学研究者的关注。新加坡南洋理工大学的于霆教授于 2014 年提出了有机功能化法制备 N 和 S 原子共掺杂的石墨烯负极材料，在较低杂原子掺杂量的情况下，显著地提升了石墨烯的储锂性能[45]。清华大学化学系张莹莹团队以取向碳纳米管、石墨烯薄膜作为导电层，以印模了植物叶片表面多级结构的硅胶作为支撑层，制备了一种透明柔性的高灵敏压力传感器[46]。清华大学材料学院朱宏伟教授等人通过利用马兰戈尼效应得到了大面积的超薄石墨烯薄膜，并基于该薄膜实现了其在小形变条件下具有超高灵敏响应的应变传感器，实现了其对人体脉搏信号及音频信号等的识别[47]。Ali Javey 等人提出了一种全集成的可穿戴原位汗液分析传感阵列，可原位选择性同步测量汗水代谢物（如葡萄糖和乳酸）、电解质及皮肤温度[48]。美国伊利诺伊大学的 Rogers 教授课题组以人体健康生理信号监测和疾病诊断及治疗为目标，研制出多种新型可拉伸的集成传感器件，可适用于非植入、微创、植入式等系统[49]。Someya 教授课题组研究了有机场效应晶体管材料和结构特点，通过将压敏橡胶集成于阵列中，制备出有机晶体管调控寻址的压力传感阵列[50]。2016 年，韩国 Dae-Hyeong Kim 等人通过金掺杂石墨烯与金网的结合提高了石墨烯的电化学活性，形成了有效且稳定的电化学接口，成功制作了一个以汗液为基础来进行糖尿病监测和反馈治疗的可穿戴补丁[51]。

三、待解决的关键技术问题

（1）高性能二维半导体材料（沟道功能材料、敏感材料等）、柔性衬底材料及器件集成所必需的电极、封装、绝缘介质等关键材料制备方法和可控性问题。柔性电子学的发展遇到的最大瓶颈是材料方面的问题。对于柔性二维半导体材料的本征性能而言，如何通过对材料制备方法的调控来同时获得高质量、大面积的材料，并展现出优异的载流子迁移率、强度、柔性和稳定性是一个关键问题。此外，对于石墨烯等二维柔性电路、发光、传感、无源器件的构筑和集成而言，柔性二维半导体材料与电极材料的接触势垒、柔性材料间的匹配、绝缘介质层的选择、器件的封装都影响着电子器件及系统的最终性能，因此，这些关键材料的选择、设计、可控制备及其与性能的关联都有待深入研究。

（2）在应力应变等条件下二维柔性电子器件的新现象和新原理，实现和保持柔性电子器件与系统的高性能、高稳定性、可重构性的技术和途径。石墨烯等二维材料虽然具有一定的柔韧性和强度，但是弯曲折叠等外部条件带来的应力应变可能会导致二维柔性电路、发光、传感、无源器件的性能发生变化。一方面，应力应变会影响二维材料的能带结构，从而实现对其电学特性的有效调控；另一方面，应力应变也可能引入更多的界面散射而降低器件性能，也可能导致二维柔性电路、发光、传感、无源器件的构成材料出现脆裂，从而使器件失效。因此，对于二维柔性电子器件与系统必须阐明应力应变对二维材料与器件性能的调控原理及可能的失效机制，为获得新型高性能二维柔性电子器件和提高器件的稳定性提供保障。

（3）二维柔性电子器件与系统中界面结构的设计和构筑方法及其对器件性能的影响。二维柔性电路、发光、传感、无源器件中半导体材料的性能会受到其所处环境的影响。石墨烯等二维材料与衬底材料间的相互作用、电荷聚集及衬底散射，都会影响其电子结构和能带分布，以及载流子输运、激子/电荷的动力学过程、电-磁-热-力耦合等物理特性。例如，高分子聚合物柔性衬底上的悬挂键引起的电学散射及介质界面会影响石墨烯等二维材料的载流子迁移率，使其低于理论预期性能，栅介质材料与二维半导体材料之间的界面也会带来新的物理问题。绝缘介质及缓冲层制备过程中会引入一些杂质吸附于半导体表面，并形成散射中心，导致柔性电路、发光、传感、无源器件性能的下降。研究二维材料与柔性衬底、栅介质材料之间的相互作用，优化器件与系统结构的设计和构筑方法，可以对材料间的界面特性进行调控，实现二维柔性电子器件与系统性能的整体提高。

（4）多功能系统集成的二维柔性器件与系统的设计、优化和集成方法，影响其信噪比、灵敏度、动态范围的关键因素。必须理解在柔性环境中电子电路、发光显示、传感、无源器件集成与构建方法，考察功能模块的电学连接、物理耦合等因素对测量信号信噪比、灵敏度、动态范围的影响，从而获得相应电路的设计规则和集成方法。规划构建出满足高效率低功耗的功能单元布局体系和符合工艺限制的单元结构是平衡集成度、功率与多功能柔性化所面临的科学难题，也是实现基于二维材料的多功能柔性集成系统的关键科学问题。

四、未来发展前景展望

未来通过解决石墨烯等二维材料柔性电子器件与系统的关键科学技术问题，预期在如下方面可有重大发展：制备出用于器件沟道功能材料和敏感材料的高性能的二维金属和半导体材料，及其在柔性衬底上集成所必需的电极、衬底、封装、绝缘介质关键材料；基于这些材料的优异性能优势，设计并构筑基于新原理的二维柔性能量转换器件、隧道场效应晶体管、驱动与弱场探测器件；研制出柔性衬底上具有信号采集、处理和发射功能的柔性电子电路系统；研制出高效柔性大面积石墨烯基显示发光器件；研制出多种高灵敏度的二维柔性智能传感器件；研制出石墨烯可重构无源元件和宏观柔性天线阵；并实现二维柔性多功能电子系统的集成及演示应用验证。

柔性电子技术研究，可使我国在二维柔性电子器件的科学领域和关键技术方面取得突破，获得拥有自主知识产权的高性能二维柔性电子器件与系统，建设一支高水平的柔性电子学研究队伍，培养相关领域的优秀青年科技人才，提升我国在二维柔性电子学器件方面的持续创新能力，并提高经济和国防实力。

参 考 文 献

[1] Park S, Zhu W, Chang H Y, et al. High-frequency prospects of 2D nanomaterials for flexible nanoelectronics from baseband to sub-THz devices [C]. IEEE International Electron Devices Meeting. IEEE, 2015.

[2] Zhu W, Park S, Chang H Y, et al. Flexible 2D nanoelectronics from baseband to sub-THz transistors and circuits [C]// 2016 IEEE International Symposium on Circuits and Systems (ISCAS). IEEE, 2016.

[3] Zhu W N, Yogeesh M N, Yang S X, et al. Flexible black phosphorus ambipolar transistors, circuits and AM demodulator [J]. Nano Lett., 2015, 15 (3): 1883-1890.

[4] Wei W, Pallecchi E, Haque S, et al. Mechanically robust 39 GHz cut-off frequency graphene field effect transistors on flexible substrates [J]. Nanoscale, 2016, 8 (29): 14097-14103.

[5] Sun S, Zhuang X D, Wang L X, et al. BODIPY-based conjugated polymer covalently grafted reduced graphene oxide for flexible nonvolatile memory devices [J]. Carbon, 2017, 116: 713-721.

[6] Qian K, Tay R Y, Lin M F, et al. Direct observation of indium conductive filaments in transparent, flexible, and transferable resistive switching memory [J]. ACS Nano, 2017, 11 (2): 1712-1718.

[7] Cheng R, Jiang S, Chen Y, et al. Few-layer molybdenum disulfide transistors and circuits for high-speed flexible electronics [J]. Nat. Commun., 2014, 5: 5143-1-9.

[8] Sanne A, Ghosh R, Rai A, et al. Radio frequency transistors and circuits based on CVD MoS_2 [J]. Nano Lett., 2015, 15 (8): 5039-5045.

[9] Wu W, Yu Q K, Peng P, et al. Control of thickness uniformity and grain size in graphene films for transparent conductive electrodes [J]. Nanotechnology, 2012, 23 (3): 035603-1-8.

[10] Lee S, Lee K, Liu C H, et al. Homogeneous bilayer graphene film based flexible transparent conductor [J]. Nanoscale, 2012, 4 (2): 639-644.

[11] Kim B J, Lee C, Jung Y, et al. Large-area transparent conductive few-layer graphene electrode in GaN-based ultra-violet light-emitting diodes [J]. Applied Physics Letters, 2011, 99 (14): 143101-1-3.

[12] Jeong C W, Nair P, Khan M, et al. Prospects for nanowire-doped polycrystalline graphene films for ultratransparent, highly conductive electrodes [J]. Nano Letters, 2011, 11 (11): 5020-5025.

[13] Bae S, Kim H, Lee Y, et al. Roll-to-roll production of 30-inch graphene films for transparent electrodes [J]. Nature Nanotechnology, 2010, 5 (8): 574-578.

[14] Han T H, Lee Y, Choi M R, et al. Extremely efficient flexible organic light-emitting diodes with modified graphene anode [J]. Nature Photonics, 2012, 6 (2): 105-110.

[15] Jia S, Sun H D, Du J H, et al. Graphene oxide/graphene vertical heterostructure electrodes for highly efficient and flexible organic light emitting diodes [J]. Nanoscale, 2016, 8 (20): 10714-10723.

[16] Zhang Z K, Du J H, Zhang D D, et al. Rosin-enabled ultraclean and damage-free transfer of graphene for large-area flexible organic light-emitting diodes [J]. Nature Communications, 2017, 8: 14560-1-9.

[17] Lee Y, Bae S, Jang H, et al. Wafer-scale synthesis and transfer of graphene films [J]. Nano Letters, 2010, 10 (2): 490-493.

[18] Fu X W, Liao Z M, Zhou J X, et al. Strain dependent resistance in chemical vapor deposition grown graphene [J]. Applied Physics Letters, 2011, 99 (21): 213107-1-3.

[19] Wang Y, Yang R, Shi Z W, et al. Super-elastic graphene ripples for flexible strain sensors [J]. ACS Nano, 2011, 5 (5): 3645-3650.

[20] Bae S H, Lee Y, Sharma B K, et al. Graphene-based transparent strain sensor [J]. Carbon, 2013, 51: 236-242.

[21] Zhu B W, Niu Z Q, Wang H, et al. Microstructured graphene arrays for highly sensitive flexible tactile sensors [J]. Small, 2014, 10 (18), 3625-3631.

[22] Tian H, Shu Y, Wang X F, et al. A Graphene-based resistive pressure sensor with record-high sensitivity in a wide pressure range [J]. Sci. Rep., 2015, 5: 8603-1-6.

[23] Yun Y J, Hong W G, Choi N J, et al. Ultrasensitive and highly selective graphene-based single yarn for use in wearable gas sensor [J]. Sci. Rep., 2015, 5: 10904-1-7.

[24] Mannoor M S, Tao H, Clayton J D, et al. Graphene-based wireless bacteria detection on tooth enamel [J]. Nat. Commun., 2012, 3: 763-1-9.

[25] Lou Z, Chen S, Wang L L, et al. An ultra-sensitive and rapid response speed graphene pressure sensors for electronic skin and health monitoring [J]. Nano. Energy, 2016, 23: 7-14.

[26] Pan L J, Chortos A, Yu G H, et al. An ultra-sensitive resistive pressure sensor based on hollow-sphere microstructure induced elasticity in conducting polymer film [J]. Nat. Commun.,

2014, 5: 3022-1-8.

[27] Lee S, Reuveny A, Reeder J, et al. A transparent bending-insensitive pressure sensor [J]. Nat. Nanotechnol, 2016, 11: 472-478.

[28] Naeemi A, Meindl J D. Conductance modeling for graphene nanoribbon (GNR) interconnects [J]. IEEE Electron Device Lett., 2007, 28 (5): 428-431.

[29] Naeemi A, Meindl J D, Compact physics-based circuit models for graphene nanoribbon interconnects [J]. IEEE Trans. Electron Devices, 2009, 56 (9): 1822-1833.

[30] Murali R, Yang Y X, Brenner K, et al. Breakdown current density of graphene nanoribbons [J]. Appl. Phys. Lett., 2009, 94 (24): 243114-1-12.

[31] Chen X Y, Akinwande D J, Lee K J, et al. Fully integrated graphene and carbon nanotube interconnects for gigahertz high-speed CMOS electronics [J]. IEEE Trans. Electron Devices, 2010, 57 (11): 3137-3143.

[32] Lee K J, Qazi M, Chandrakasan J K A P. Low-swing signaling on monolithically integrated global graphene interconnects [J]. IEEE Trans. on Electron Devices, 2010, 57 (12): 3418-3425.

[33] Huang X J, Leng T, Zhu M J, et al. Highly flexible and conductive printed graphene for wireless wearable communications applications [J]. Sci. Rep., 2015, 5: 18298-1-7.

[34] Moldovan C F, Vitale W A, Sharma P, et al. Graphene quantum capacitors for high frequency tunable analog applications [J]. Nano Lett., 2016, 16 (8): 4746-4753.

[35] Li X, Kang J, Xie X J, et al. Graphene inductors for high-frequency applications-design, fabrication, characterization, and study of skin effect [J]. IEDM Tech. Dig., 2014.

[36] Yang K, Liu S, Arezoomandan S, et al. Graphene-based tunable metamaterial terahertz filters [J]. Appl. Phys. Lett., 2014, 105: 093105-1-4.

[37] Correas-Serrano D, Gomez-Diaz J S, Perruisseau-Carrier J, et al. Graphene-based plasmonic tunable low-pass fifilters in the terahertz band, IEEE Trans [J]. Nanotechnol, 2014, 13 (6): 1145-1153.

[38] Shin K Y, Hong J Y, Jang J. Micropatterning of graphene sheets by inkjet printing and its wideband dipole-antenna application [J]. Adv. Mater, 2011, 23: 2113-2118.

[39] Kingsley N, Ponchak G, Papapolymerou J. Reconfigurable RF MEMS phased array antenna integrated within a liquid crystal polymer (LCP) system-on-package [J]. IEEE Trans. Antennas Propag., 2008, 56 (1): 108-118.

[40] Kaivanto E K, Berg M, Salonen E, et al. Wearable circularly polarized antenna for personal satellite communication and navigation [J]. IEEE Trans. Antennas Propag, 2011, 59 (12): 4490-4496.

[41] Dierck A, Rogier H, Declercq F. A wearable active antenna for global positioning system and satellite phone [J]. IEEE Trans. Antennas Propag., 2013, 61 (2): 532-538.

[42] Huang Y, Wu L S, Tang M, et al. Design of a beam reconfigurable THz antenna with graphene-based switchable high-impedance surface [J]. IEEE Trans. Nanotechnol., 2012, 11 (4): 836-842.

[43] Whittow W G, Chauraya A, Vardaxoglou J C, et al. Inkjet-printed microstrip patch antennas realized on textile for wearable applications [J]. IEEE Antennas and Wireless Propag. Lett., 2014, 13: 71-74.

[44] Xu Z, Gao C. Graphene chiral liquid crystals and macroscopic assembled fibres [J]. Nat. Commun., 2011, 2: 571-1-9.

[45] Ai W, Luo Z M, Jiang J, et al. Nitrogen and sulfur codoped graphene: multifunctional electrode materials for high-performance Li-ion batteries and oxygen reduction reaction [J]. Adv. Mater., 2014, 26: 6186-6192.

[46] Jian M Q, Xia K L, Wang Q, et al. Flexible and highly sensitive pressure sensors based on bionic hierarchical structures [J]. Adv. Funct. Mater., 2017, 27: 1606066-1-8.

[47] Li X M, Yang T T, Yang Y, et al. Large-area ultrathin graphene films by single-step marangoni self-assembly for highly sensitive strain sensing application [J]. Adv. Funct. Mater., 2016, 26: 1322-1329.

[48] Gao W, Emaminejad S, Nyein H Y Y, et al. Fully integrated wearable sensor arrays for multiplexed in situ perspiration analysis [J]. Nature, 2016, 529: 509-514.

[49] Yeo W H, Kim Y S, Lee J W, et al. Multifunctional epidermal electronics printed directly onto the skin [J]. Adv. Mater., 2013, 25: 2773-2778.

[50] Sekitani T, Yokota T, Chang U Z, et al. Organic nonvolatile memory transistors for flexible sensor arrays [J]. Science, 2009, 326 (5959): 1516-1519.

[51] Lee H J, Choi T K, Lee Y B, et al. A graphene-based electrochemical device with thermoresponsive microneedles for diabetes monitoring and therapy [J]. Nat. Nanotechnol., 2016, 11: 566-572.

第十一节　面向智能机器人的自然交互技术

戴国忠[1]　赵沁平[2]

（1 中国科学院软件研究所；2 北京航空航天大学）

一、引言

智能机器人属于人工智能时代的产物，包括作业机器人、助人服务机器人和信息服务机器人等，它具有感知、识别、推理与表达能力。智能机器人能够通过各种传感器实时识别与测量周围的物体，此为感知和识别能力；智能机器人可以根据环境的变化来调节自身的参数与反馈策略，也就是对识别到的信息进行分析、推理和判断决策。智能机器人具有强大的计算分析能力，拥有多种功能，兼具人性化与智能化等特点，能够高效地完成任务，有效地解放人们的双手和大脑。受益于新一代信息技术、大数据和人工智能的发展，基于云计算、大数据、物联网的智能机器人将被广泛应用于军事、工业、医疗、教育等各领域。

随着智能机器人在应用领域的不断推广，人们对交互技术的要求也越来越高，并且引发了智能时代背景下人、环境、机器人之间该如何相处的思考[1]。作为人类体能、感知和智能的延伸，人们希望机器人不再局限于一些简单的流水线任务或完全被动地受人控制，而是能够在一些复杂的、非结构化的甚至危险的环境中发挥主导作用。虽然经过了长时间的发展，但智能机器人在实际工作和生活中的应用还面临着许多需要深入研究的问题，如提取精确稳定的人和环境信息、增加机器人的智能、降低人的操作负担、处理人机协同任务等。面向智能机器人自然交互技术的研究将直面这些问题，致力于从情境感知、多通道融合、意图理解、智能决策、心理学模型、界面范式、人机协作等方面提高人机交互的效率、准确性、稳定性和安全性（图4-11-1）。

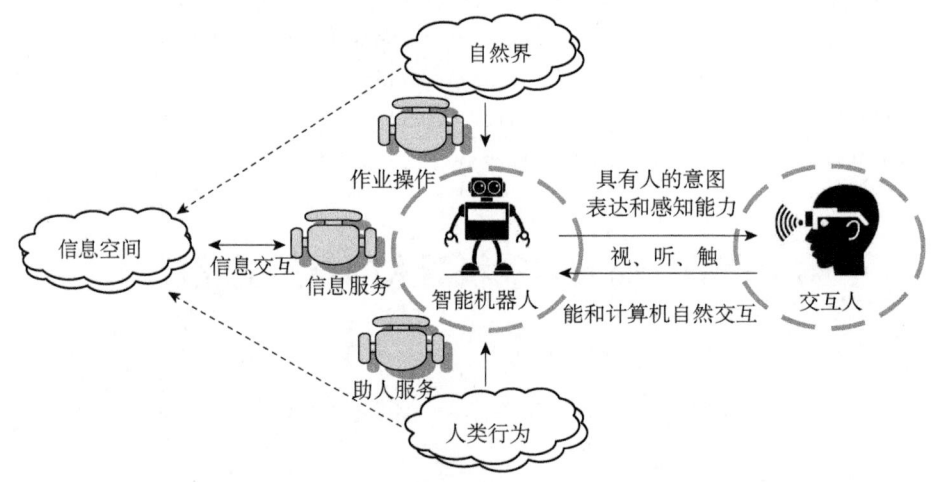

图4-11-1　人与智能机器人自然交互示意图

二、国内外研究现状

受益于机器人技术和人机交互技术的发展，针对人-机器人交互（human-robot interaction，HRI）[2]的研究始于 20 世纪 90 年代中期，研究者来自机器人学、认知科学、人因工程、自然语言处理、心理学、人机交互等研究领域。此后开始举办大量针对 HRI 的会议或论坛，致力于研究人类与智能机器人之间的交互、协作、共存等问题，如 IEEE 机器人和人机交互通信国际研讨会（IEEE International Symposium on Robot & Human Interactive Communication），人-机器人交互会议（ACM/IEEE International Conference on Human-Robot Interaction），美国人工智能学术会议（AAAI Conference on Artificial Intelligence），机器人与自动化国际会议（IEEE International Conference on Robotics and Automation）等。

此外，各国政府在该领域加大了研究人员与经费的投入。自 2001 年开始，美国国家科学基金会、国防部高级研究计划局等资助了一系列 HRI 相关的研讨会，旨在认清 HRI 研究中存在的问题和挑战。2011 年，美国启动了美国国家机器人计划（national robotics initiative，NRI），目标是"建立美国在下一代机器人技术及应用方面的领先地位"。在基本完成国家机器人计划预定目标后，美国于 2016 年又启动了国家机器人计划 2.0（NRI-2.0），拟重点支持并推进人与智能机器人的自然交互、协同工作和社会影响等方面的研究。德国目前推行了以"智能工厂"为重心的"工业 4.0 计划"，工业机器人推动生产制造向灵活化和个性化方向转型。依此计划，通过智能人机交互传感器，人类可借助物联网对下一代工业机器人进行远程管理。此外，德国联邦教育与研究部已开始资助人机互动技术和软件的研究开发。2015 年，日本政府公布的《机器人新战略》更是将机器人提升到智能化、自律化的高度。

我国机器人的研究制造始于 20 世纪 70 年代，以工业机器人的研究与制造为主，虽然中国机器人技术的研发起步较晚，但发展较为迅速。近年来，在国家科技攻关计划和"863"计划等的支持下，中国机器人技术的研究取得了大量成果，部分机器人技术已达到或接近国际先进水平，特别是在人工智能研究领域有所突破。国内众多科研院所开展了智能机器人和自然交互技术相关的科研与教学，北京大学深圳研究生院于 2002 年成立智能机器人开放实验室，以智能交互技术为研究重点，努力为人机交互系统、智能服务系统等研究提供原创理论、关键技术和创新应用；清华大学和浙江大学也先后成立重点实验室，对自然人机交互展开了重要的研究；哈尔滨工业大学机器人技术与系统国家重点实验室在先进机器人群智能技术、自治行为、人机合作与交流机器人等方面进行了重要的研究。同时，在国家重点研发计划启动实施的"智能机器人"重点专项中，智能机器人学习与认知、人机自然交互与协同等成为重点支持的前沿技术。

在面向智能机器人的自然交互基础理论上，近年来我国也取得了一定的研究突破。在已有的过程模型（包括 MHP、GOMS、PMJ 等）和分布式认知、多模态并行交互思想的基础上，中国科学院心理研究所对交互主体（人或智能机器人）提出了一个新的人机交互模型——人机合作心理模型（human computer cooperation model，HCCM），建构了面向智能时代的人机合作心理模型[3]。而在交互范式上，中国科学院软件研究所提出了一种支持移动交互的界面范式——基于 Bots 的人机交互界面范式，突破了基于桌面隐喻的传统窗口、图标、菜单和指点设备（windows，icon，menu，pointer，WIMP）范式，为面向智能机器人的自然交互奠定了交互理论的基础[4]。

三、待解决的关键技术问题

未来人与智能机器人应该是自然交互、高效协作、和谐共处的。为达到这一目标，可以从自然交互技术和理论框架进行研究，其中不仅包括情境感知、多模态数据融合、用户意图理解、实时智能决策与反馈等方面的智能处理技术研究，还包括自然用户界面（natural user interface，NUI）、人机合作的心理学模型和界面范式、人机合作应用开发平台、人机协同的混合智能、人机共生等方面的理论方法和开发平台的研究（图 4-11-2）。

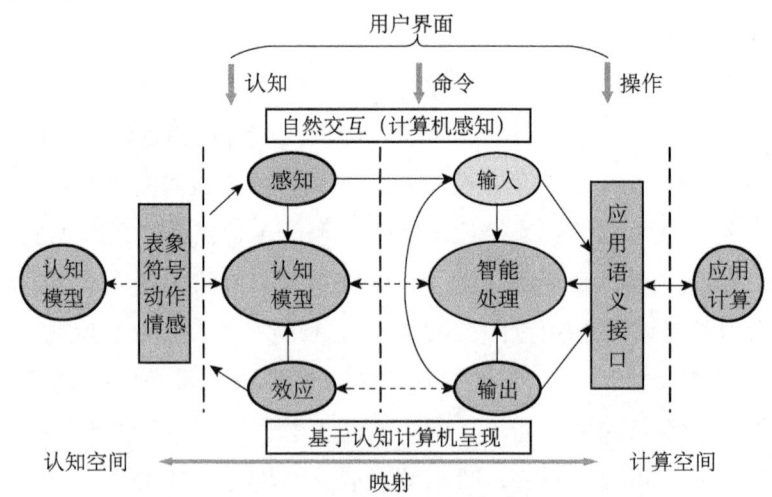

图 4-11-2　面向智能机器人的自然交互技术研究框架

（一）情境感知

情境感知是机器人与人、机器人与环境、机器人之间交互的基础。智能机器人情境感知技术主要体现在机器人对人的感知和对环境的感知两个方面。对人的情境感知技术包括自然语音识别、声源定位和跟踪、人脸跟踪与识别、表情和微表情识别、视线追踪技术、手势和人体姿态识别、用户身份识别和生理信号检测技术等；对环境的感知主要是对环境中包含的物体进行检测与识别，涉及的技术包括物体检测和分割技术、物体定位和识别、障碍检测、环境地图构建等。受益于信号检测设备的不断改进和人工智能驱动下信号处理技术的不断发展，上述技术各自在限定的条件下都取得了相对较高的识别准确率。在我国，智能机器人被期望广泛应用于教育、娱乐、医疗、陪护、军事、工业等领域，这些实际应用往往要求机器人长期置身于自然（非人工）、不可预知、动态变化、复杂异质的交互环境中，如何对这类交互环境进行有效描述和建模，并在其中保证各项感知技术的高识别率是目前智能机器人感知技术的难点。

（二）多模态数据融合

多模态数据融合主要是指对不同模态的数据进行综合处理，以获取更为准确的客观物体的状态与环境信息。为了有效地适应动态变化的环境，具备先进的学习能力和自治功能，智能机器人需要融合多种传感器得到的信息，包括视觉、听觉、触觉、热觉、力觉等外部信息，以及机器人自身的位置、速度、加速度等内部信息。为此，如何从海量、高维、动态的多模态内外部数据中挖掘出有价值的、潜在的、复杂时空中的语义关联，成为智能机器人发展亟须解决的关键问题。

单模态数据处理往往从信息自身的各种特征出发，已形成一套较为完善的分析和管理体系。相较于单模态数据处理，多模态数据之间的潜在关联性和相同模态数据间底层特征分布的不一致性为多模态数据处理提出了挑战[5]。针对不同应用场景、不同应用人群的智能机器人，如何从冗余信息、互补信息和协同信息中提取出有用的特征数据，甚至在信息缺失或互斥的情况下，如何确保智能机器人的容错能力和可靠性能，以及在多模态数据融合方面，如何从多模态宽度融合提升到多模态深度信息融合，实现特征时空一致性和多模态智能选择是智能机器人在多模态数据处理过程中一个重要而困难的技术。

（三）用户意图理解

机器人意图理解是指机器人根据有限的用户信息（如注意力方向、语言、动作等）和环境信息来解释和预测用户的行为（如意图、目标、期望等）。用户交互意图准确判断是智能机器人做出正确决策和响应的依据，也是高效完成交互任务的关键。目前，与智能机器人意图理解相关的技术主要体现在自然语言处理上，包括语音语义分析、对话理解等，还没有特定的用于智能机器人的意图理解方法。

对于智能机器人来说，实现意图理解的关键技术和难点包括两个方面：如何创建机器人知识图谱并使其实现自我更新，以及如何有效结合识别的用户数据和环境数据来实现对用户意图的准确理解[6]。一方面，人与人之间的交互往往是建立在共同的认知基础上的，这使得人与人之间的交互带有很多意图的推理成分。而对于智能机器人来说，要想与人类进行自然有效的交互也需要建立一个共同的认知基础，其中一个有效的方法就是构建机器人知识图谱。知识图谱包括常识性的知识存储和个性化的知识更新，机器人不仅可以通过感知到的信息对知识图谱进行自动更新，还可以采取主动交互策略来确认不可靠的推理结果。另一方面，机器人首先要基于多模态信息完成对人的认识和判断（如身份验证和情绪识别等），然后要完成对环境中存在的通用物体和新出现物体的识别。更重要的是，要将对人的认识和对环境的认识有效结合，并调动知识图谱中的知识，形成对包含人、物、环境的整体事件的认识。另外，机器人不仅要知道当前发生了什么事件，还应联合感知到的人和环境的历史信息，预测事件最可能的发展趋势。只有机器人像人类一样能够理解事件的来龙去脉和前因后果，才能拥有和人类似的推理能力，自主决定其下一步的交互策略。

（四）实时智能决策与反馈

机器人做出正确决策和响应是交互必不可少的一步。智能机器人实时智能决策和反馈的关键交互技术主要体现在三个方面：如何自主决策交互的内容、如何实现多模态行为表达的一致性，以及如何实现自适应交互情境的输出。

机器人给出的交互反馈在很大程度上应取决于该机器人的交互目标，而完成特定的交互目标需要机器人拥有一套行之有效的流程和方法。为此，不同应用场景中的智能机器人在其知识图谱中应包含该场景下通用的交互原则和标准，这些通用的交互原则和标准需要人类事先给机器人进行设定，可以让机器人在刺激模式下有一个合理的符合人类基本预期的输出，也可以辅助机器人自主判断和启动交互的时机。

机器人多模态行为的一致性包括时间、空间和内容上的一致性。一旦机器人决定了给出什么样的交互反馈，就需要调动控制系统，从多个通道进行表达，如声音输出、视线调整、表情刻画、触觉反馈、姿态表达、位置移动等。机器人各个通道的启动时间、肢体运动幅度、移动距离、通道之间的配合都是实现一致性表达必须要考虑的因素。

机器人的智能应该充分体现在对人和环境的自适应性上，由于实际应用中的交互环境往往是动态变化的，自适应交互能使机器人保持长时间有效交互，也是机器人最终能落地应用的关键。自适应交互要求机器人在交互过程中通过自主学习实现自我调整、纠错和生长。因此，智能交互算法需要重点考虑如何应对交互过程中数据、特征、类别的动态变化，涉及的问题包括如何衡量新增数据的质量、如何实现动态特征的自适应、如何根据新发现的交互知识更新原有的交互策略等。

（五）自然用户界面

自然用户界面通过研究现实世界环境和情况，利用新兴的技术能力和感知解决方案实现物理和数字对象之间更准确、最优化的交互，从而达到用户界面不可见或交互的学习过程不可见的目的。其重点关注传统的人类能力（如触摸、视觉、言语、手写、动作）和更重要、更高层次的过程（如认知、创造力和探索）。因此，自然用户界面具有简单易学、交互自然和基于直觉操作的优点，能够支持新用户在短时间内学会并适应用户界面，并为用户提供愉悦的使用体验[7]。

用户界面发展到现在经历了三个主要时代，分别是批处理界面（batch interface，BI）、命令行界面（command line interface，CLI）和图形用户界面（graphical user interface，GUI）。迄今，学术界和工业界开发了许多用户界面策略，使用与现实世界的自然交互作为 CLI 或 GUI 的替代品，并将这项工作称为自然用户界面、直接用户界面、无隐喻计算，其商业化产品包括 Jefferson Han 的 Perceptive Pixel、微软公司的 PixelSense 和 Xbox Kinect、Edusim 的 3D Immersive

Touch、加拿大创业公司 Thalmic Labs 推出的创新性臂环 MYO 等。然而，自然用户界面的发展和应用尚未成熟，需要解决以人为中心、非精确性、高带宽等多方面问题。

（六）人机合作的心理学模型和界面范式

计算机越来越接近人类的智能和情感处理水平，人与计算机的交互追求更加自然、和谐，力图更加符合人类的认知和行为习惯，因此，人与计算机的交互越来越接近人与人之间的交互。但是，以往的人机交互模型仍然停留在旧交互模型的阶段，无法满足当前人机交互方式多种多样的局面。面对这一发展趋势，迫切需要新的理论模型和界面范式来指导相关的研究和设计工作。

针对人和计算机这两个交互主体，中国科学院心理研究所提出了面向智能时代的人机合作心理模型。该模型试图解决当前人机交互研究所面临的主要问题，包括计算机智能水平的大幅提升、人机交互任务的复杂性提高，以及人机交互方式的复杂多样性[3,4]。而在界面范式上，基于多通道自然语言交互的智能机器人不再依赖于桌面的图形环境，源于桌面隐喻的传统 WIMP 范式也不再适用于人与智能机器人的人机交互。为此，研究基于化身交互隐喻的 ASLI（avatar，scenario，language，instrument）界面范式，为基于智能机器人的人机交互系统提供了界面设计的指导，具有重大意义。目前，针对智能机器人自然交互的基础理论研究仍存在一定局限，如未涉及情感情绪领域、实践验证不足、模型框架不够细化等。

（七）人机合作应用开发平台

在开发人机合作应用交互平台时，尝试全新的技术有其合理性，但由于缺乏完整的交互控制说明，忽视与已建立操作习惯的一致性，以及对历史和人机交互研究成果的无知等原因会给用户带来极大的困扰。因此，研究交互设计原则是人-智能机器人交互发展中非常重要的一部分。例如，Norman 总结了一些完全独立于技术之外的交互设计基本原则，如可视性、反馈、一致性、无破坏性操作、可发现性、可扩展性、可靠性等[8]。除此以外，研究人员和开发人员也提出了一些对交互设计非常重要的交互设计原理，如菲茨定律、希克定律、7±2 法则等。了解并且遵从这些开发设计原理能提高开发效率，提升产品的有效性和有用性。

同时，开发人机合作的交互应用平台需要研究相应软件开发方法，如归纳交互场景共性特征、构造交互界面描述语言等。另外，如何基于表示、显示、存储、逻辑相分离的思想，构建增量式开发、可扩充、可维护的应用开发平台，形成涵盖核心库、平台层、工具层的开发工具包，提供面向软件开发者、终端用户的组件式、可视化的定制化开发工具，也是人机合作交互应用平台的重要研究内容。

（八）人机协同下的混合智能

随着智能机器人的普及，人机协同（human-robot collaboration）[9]将是人与智能机器人共同发展的趋势。针对人-机协作型智能机器人所处环境和任务的复杂性、多变性、不确定性，将人的作用或认知模型引入人工智能系统中，提升人工智能系统的性能，使人工智能成为人类智能的自然延伸和拓展，通过人机协同更加高效地解决复杂问题。人机协同让人与智能机器人从"主仆"关系变成合作"伙伴"，除了单人单机器人的人机协同之外，还有多人多机器人的团体合作问题。因此，人类的智能和机器智能协同的产物，可以看作人际协同下的混合智能。

在机器人没达到高度智能的情况下，最有效的方法是先感知和理解人类，再通过人类的协助实现感知和理解环境。但更进一步，围绕人类智能与机器智能融合及协同的主题，需要解决智能体认知模型构建、人机互适应学习原理和混合智能行为策略三个科学问题。一是需要重点解决多通道的感知、认知和运动信息融合，构建能体（包括以人为代表的生物智能和以智能机器人为代表的人工智能）从"看到"、"想到"到"做到"的信息处理原理和模型，实现智能体认知模型的原理性突破。二是需要解决人类智能与人工智能的协同及互适应学习机理，不但需要解决智能机器人的自生长能力问题，不断适应人类自然交互的需求，也需要人类逐渐发展为在认知能力上可以与智能机器人进行自然交互和协同任务的"交互人"。三是需要加强对应用场景的研究，通过结合人、机器人和环境的特性，研究动态规划人机协同系统的实现策略，获得人机混合智能条件下的最优决策和运动方案。

（九）人机共生

计算机在我们生活的各个方面都发挥着越来越大的作用，社会和信息技术在复杂的过程中不断相互渗透和相互影响。在这种情况下，人机共生系统（cyber-human system，CHS）[10]由人机交互、以人为中心的计算、通用接入、数字社会与技术等发展而来，并进一步扩展到数字政府、信息隐私、人与机器人交流等概念，其目的是探索潜在的变革和颠覆性的思想，以及基本理论和技术的创新，研究人与计算机之间日益增加的关系，并提出增进人类能力的广泛目标。

人机共生是一个迅速发展的领域，得到了美国国家科学基金会研究计划的大力支持，其资助的研究主题包括人类、计算机和环境在内的三个维度。人的维度是把团体作为目标一致的群体和把社会作为非结构化连通的人的集合，将其范围扩展，囊括从支持、拓展人的能力到满足人的需求；计算机的维度包含从固定的计算设备，到人类随身携带的移动设备，及嵌入周围物理环境中的传感器和视频、音频设备的计算系统；环境维度包含从离散的物理计算设备到沉浸式虚拟环境，及其中间的混合现实系统等[1]。

四、我国的发展战略与对策建议

我国在 2013 年就已经拥有全球最大的工业机器人市场，且近年来市场需求仍保持快速增长。2015 年中国提出"中国制造 2025"，明确将机器人尤其是智能机器人列入大力推动突破发展的重点领域之一。但是我国对自然交互技术，尤其是面向智能机器人的自然交互技术仍然存在重视不足、投入不够的问题。在情境感知、多模态数据融合、实时反馈、人机协同与人机和谐环境等方面的研究经费投入、科研团队构建和前瞻性探索研究上都大幅度落后于欧美发达国家。

鉴于以上情况，一方面，我国要增加专项投入，加强面向智能机器人自然交互技术的基础理论和技术创新研究，重点解决自然交互技术在复杂场景下的可靠性、多通道融合的时空一致性、意图理解上下文的关联性、机器人知识图谱的可成长性和人机协同的互适应性等方面的关键科学问题，通过重点研发计划的支持，抢占自然交互技术制高点，推动智能机器人的发展和应用；另一方面，要坚持开放，推动跨学界、跨领域自然交互技术的协同创新。面向智能机器人的自然交互技术涉及甚至依赖于传感技术、人机交互、人工智能和认知心理学等多学科领域的协同发展和交流，因此，推进国内外高校、科研院所和企业间的交流与合作，充分利用国际创新资源，对促进我国自然交互相关技术发展具有重要意义。同时，我国亟须解决交互技术人才短缺的瓶颈问题，加强专业人才培养，鼓励高校设立人机交互相关专业，开展跨学科人才培养，建立多层次、多类型的人机交互专业人才培养体系。

在各界的支持和努力下，未来 10～20 年，智能机器人有望在上述自然交互关键技术方面取得突破，使得智能机器人能够被广泛用于教育、娱乐、医疗、陪护、军事等领域。

参 考 文 献

[1] 范俊君，田丰，杜一，等. 智能时代人机交互的一些思考 [J]. 中国科学：信息科学，2018，48：361-375.

[2] Goodrich M A, Schultz A C. Human-robot interaction: a survey [J]. Foundations and Trends® in Human-Computer Interaction, 2008, 1（3）: 203-275.

[3] 任福继，孙晓. 智能机器人的现状及发展 [J]. 科技导报，2015，33（21）：32-38.

[4] 王慧，姚乃明，董健，等. 基于 Bots 的人机交互界面范式 [J]. 中国科学：信息科学，2018，48：475-484.

[5] 潘巍，王阳生，杨宏戟. 多模态信息融合的一般功能模型设计——基于融合功能与信息层次 [J]. 计算机工程与应用，2006，42（29）：27-29.

[6] 任海兵. 自适应机器人交互和机器人开放平台 [J]. 机器人产业，2018，（4）：60-64.

[7] Wigdor D, Wixon D. Brave NUI World: Designing Natural User Interfaces for Touch and Gesture [M]. San Francisco: Morgan Kaufmann Publishers Inc., 2011.

[8] Norman D A, Nielsen J. The way I see itGestural interfaces [J]. Interactions, 2010, 17: 46-49.

[9] Faber M, Bützler J, Schlick C M. Human-robot cooperation in future production systems: analysis of requirements for designing an ergonomic work system [J]. Procedia Manufacturing, 2015, 3: 510-517.

[10] Eskins D, Sanders W H. The multiple-asymmetric-utility system model: a framework for modeling cyber-human systems. Quantitative Evaluation of Systems (QEST) [C]. 2011 8th International Conference on. IEEE, 2011: 233-242.

附　录

附录 1　德尔菲调查问卷

"支撑创新驱动转型关键领域技术预见
与发展战略研究"信息领域
第二轮德尔菲调查问卷

中国未来 20 年技术预见研究组
中国信息领域技术预见研究组
2017 年 10 月

一、邀请函

尊敬的专家,

您好!

为把握世界信息科技前沿和国家战略需求,识别我国未来关键战略性技术课题,中国科学院科技战略咨询研究院作为中国科学院学部的核心支撑研究平台,启动了"面向2030年信息领域技术预见"项目。本项目组建了以谭铁牛院士为组长、刘明院士和陆建华院士为副组长的专家组,下设子领域专家组,由谭铁牛院士、王曦院士、吴建平院士、梅宏院士、赵沁平院士、郭雷院士、刘明院士与冯登国院士等担任组长。

2017年7~8月,在各位专家的大力支持下,研究组开展并完成了第一轮德尔菲调查问卷。2017年9月9日,谭铁牛院士主持召开领域专家会议,基于第一轮调查问卷分析结果及专家反馈意见,最终讨论确定了本次第二轮德尔菲调查问卷的80项技术课题。

经领域专家组推荐,我们邀请您作为信息领域专家对第二轮问卷中面向中国2030年的重要技术课题进行评价,请您在2017年11月10日24:00前填写完成,感谢您对此次技术预见工作的支持。

基于两轮德尔菲问卷调查,各位信息领域专家将在技术课题的预计实现时间、重要程度、技术水平领先国家和地区、制约因素等方面凝练共识,形成整体认知。您填写的技术课题评价内容对我们的项目研究非常重要,最终成果将提供给国家发展和改革委员会、科技部、中国科学院、中国工程院、国家自然科学基金委员会等部门作为战略决策参考。

我们将对您的个人信息和填写内容保密,填写问卷请点击链接……

注:此问卷地址仅允许填写一次,请勿转发给其他人。本项目进展情况、第一轮德尔菲调查问卷分析结果及第二轮德尔菲调查问卷技术课题的详细描述详见网盘链接……供您填写问卷时参考。

若有问题请联系:×××,联系方式:××××。

感谢您对本项目的支持,祝您工作愉快!

中国未来20年技术预见研究组
中国信息领域技术预见研究组
2017年10月

二、背景资料

1. 问卷说明

技术预见旨在选定未来可能产生最大经济效益与社会效益的战略研究领域和通用新技术，综合集成专家判断，对未来关键技术前沿领域凝练共识，形成整体认知。中国科学院科技战略咨询研究院启动的重大咨询课题"面向2030年信息领域技术预见"旨在把握世界信息科技前沿和国家战略需求，识别信息领域我国重大与前沿技术课题及其发展趋势，支撑实施创新驱动发展战略。基于德尔菲问卷调查，各位专家将在技术课题预计实现时间、重要程度、技术水平领先国家和地区、制约因素等方面凝练共识，由此遴选出信息领域的重要技术课题。

2. 项目进展

2017年7~8月，项目研究组完成了第一轮德尔菲调查问卷的发放、回收和分析。2017年9月9日，由谭铁牛院士主持召开领域专家组会议，根据第一轮德尔菲调查问卷各位专家反馈的意见，讨论和调整了部分技术课题，最终确定本次第二轮德尔菲问卷的80项技术课题。

3. 问卷填写

第二轮德尔菲问卷调查继续由各子领域专家组推荐的领域专家，对基于第一轮德尔菲调查结果调整的未来2030年信息领域重要的80项技术课题进行评价，同时，我们向您提供上一轮德尔菲问卷调查的分析结果作为参考。请您在2017年11月7日24：00前填写完成并提交问卷。

本次调查问卷根据上轮专家意见删减和优化了相关问题，将明显减少您填写问卷的工作量和时间。本次问卷仍然采取实名制调查方式，同时希望您填写自己的研究领域。第二轮调查问卷中，每个技术课题的详细描述和所属子领域请点击给您发送的邮件正文里的网盘链接查看，供您填写问卷时参考。

4. 注意事项

由于调查问卷篇幅和数据保存的原因，请您尽量在电脑端填写。在电脑端填写时，页面右方会出现进度条提醒您填写进度，如需分次填写，退出时请按进度条保存。如需在手机端分次填写，退出时请点击OK或"确定"，完成请点击"提交"。

三、专家信息调查

请在问卷调查时留下您的联系方式与您的基本信息,以便我们了解问卷作答人的特征并反馈项目成果。对您的信息,我们将严格保密。

专家姓名			性别		所属部门			研究领域
年龄段 请选择"√"	20~30岁	31~40岁	41~50岁	51~60岁	61~70岁	71岁以上	男	女
							高校	科研院所	企业	政府部门	其他	电话
通信地址								E-mail
								传真

四、技术课题调查

本次信息领域 2030 技术预见项目沿用了"中国未来 20 年技术预见研究"的调查问卷格式,主要包括对未来信息领域技术课题五个方面的调查:未来技术的重要性(三大判据)、未来技术的可能性(预计实现时间)、未来技术的可行性(制约因素)、未来技术的合作与竞争对手[目前领先国家(地区)]、我国信息技术发展态势(当前中国研发水平)。样卷如下:

技术子领域	您对该技术课题的熟悉程度(单选)				未来技术的重要性(三大判据)			在中国预计实现时间(单选)				当前中国的研究开发水平(单选)			技术水平领先国家(地区)(可多选)					当前制约该技术课题发展的因素(可多选)			
	很熟悉	熟悉	一般	不熟悉	对促进经济增长的重要程度	对提高生活质量的重要程度	对保障国家安全的重要程度	2020年前	2021~2025年	2026~2030年	2030年后	无法预见	国际领先	接近国际水平	落后国际水平	美国	日本	欧盟	俄罗斯	其他(请填写)	技术可能性	商业可行性	法规、政策和标准	人力资源	研究开发投入	基础设施
技术课题		√			C	C	A		√					√		√		√	√		√	√			√	

* "中国"特指中国大陆(内地),不包括台湾省和香港、澳门特别行政区。

填表须知:(1)在对促进经济增长的重要程度、对提高人民生活质量的重要程度、对保障国家安全的重要程度三栏内,请根据您的判断,选择填写 A、B、C、D 四种答案:A:很重要;B:重要;C:一般;D:不重要。

(2)除上述三栏外,请在相应的空格内画"√"或作具体说明。

德尔菲调查问卷正文

技术子领域	技术课题	您对该技术课题的熟悉程度（单选）			在中国预计实现时间（单选）				对促进经济增长的重要程度	对提高生活质量的重要程度	对保障国家安全的重要程度	当前中国的研究开发水平（单选）				技术水平领先国家（地区）（可多选）					当前制约该技术课题发展的因素（可多选）				
		很熟悉	一般熟悉	不熟悉	2020年前	2021~2025年	2026~2030年	2030年后	无法预见				国际领先	接近国际水平	落后国际水平		美国	日本	欧盟	俄罗斯	其他	技术可能性	商业可行性	法规、政策和标准	人力资源	研究开发投入	基础设施
微纳电子技术	(1) 新型非易失存储技术推动计算机存储架构的变革																									
	(2) 开发出基于忆阻器的类脑计算原型系统																									
	(3) 高迁移率非硅沟道晶体管在集成电路中广泛应用																									
	(4) 1 纳米集成电路制造工艺实现量产																									
	(5) 化合物半导体微波毫米波功率器件与电路实现广泛应用																									
	(6) 硅基多功能异质集成电路获得广泛应用																									
	(7) 毫伏逻辑开关得到实际应用																									
	(8) 高速低功耗自旋电子学器件得到广泛应用																									
	(9) 开发出超低功耗量子新原理逻辑器件与芯片																									
	(10) 三维高密度新型存储技术得到广泛应用																									

续表

技术子领域	技术课题	您对该技术课题的熟悉程度（单选）			在中国预计实现时间（单选）				对促进经济增长的重要程度	对提高生活质量的重要程度	对保障国家安全的重要程度	当前中国的研究开发水平（单选）			技术水平领先国家（地区）（可多选）				当前制约该技术课题发展的因素（可多选）				
		很熟悉	一般	不熟悉	2020年前	2021~2025年	2026~2030年	2030年后	无法预见				国际领先	接近国际水平	落后国际水平	美国	日本	欧盟	俄罗斯	其他	技术可能性	商业可行性	法规、政策和标准	人力资源	研究开发投入	基础设施
控制与无人系统	(11) 实现多个陆用无人平台高适应性的显式/隐式自主协同																									
	(12) 完全实现无人系统的高效可靠意念控制																									
	(13) 开发出仿生物群体智能的无人机集群控制平台																									
	(14) 开发出宽域实用型垂直起降变体无人飞行器																									
	(15) 研制出极地冰下海洋环境探测的智能水下机器人																									
	(16) 异构在海洋科学研究中获得网络水下机器人观测与广泛应用																									
	(17) 基于神经科学的类神经控制及其在工业机器人中的应用																									
	(18) 基于多源传感融合和智能网联的无人汽车协同感知与控制得到实际应用																									
	(19) 实现高超声速飞行器轨迹姿态协调控制																									

续表

技术子领域	技术课题	您对该技术课题的熟悉程度（单选）			在中国预计实现时间（单选）				对促进经济增长的重要程度	对提高生活质量的重要程度	对保障国家安全的重要程度	当前中国的研究开发水平（单选）			技术水平领先国家（地区）（可多选）				当前制约该技术课题发展的因素（可多选）				
		很熟悉	一般	不熟悉	2020年前	2021~2025年	2026~2030年	2030年后	无法预见				国际领先	接近国际水平	落后国际水平	美国	日本	欧盟	俄罗斯	其他	技术可能性	商业可行性	法规、政策和标准	人力资源	研究开发投入	基础设施
控制与无人系统	（20）实现空天往返飞行器智能自主导航与控制																									
	（21）超快高精密量子控制技术在量子计算等中应用																									
	（22）无缆水下机器人自主作业系统获实际应用																									
人工智能与智能社会	（23）人工智能形成统一的理论体系																									
	（24）先进机器学习技术得到突破和实际应用																									
	（25）人机融合的增强智能技术得到实际应用																									
	（26）智能化网络信息获取、理解和推荐技术得到广泛应用																									
	（27）世界主要语言同多领域同声翻译系统得到实际应用																									
	（28）人机对话系统逼近人际交互水平，并得到广泛应用																									
	（29）多领域多模态协同共同需求解决技术得到突破和实际应用																									

续表

技术子领域	技术课题	您对该技术课题的熟悉程度（单选）			在中国预计实现时间（单选）				对促进经济增长的重要程度	对提高生活质量的重要程度	对保障国家安全的重要程度	当前中国的研究开发水平（单选）			技术水平领先国家（地区）（可多选）					当前制约该技术课题发展的因素（可多选）				
		很熟悉	一般熟悉	不熟悉	2020年前	2021~2025年	2026~2030年	2030年后	无法预见				国际领先	接近国际水平	落后国际水平	美国	日本	欧盟	俄罗斯	其他	技术可能性	商业可行性	法规政策和标准	人力资源	研究开发投入	基础设施
人工智能与智能社会	（30）智能陪护机器人得到广泛应用																									
	（31）针对残障等特殊人群的智能工障碍技术得到实际应用																									
	（32）人工智能技术在金融管理领域得到广泛商业应用																									
	（33）智能健康监测与医疗会诊技术得到广泛应用																									
	（34）支持智能作业的群体智能与人机协作得到广泛应用																									
	（35）延伸大脑记忆功能技术在多个领域获得广泛应用																									
虚拟现实与交互	（36）开发出具有身临其境感觉的沉浸式远程社交网络																									
	（37）开发出面向决策过程增强现实空间原型																									
	（38）开发出面向智能机器人的自然交互技术																									
	（39）开发出真三维头盔显示器																									
	（40）动态全息三维显示技术得到实际应用																									

续表

技术子领域	技术课题	您对该技术课题的熟悉程度（单选）			在中国预计实现时间（单选）				对促进经济增长的重要程度	对提高生活质量的重要程度	对保障国家安全的重要程度	当前中国的研究开发水平（单选）			技术水平领先国家（地区）（可多选）					当前制约该技术课题发展的因素（可多选）					
		很熟悉	熟悉	一般	不熟悉	2020年前	2021~2025年	2026~2030年	2030年后	无法预见				国际领先	接近国际水平	落后国际水平	美国	日本	欧盟	俄罗斯	其他	技术可能性	商业可行性	法规政策和标准	人力资源	研究开发投入	基础设施
虚拟现实与交互	(41) 光场捕捉、处理和显示技术得到普遍应用																									
	(42) 真实感三维建模技术在互联网和虚拟现实领域得到广泛应用																									
	(43) 开发出面向消费者的三维数据采集装置																									
	(44) 先进的可视化与可视分析技术得到广泛应用																									
	(45) 开发出实用的虚拟远程办公系统																									
信息材料与器件	(46) 基于环境能量采集器的无供电传感器和无线监控节点得到物联网广泛应用																									
	(47) 20GHz高速超导数字计算机将问世并得到实际应用																									
	(48) 柔性电子技术得到广泛应用																									
	(49) 硅光互连支撑的颠覆性计算模式得到实际应用																									
	(50) 拓扑量子计算开发成功																									
	(51) 全集成宽禁带半导体功率电子技术开发成功																									

续表

技术子领域	技术课题	您对该技术课题的熟悉程度（单选）			在中国预计实现时间（单选）				对促进经济增长的重要程度	对提高生活质量的重要程度	对保障国家安全的重要程度	当前中国的研究开发水平（单选）			技术水平领先国家（地区）（可多选）					当前制约该技术课题发展的因素（可多选）					
		很熟悉	熟悉	一般	不熟悉	2020年前	2021~2025年	2026~2030年	2030年后	无法预见				国际领先	接近国际水平	落后国际水平	美国	日本	欧盟	俄罗斯	其他	技术可能性	商业可行性	法规政策和标准	人力资源	研究开发投入	基础设施
网络与通信	(52)超低时延的大规模网络和关键应用																										
	(53)面向天地一体的空间路由系统协议体系实现广泛应用																										
	(54)具备内生安全特性的新型网络架构实现广泛应用																										
	(55)网络安全态势感知实现广泛应用																										
	(56)网络硬件设备的软件化技术得到广泛应用																										
	(57)突破光纤传输容量极限的"新传输波段"																										
	(58)高密度超高速无线通信技术实现广泛应用																										
计算系统与软件	(59)量子计算机初步应用领域得到特定应用																										
	(60)开发成功对100亿个神经元进行模拟，并且能比当前计算机处理速度快1000倍的类脑计算机系统																										
	(61)在万物互联新型应用领域出现新型计算系统，成为x86、ARM外的第三个全球性开放计算生态																										

续表

技术子领域	技术课题	您对该技术课题的熟悉程度（单选）			在中国预计实现时间（单选）				对促进经济增长的重要程度	对提高生活质量的重要程度	对保障国家安全的重要程度	当前中国的研究开发水平（单选）			技术水平领先国家（地区）（可多选）					当前制约该技术课题发展的因素（可多选）				
		很熟悉	熟悉	一般	不熟悉	2020年前	2021~2025年	2026~2030年	2030年后	无法预见				国际领先	接近国际水平	落后国际水平	美国	日本	欧盟	俄罗斯	其他	技术可能性	商业可行性	法规政策和标准	人力资源	研究开发投入	基础设施
计算系统与软件	(62) 高通量低熵共享云计算系统得到广泛应用																									
	(63) 可重塑应用、针对多种应用的能效获得数量级提升																									
	(64) 高性能计算容错技术得到实际应用																									
	(65) 物联设备间的交易技术得到广泛应用																									
	(66) 面向大规模人机物应用开发的编程模型与系统得到广泛应用																									
	(67) 十万~百万行级软件的验证技术开发成功																									
	(68) 开发出非易失可计算内存环境中的数据库管理系统																									
	(69) 软件智能化开发技术支持的全民编程得到实际应用																									
	(70) 可穿戴感知方法得到广泛应用																									
	(71) 开发出支持中、大规模智能机器人群体协同的基础软件平台																									

续表

技术子领域	技术课题	您对该技术课题的熟悉程度（单选）			在中国预计实现时间（单选）				对促进经济增长的重要程度	对提高生活质量的重要程度	对保障国家安全的重要程度	当前中国的研究开发水平（单选）			技术水平领先国家（地区）（可多选）					当前制约该技术课题发展的因素（可多选）					
		很熟悉	一般	不熟悉	2020年前	2021~2025年	2026~2030年	2030年后	无法预见				国际领先	接近国际水平	落后国际水平	美国	日本	欧盟	俄罗斯	其他	技术可能性	商业可行性	法规、政策和标准	人力资源	研究开发投入	基础设施
计算系统与软件	（72）基于智能化技术的代码自动生成和推荐在软件开发中得到应用																									
	（73）面向内外部环境变化的软件自修复和自优化技术得到广泛应用																									
	（74）抗量子计算攻击的公钥密码技术标准得以建立并得到广泛应用																									
	（75）量子保密通信系统进入实用阶段																									
信息安全	（76）以密码技术为核心的数据安全保护方案得到广泛应用																									
	（77）安全数字货币得到广泛应用																									
	（78）自适应、自免疫主动防御技术得到实际应用																									
	（79）智能、开放互联环境下的自动化安全服务技术得到广泛应用																									
	（80）智能终端高可信安全技术开发成功并得到实际应用																									

附录2 德尔菲调查问卷回函专家名单

艾 渤	安 霞	安学军	白 翔	白晓颖	贲可荣	毕 磊	边计年
卜伟海	布 宁	蔡开元	蔡 强	蔡庆宇	蔡一茂	曹三省	曹永知
柴 利	车录锋	陈本美	陈春林	陈东义	陈福才	陈 虹	陈建平
陈 健	陈 杰	陈 岚	陈林森	陈宁江	陈平形	陈珊珊	陈 炜
陈文广	陈 向	陈晓桦	陈益强	陈 谊	陈增强	程 翔	丛 爽
崔 斌	崔 勇	戴国忠	戴鸿轶	但亚平	邓志东	丁 蔚	丁 勇
董建文	董林玺	杜承烈	杜晓黎	范彦铭	方海涛	方华京	方勇纯
封举富	冯结青	冯圣中	冯志勇	傅红波	傅焰峰	甘明刚	高 波
高 飞	高会军	高昆仑	葛树志	耿志勇	宫亚峰	龚建华	郭剑鹰
郭瑞明	郭万林	郭小军	过敏意	韩俊刚	韩力群	何华灿	何 军
贺风华	贺 威	洪学海	侯紫峰	胡爱群	胡清华	胡庆雷	胡伟达
胡跃明	华庆一	黄 惠	黄 捷	黄庆明	黄 显	黄欣沂	黄 屹
黄 宇	江 贺	姜 瑛	姜钟平	金 波	金国藩	金 晶	金连文
金小刚	康晋锋	孔蔚然	寇煦丰	李爱平	李华伟	李 甲	李 进
李俊山	李 泠	李 敏	李明禄	李 琦	李青山	李润伟	李 帅
李 彤	李 翔	李 响	李晓红	李晓维	李宣东	李学庆	李 赞
李 征	梁吉业	廖 蕾	廖小飞	林惠民	刘成林	刘方明	刘 飞
刘 辉	刘 娟	刘 琦	刘 涛	刘欣然	刘新宇	刘艳丽	刘 烨
刘 昱	刘允刚	刘兆平	刘正捷	刘志明	刘志勇	龙桂鲁	龙世兵
卢 山	卢远志	陆朝阳	陆 峰	罗 军	吕杭炳	吕金虎	马利庄
马晓星	毛晓光	毛新军	梅永丰	孟德宇	孟祥旭	孟亚平	米海鹏
缪 峰	缪向水	聂 华	聂长海	牛轶峰	潘教青	潘旭伟	彭海琳
彭析竹	彭 鑫	彭智勇	漆锋滨	钱 冬	秦学英	屈继峰	桑新柱
佘锦华	申华军	盛 敏	石 寅	史生才	宋凤麒	苏春翌	苏剑波
苏翼凯	苏泳涛	粟 菁	孙昌爱	孙东明	孙凝晖	孙 钱	孙长银

唐光明	陶建华	田栢苓	铁 林	童维勤	万 青	汪 飞	汪培庄	
王 聪	王大轶	王 丹	王 东	王 峰	王 钢	王国仁	王国胤	
王浩敏	王 戟	王 敬	王开友	王乐一	王林章	王文武	王献昌	
王肖沐	王小捷	王欣然	王兴军	王 勋	王延松	王 寅	王映辉	
魏 峻	温长云	文 红	翁冬冬	翁 健	吴德馨	吴恩华	吴华强	
吴淮宁	吴金刚	吴良才	吴 敏	吴南健	吴 强	吴燕庆	吴毅红	
吴 臻	吴振华	伍朝辉	夏时洪	夏元清	向凤红	肖 丽	肖利民	
肖宛昂	肖 希	肖照林	谢 涛	谢 耘	熊英飞	胥布工	徐海阳	
徐赫屹	徐 凯	徐明亮	徐平均	徐睿峰	徐迎庆	徐志伟	许 畅	
许仁杰	许文俊	薛安克	闫晓林	闫 峥	杨承磊	杨富华	杨光红	
杨 健	杨孟飞	杨 珉	叶 宏	易建强	尹 勇	应明生	尤立星	
于 戈	于洪宇	于长斌	余明斌	余胜泉	余 月	余志平	虞晶怡	
曾 亮	曾志刚	曾贵华	查红彬	詹德川	詹乃军	张 波	张彩明	
张承慧	张恩阳	张凤军	张广泉	张宏纲	张建华	张 健	张 莉	
张 路	张敏灵	张 卫	张 昱	张 越	张云泉	赵 超	赵会群	
赵千川	赵晓光	赵延龙	赵 毅	赵宇航	郑 东	郑东宁	郑 萌	
郑 澎	钟宜生	钟义信	周 彬	周明辉	周 鹏	周世杰	周 彤	
周一青	周 忠	朱浩瑾	朱慧珑	朱 军	朱全民	朱学芳	朱燕民	
宗成庆	宗 群	邹湘君	邹玉龙	左志强				

附录3 11项关键技术课题具体描述

一、智能健康监测与医疗会诊技术得到广泛应用

智能健康监测的关键在于数据采集设备的穿戴便捷性、采集数据的准确性、采集设备本身的成本控制。接下来将通过人工智能技术持续在穿戴便捷性、数据准确性、成本可控性等方面发力，实现三者的完美结合。随着医生在诊断过程中对大量客观证据的需求不断提高，医疗会诊对标准化电子病例数据的跨机构整合、医疗大数据分析、实时图像处理技术等，都提出了新的要求。随着人工智能技术的发展，更智能地将患者向科室和医生精确匹配分发，通过提升医疗数据的智能处理水平，完善医学影像的智能诊断技术，通过深度学习分析医生诊断过程、对医疗大数据不断自我优化等，将全面提高医疗会诊的质量、效率和患者满意度。预计到2030年，智能健康监测与医疗会诊技术能够大规模应用于精准医疗、疾病成因量化分析、临床决策辅助支持、慢性病全流程服务、疾病暴发预测与提前干预、医疗标准修订等多个方面。

二、人工智能技术在金融管理领域得到广泛商业应用

金融领域在交易信息处理、客户信息管理和服务、交易预测、保险、投资风险防控等方面由于业务模式复杂量大、数据海量且多模态混杂，需要人工智能技术支撑。随着人工智能理论和技术的发展，视听觉感知、推理、自然语言理解、大数据分析等技术将在金融领域得到越来越广泛的应用。预计可大范围应用的技术和业务包括：①图像识别技术用于金融文档（票据、证照等）数字化和身份认证（脸像、虹膜识别等）；②基于视频的员工行为、服务态度分析和监控；③金融客户信息管理、自动咨询回答和个性化金融服务；④基于大数据分析的金融态势预测（如股市预测）、欺诈检测和投资风险防控；⑤具有智能感知和交互能力的服务机器人用于业务大厅和前台业务引导和自助服务等。

三、基于多源传感融合和智能网联的无人汽车协同感知与控制得到实际应用

自动驾驶车辆可以大幅降低交通事故和交通事故伤亡人数，显著提升交通效率，有效降低交通能源消耗和污染排放，是汽车工业和智能交通领域发展的重要方向。目前，车辆自动驾驶技术还主要处于辅助驾驶或部分自动驾驶阶段。实现车辆完全自动驾驶的技术关键包括自主式与协同式环境感知能力、拟人自主决策与规划方法、车间与车路协同控制等。预计未来 10 年左右，基于多源信息融合和智能网联通信，利用人工智能、深度学习与协同控制等技术，配合智能环境和辅助设施，实现车辆的完全自动驾驶；未来 15 年左右，道路和通信网络基础设施的建设与车辆自动驾驶相关标准法规的完善，将推动完全自动驾驶技术的成熟和加速应用，使完全自动驾驶车辆市场占有率接近 10%。

四、以密码技术为核心的数据安全保护方案得到广泛应用

随着信息网络与社会生活的不断深度融合，数字世界与真实世界的相互控制变得更加普及，数据不仅仅是财富，也是科学成果和艺术成果，同时是控制物流、金融、生产乃至武器的重要保障。数据就是未来生活、生产乃至战争的灵魂。可以预见，未来数据安全，包括隐私和秘密保护问题将成为关乎国家安全、影响社会生活的重要问题，将受到广泛关注。预计 2030 年，以密码技术为核心的数据安全保护方案也将得到广泛应用；相应的隐私泄露检测技术和监测平台也将完成研制并应用，形成一定的隐私泄露治理能力，充分保护网络空间普通百姓利益，维护社会稳定。

五、安全数字货币得到广泛应用

网络无处不在催生网络数字支付的快速发展，工业全球化导致采用工业技术防伪变得更加困难。借助网络和数字防伪技术，以数字货币代替实物货币的步伐在不断加速。近年来，已经出现了比特币等多种非官方的数字货币，与传统货币相比，其具有成本低、交易便捷等特点。但当前的数字货币仍存在一定的问题，还未成为官方货币。随着民间对数字货币的加速推进，学术界不断推出新的体制和算法，数字货币的发行、使用、交易、回收等技术将完全成熟。预计 2030 年，

数字货币将形成完整的解决方案，相关的支撑技术、系统和设备，技术标准与规范将完善和成熟，数字货币预计将成为官方货币的一种，并广泛应用。

六、高密度超高速无线通信技术实现广泛应用

移动通信是国家关键基础设施，是全球科技创新和国家竞争力的战略必争高地。为支撑"宽带中国""互联网+"等重大工程需求，新型无线通信传输技术将具备泛在融合、绿色宽带、安全智能等特征，以支撑不同行业的不同需求。重点内容包括：研究超高速、超大容量 THz 通信技术，实现超 100Gbps 的传输速率；研究面向高宽带、高速率、泛应用的新型 3D-MIMO 传输技术；突破传统时分双工（TDD）和频分双工（FDD）体制的局限性，研究自适应的混合双工传输技术；研究一体化融合网络，重点突破光与无线及云计算一体化融合等核心技术的研发及应用，实现无线资源利用率提升 100 倍以上、每平方千米超百万的连接数密度；研究信息安全传输、安全接入等关键技术，重点探索物理层安全传输技术的研发及应用；掌握关键射频与基带芯片设计核心技术，以期建成具有自主知识产权的超 5G 芯片和网络关键技术创新链，为形成新的万亿规模产业奠定基础。预计到 2030 年，新型无线通信传输技术可实现规模应用。

七、先进机器学习技术得到突破和实际应用

机器学习技术是人工智能的核心，是大数据价值发现的主要手段，国内外政府和工业界竞相大力投入。然而，目前技术受限于经典条件，需要大量训练数据，面向封闭稳定环境。从应用需求和技术发展来看，机器学习技术必将逐步突破经典条件限制，有助于减少训练数据量，从而降低应用成本的弱监督学习、迁移学习等技术进入大范围实际应用；有助于拓展机器学习技术适用任务的面向开放环境的鲁棒机器学习理论与方法、面向多边竞争环境的对抗条件强化学习理论与方法等取得突破并开始应用。预计未来 5~20 年，突破经典条件限制的先进机器学习技术，如联机深度学习系统将得到广泛应用，并深刻影响社会经济产业的智能化升级。

八、1 纳米集成电路制造工艺实现量产

在信息技术和新型智能电路的驱动下，集成电路制造技术将持续发展。虽

然受到技术挑战和经济成本限制，集成电路特征尺寸微缩速度将逐步变缓，偏离原来的摩尔定律，将从 1.8～2 年/代减缓到 3～4 年/代，但仍将从 2016 年的 10nm 节点发展到 1nm 阶段，其 MOS 晶体管的集成规模将超过 1000 亿（GPU 芯片）。为了降低高性能计算和移动智能终端的需求，晶体管的工作电压将持续降低达到 0.5V 以下，超陡亚阈值开关的逻辑器件将初步得到应用。为了维持纳米尺度下的沟道静电势完整性，MOS 晶体管结构将从现有的 FinFET 发展到横向纳米线结构，并进而进化到垂直晶体管结构，实现逻辑器件的三维堆叠，进一步提高集成电路的集成度。图形技术将从沉浸式 193nm 多重曝光光刻发展到极紫外（EUV）光刻，并结合现有的多重（≥4）曝光、自组装光刻技术进一步微缩尺寸。

九、可穿戴感知计算技术与群智化感知方法得到广泛应用

研究并设计各类智能可穿戴设备，能够帮助人们更好地掌握自身的生理和心理状态，实现自我量化，增强对个人生活的了解和管理。同时，将这些关键的数据远程共享给医疗服务单位，能够使得专业医护人员更方便地掌握患者的情况，对患者的状态进行跟踪和分析并发现潜在的病症，在有效节约医疗资源的同时，增强对患者的看护。在个人可穿戴感知和计算设备的基础上，通过合理建模，以群智化感知的方法汇聚大量个体的感知数据，能够实现对人群、环境、交通、消费需求等大规模现象的感知与建模，对于推动智慧城市建设和高效管理具有积极意义。预计在未来 15 年左右，形成人人拥有至少一件可穿戴设备、参与至少一项群体感知项目的局面。

十、柔性电子技术得到广泛应用

传统硅基芯片和电子器件由于采用硬质基底，极大地限制了电子产品的延展性、柔韧性、灵活性和应用领域。发展柔性电子技术，实现电子产品向超轻薄、柔性化、可穿戴、高集成化发展，是当前功能信息器件的发展趋势。基于柔性传感、柔性电路、柔性显示、柔性能源和柔性通信功能集成的柔性电子系统，覆盖了从材料体系、器件构架、工艺制程、封装技术等全链条的科学与技术创新，实现电子器件在应力、应变等条件下的作用和实现方式，是拓展传统半导体器件应用的潜在技术。预计通过 15 年左右的研究，阐明柔性电子设计和

原理，突破材料、结构、工艺和集成的挑战，实现高性能的柔性电子器件与系统集成，推动以物联网和人联网为特质的智能社会变革。

十一、开发出面向智能机器人的自然交互技术

目前，智能机器人已经逐步从专业领域走向民用。日本经济产业省预计，到 2035 年日本服务机器人市场规模将超越工业机器人规模，达到 500 亿美元。与工业机器人相比，服务机器人对智能化的要求更高，更强调人与机器人之间的自然交互和协作。在国内外，该领域的技术尚处于起步和发展阶段，需建立拟人化的机器人设备，突破交互模型、界面范式、交互技术、软件平台等。预计到 2030 年，将开发出支持多任务协作、多通道自然交互的面向智能机器人的自然交互技术，实现面向航天、军事等特定领域的人与智能机器人在指挥控制、设备操控等多层面的无缝融合。